Christian Heugl

# Rauf auf den Untersberg

AF721589

Impressum

Bibliografische Information der Deutschen Nationalbibliothek
Die Deutsche Nationalbibliothek verzeichnet diese Publikation in der Deutschen Nationalbibliografie; detaillierte bibliografische Daten sind im Internet über http://dnb.d-nb.de abrufbar.

Nachdruck 2022
© 2020 Verlag Anton Pustet
5020 Salzburg, Bergstraße 12
Sämtliche Rechte vorbehalten.

Lektorat: Beatrix Binder
Grafik und Produktion: Nadine Kaschnig-Löbel
Kartenmaterial: Arge-Kartografie
Druck: FINIDR, s.r.o.
Gedruckt in der EU

ISBN 978-3-7025-0970-5

www.pustet.at

Fotos: S. 28–29 Vaflya/shutterstock.com; historische Fotos/Ansichtskarten: Sammlung Helmut Flesar, Kitzbühel; alle anderen Fotos von Christian Heugl.

Alle Routenbeschreibungen sowie die Karten wurden nach gründlicher Recherche und aktuellem Wissensstand (Jänner 2022) erstellt. Eine Haftung für die Richtigkeit der Angaben kann nicht übernommen werden. Die Verwendung dieses Wanderführers erfolgt auf eigenes Risiko und eigene Gefahr.

Sollte diese Publikation Links auf Webseiten Dritter enthalten, so übernehmen wir für den Inhalt keine Haftung, da wir uns diese nicht zu eigen machen, sondern lediglich auf den Stand zum Zeitpunkt der Veröffentlichung verweisen.

Christian Heugl

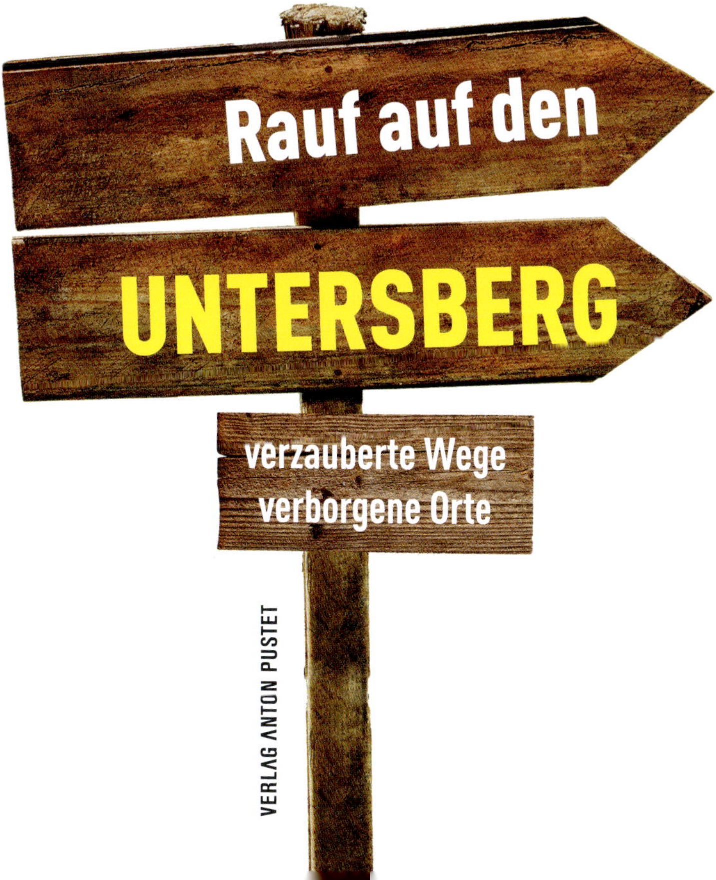

# Inhalt

## Marktschellenberg

## Berchtesgaden



## Bischofswiesen

leicht mittel anspruchsvoll

## Vorwort

Auf einer der alten Untersberg-Ansichtskarten aus der Zeit der Jahrhundertwende steht doch nicht glatt folgender Spruch: „Der Untersberg ist wunderschön, doch braucht man nicht hinaufzugeh'n, weil man ihn kann von unten seh'n". Ganz so abwegig ist der originelle Reim ja gar nicht, denn wer etwa durch den Dombezirk der Stadt Salzburg wandert, wird dem Untersberg auf Schritt und Tritt begegnen: Ob am Residenzbrunnen oder an der Domfassade, der berühmte hellrosafarbene Untersberger Marmor aus Fürstenbrunn ist dort an unzähligen Plätzen und Gebäuden zu finden. Wer sich ihm aber doch etwas mehr annähern möchte und etwa wissen will, wo der edle Bildhauerstein oder das köstliche Salzburger Trinkwasser denn herkommen, der wird auf den folgenden Seiten fündig werden. Denn der Untersberg ist viel mehr als seine höchsten Erhebungen oder die Sagen, die sich um ihn ranken, um ihn herum gibt es ein wahres Feuerwerk an besuchenswerten Plätzen. Malerische Wallfahrtskirchen, bizarre Klammen, kühle Stollenwege und Eishöhlen gehören genauso dazu wie die bequem begehbaren Vorberge, etwa die Kneifelspitze oder das Hochplateau von Ettenberg, von denen sich oft beste Aussichten ins Land ergeben und die eine Fülle an kulinarischen Möglichkeiten bieten. Als Ausgangspunkte der Touren wurden die mit öffentlichen Verkehrsmitteln leicht erreichbaren fünf Untersberggemeinden Grödig, Marktschellenberg, Berchtesgaden,

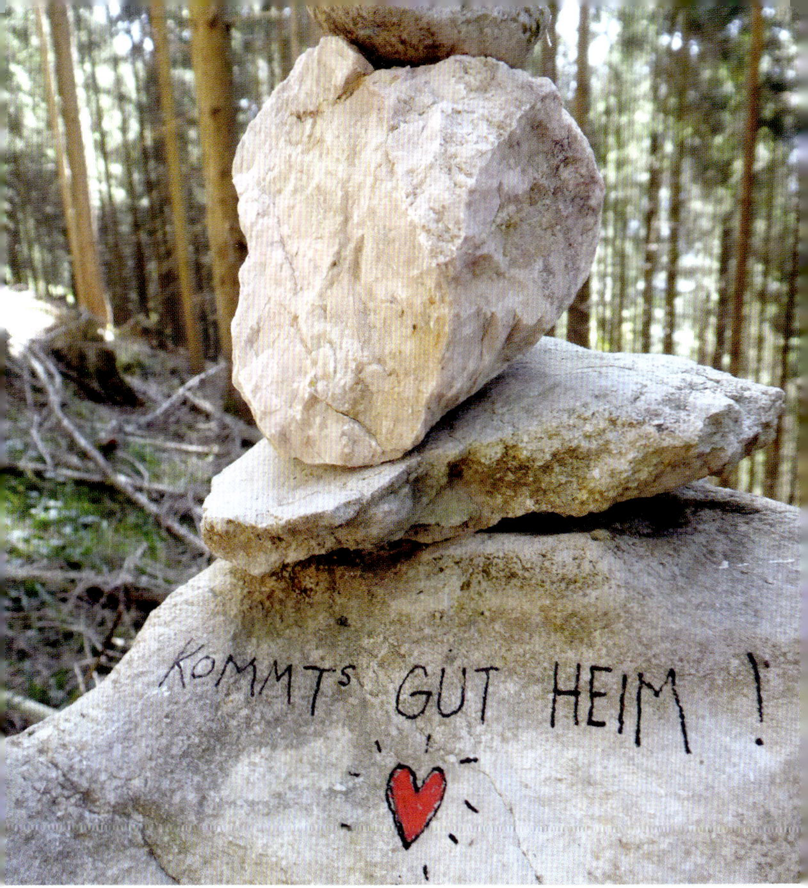


Bischofswiesen und Bayerisch Gmain/Großgmain ausgewählt. Der sagenhafte Untersberg und seine Umgebung warten nur darauf, dass sie von Ihnen – und auch von innen – entdeckt werden.

Viel Vergnügen dabei wünscht
Christian Heugl

## Der Untersberg in Zahlen und Fakten

**Die drei bedeutendsten Erhebungen**
Berchtesgadener Hochthron (1 972 m),
Salzburger Hochthron (1 853 m),
Geiereck (1 805 m)

**Gesamtfläche**
70 $km^2$, davon ein Drittel in Österreich, zwei Drittel in Bayern

**Geologie**
Nördliche Kalkalpen. Nördlichster Gebirgsstock der Berchtesgadener Alpen. Die Hauptmasse des Berges besteht aus Dolomit, Dachsteinkalk und Liaskalk.

**Höhlen**
Derzeit sind rund 400 Höhlen mit einer Gesamtlänge von 100 km erforscht. Das längste und tiefste Höhlensystem mit einer Gesamtlänge von 36,5 km und einer Tiefe von 1124 m ist das „Gamslöcher-Kolowrat-Salzburger-Schachtsystem“. Vermutlich besteht eine Verbindung zur Riesending-Schachthöhle (22 km Länge, 1149 m Tiefe). Sie stand im Juni 2014 im Zentrum einer spektakulären, 12 Tage andauernden Rettungsaktion. Die Schellenberger Eishöhle ist die einzige öffentlich zugängliche Eishöhle in Deutschland.

**Eigentümer am Untersberg ab dem 19. Jahrhundert**

Bis 1803 Hieronymus Graf Colloredo (letzter regierender Fürsterzbischof in Salzburg)
1803 Kurfürst Ferdinand III. von Toskana
1805 Kaiser Franz I. von Österreich
1809 König Maximilian I. Joseph von Bayern
1825 König Ludwig I. von Bayern
1848 König Maximilian II. von Bayern
1864 König Ludwig II. von Bayern
1868 Prinz Leopold von Bayern
1870 Friedrich Freiherr von Löwenstern
1872 Karl Klusemann (ohne Marmorbrüche), 1887 Kauf der Marmorbrüche durch Marmor Kiefer
ab 1896 Familie Mayr-Melnhof.

**Touristische Erschließung**

Ab 1869 Beginn der planmäßigen Erschließung mit der Gründung der Sektion Salzburg des Deutschen und Österreichischen Alpenvereins. Pfarrer Valentin Stanig (1774–1847) gilt als erster Alpin-Tourist, der im Sommer 1780 den Untersberg bestieg.

**Schutzhütten**

Zeppezauerhaus (1 663 m, erbaut 1883 als Untersberghaus, nach Brand 1912 und Neubau 1914 Zeppezauerhaus)
Stöhrhaus (1 894 m, erbaut 1898 bis 1901)
Toni-Lenz-Hütte (1 438 m, erbaut 1936)

**Dopplersteig**

Geplant und erbaut durch den Steinmetzmeister Ludwig Doppler. Eröffnet am 9. Juli 1876 nach 14-monatiger Bauzeit. Ungefähr 500 Felsstufen.

**Untersbergbahn**

Eröffnet 1961, Austausch der Gondeln 2018. Höhenunterschied 1320 m, schräge Bahnlänge 2850 m, maximaler Bodenabstand 286 m, größte Neigung 79 %. Fahrtdauer 8 Minuten und 30 Sekunden, 2 Kabinen für je 50 Personen, Info: www.untersbergbahn.at

Das im Jahr 1901 eröffnete Stöhrhaus auf einer historischen Aufnahme.

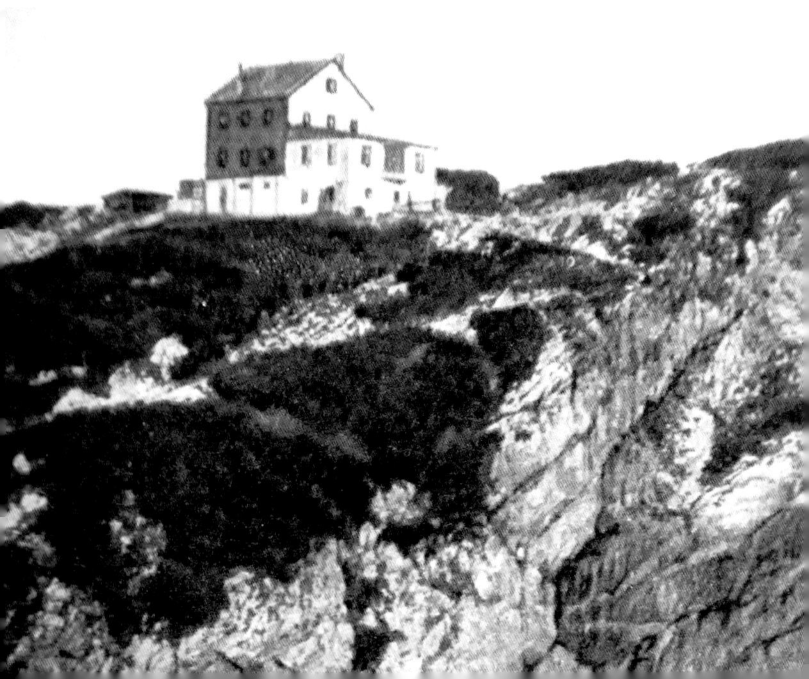

## Die Hütten und ihre Zustiege

**Stöhrhaus (1 894 m)**
Bewirtschaftet von Mitte Mai bis Mitte Oktober. 29 Zimmerlager und 30 Matratzenlager.
Kontakt während der Bergsaison: Tel. +49 (0)8652-7233, E-Mail: info@stoehrhaus.de; www.stoehrhaus.de
Reservierungen werden ausschließlich über das Buchungssystem Hütten-Holiday.de angenommen. Kontakt außerhalb der Berghüttensaison nur per E-Mail an info@stoehrhaus.de.

Zustiege:

**Aufstieg über den Stöhrweg von Maria Gern**

**Start** letzte Parkmöglichkeit an der Untersbergstraße in Hintergern. Bushaltestelle in Hintergern.

**Route** Der AV-Weg 417 führt zuerst entlang einer kleinen Anliegerstraße zu den obersten Bauernhöfen (Nusshof) hinauf und anschließend auf breitem Weg durch ein Waldstück zum Stöhrweg. Nach einer flachen Passage geht es hinter der Talstation der Materialseilbahn auf einem schmaler zulaufenden Steig weiter über Serpentinen und dann wieder mäßig ansteigend zum Stöhrhaus.

**Dauer** circa 3,5 bis 4,5 Stunden, 7,4 km, 1 100 hm Aufstieg

Detailbeschreibung siehe Tour 26

**Aufstieg über den Reisensteig von Bischofswiesen-Winkl über Zehnkaser**

**Start** Bischofswiesen-Ortsteil Winkl (Parkmöglichkeit am oberen Ortsrand am Maximilians-Reitweg). Bushaltestelle an der B 20.

**Route** Der AV-Weg 464 führt zunächst auf einem steilen Forstweg vom Waldrand am oberen Ortsrand von Winkl hinauf in die bewaldete Einsattlung Nierntalkopf. Auf gut ausgebautem Weg rechtshaltend durch den steilen Bergwald auf die Hochfläche. Auf der welligen Hochfläche geht es vorbei an der Reisenkaser-Diensthütte, durch den Hochwald und über die Zehnkaser Almflächen zur Wegkreuzung am „Gatterl". Hier mündet von rechts der von Maria Gern heraufführende Stöhrweg ein – diesem folgend am Rand der Hochfläche zum Stöhrhaus aufsteigen.

**Dauer** circa 4 bis 5 Stunden, 6,0 km, 1 250 hm Aufstieg

Detailbeschreibung (teilweise) siehe Tour 35

**Aufstieg über den Rosslandersteig von Hinterettenberg über Scheibenkaser**

**Start** Marktschellenberg, Ortsteil Ettenberg (Wanderparkplatz Rossboden in Hinterettenberg, Zufahrt über Marktschellenberg nur mit dem Auto möglich)

**Route** Auf dem AV-Weg 466 zunächst einem Forstweg folgend zum Scheibenkaser aufsteigen (2 bis 2,5 Stunden, nur bei Almbetrieb einfach bewirtschaftet). Bei der Almhütte dem links abzweigenden Rosslandersteig unterhalb der SO-Wandabstürze des Berchtesgadener Hochthrons entlang zum Stöhrweg folgen, der kurz unterhalb der Wegkreuzung am „Gatterl" erreicht wird. In gemeinsamer Wegführung wird über die ansteigende Hochfläche das Stöhrhaus erreicht.

**Gehzeit** ca. 3,5 bis 4,5 Stunden, 6,7 km, 1 125 hm Aufstieg.

Detailbeschreibung (teilweise) siehe Tour 16

### Aufstieg von Marktschellenberg über Toni-Lenz-Hütte und die Mittagsscharte

**Start** Marktschellenberg, Eishöhlenparkplatz (Wanderparkplatz – Bushaltestelle an der B 305)

**Route** Am alten Wehrturm vor Marktschellenberg beginnt der Weg zur Toni-Lenz-Hütte, von dort weiter auf dem Thomas-Eder-Steig zur Mittagsscharte. Hier links dem AV-Weg 417 zum Berchtesgadener Hochthron und zum Stöhrhaus folgen.

**Dauer** circa 6 bis 7 Stunden, 10 km, 1 500 hm Aufstieg.

### Von der Bergstation der Untersberg-Seilbahn

**Start** St. Leonhard bei Grödig, Talstation Untersbergseilbahn (Parkplatz – Bushaltestelle)

**Route** Nach der Auffahrt mit der Seilbahn folgt man von der Bergstation aus zunächst dem beschilderten AV-Weg 417 über den Gipfel des Salzburger Hochthrons hinweg zur Mittagsscharte, einer tiefen Einsattlung im Untersbergkamm. Weiter zum Berchtesgadener Hochthron (1972 m) und dahinter hinab zum Stöhrhaus.

**Dauer** circa 3 bis 4 Stunden von der Bergstation der Seilbahn aus, 5,5 km, 650 hm Aufstieg, 350 hm Abstieg

## Zeppezauerhaus (1 663 m)

Bewirtschaftet von 1. Mai bis Ende Oktober (je nach Witterung), täglich von 7 bis 22 Uhr (Hüttenruhe!); 14 Betten und Matratzenlager. Kontakt: Tel. +43 (0)662 629862, www.zeppezauerhaus.at, E-Mail: zeppezauerhaus@gmail.com

## Zustiege

### Von Glanegg bei Grödig

**Start** Wanderparkplatz Rositten in Glanegg (Bushaltestelle)

**Route** a) Über den Reitsteig, mittelschwieriger, nordseitiger Anstieg ohne ausgesetzte Stellen.
b) Über den Dopplersteig, mittelschwierig bis anspruchsvoll. Nordseitig. Trittsicherheit und Schwindelfreiheit sind erforderlich.

**Dauer** jeweils: 2,5 bis 3 Stunden, 1 200 hm Aufstieg, 3,5 km

Detailbeschreibung siehe Tour 6

### Abstieg vom Geiereck

**Start** Bergstation der Untersbergbahn

**Route** Nach der Auffahrt mit der Seilbahn folgt ein kurzer, nordseitiger Abstieg durch die Latschenzone.

**Dauer** 15 Minuten, 120 hm Abstieg, 500 m

### Von Marktschellenberg über die Toni-Lenz-Hütte

**Start** Wanderparkplatz Marktschellenberg vor dem alten Wehrturm an der B 305 (Bushaltestelle).

**Route** Vom Parkplatz in Marktschellenberg in 2,5 Stunden zur bewirtschafteten Toni-Lenz-Hütte und dann in nochmals 2,5 Stunden entweder rechts abzweigend (Weg 462) über den Schellenberger Sattel und den Dopplersteig, oder links abzweigend (Weg 463) über den Eder-Steig und die Mittagsscharte zum Zeppezauerhaus. Beide Varianten führen durch anspruchsvolles Felsgelände, das Trittsicherheit und Schwindelfreiheit verlangt.

**Dauer** 5 Stunden, 1 350 hm, 9 km

Detailbeschreibung siehe Tour 14

**Toni-Lenz-Hütte (1 411 m)**
Bewirtschaftet von Mai bis Oktober, keine Möglichkeit zur Übernachtung.
Kontakt: Tel. im Sommer + 43 (0)660 658 1430, im Winter
Tel. +49 (0)151 11987 740, www.toni-lenz-huette.de.

Zustiege

**Von Marktschellenberg zur Toni-Lenz-Hütte**

**Start** Wanderparkplatz Marktschellenberg vor dem alten Wehrturm an der B305 (Bushaltestelle).

**Route** Vor dem Wehrturm zweigt der Aufstieg auf einen gut ausgebauten Weg nach rechts ab. Nach dem schattigen Hochwald folgt noch ein kurzer, steilerer Abschnitt durch die Latschenzone.

**Dauer** 2,5 bis 3 Stunden, 970 hm, 6 km

Detailbeschreibung: siehe Tour 14

**Von Glanegg bei Grödig über den Dopplersteig und den Schellenberger Sattel**

**Route** Vom Wanderparkplatz Rositten in Glanegg führt der nordseitige Pfad Richtung Doppler-Steig zu einer Weggabelung. Nach links führt der mittelschwierige Weg über den Schellenberger Sattel zur Toni-Lenz-Hütte.

**Dauer** 4 Stunden, 1 000 hm, 5,5 km

**Abstieg vom Geiereck**

**Route** Mit der Untersbergseilbahn von St. Leonhard auf das Geiereck (1 805 m), dann über den Salzburger Hochthron (1 853 m), die Mittagsscharte und den versicherten Thomas-Eder-Steig.

**Dauer** 2,5 Stunden, 400 hm Abstieg, 3,3 km

## Alpine Sicherheit

**Alpiner Notruf**

Österreich (Bergrettungs-Notruf): 140

Deutschland (Europäischer Notruf): 112

Europäischer Notruf 112: Verbindung zur nächsten Einsatzzentrale

**Alpines Notsignal**

Hör- oder sichtbares Zeichen: 6-mal pro Minute. Signal jeweils nach einer Minute Pause wiederholen. Antwortzeichen der Retter: 3-mal pro Minute.

**Alpine Auskunftsstelle**

Österreich (ÖAV) +43 51258 7828

**Wetterprognosen**

www.zamg.ac.at

## Bewertung der Touren nach der SAC-Skala

Die im Buch verwendeten Angaben zum Schwierigkeitsgrad orientieren sich einerseits an der traditionellen Abstufung „leicht-mittel-anspruchsvoll" und andererseits an der genaueren SAC-Skala. Die SAC-Skala ist eine vom Schweizer Alpenclub (SAC) entwickelte, standardisierte Beurteilungsform.

## T1 = Wandern

Gut trassierte, einfache Wege. Falls vorhanden, sind exponierte Stellen sehr gut gesichert. Absturzgefahr kann bei normalem Verhalten weitgehend ausgeschlossen werden. Auch mit Turnschuhen geeignet. Orientierung problemlos, in der Regel auch ohne Karte möglich.

## T2 = Bergwandern

Markierte Wege. Gelände teilweise steil, Absturzgefahr nicht ausgeschlossen.
Etwas Trittsicherheit. Trekkingschuhe sind empfehlenswert. Elementares Orientierungsvermögen.

## T3 = Anspruchsvolles Bergwandern

Weg am Boden nicht unbedingt durchgehend sichtbar. Ausgesetzte Stellen können mit Seilen gesichert sein. Eventuell nötiger Einsatz der Hände für das Gleichgewicht. Zum Teil exponierte Stellen mit Absturzgefahr, Geröllflächen und weglose Schrofen. Gute Trittsicherheit. Gute Bergschuhe. Durchschnittliches Orientierungsvermögen. Elementare alpine Erfahrung.

## T4 = Alpinwandern

Weg nicht zwingend vorhanden. Einfache Kletterstellen, die Handeinsatz erfordern. Gelände bereits recht exponiert, heikle Grashalden und Schrofen. Vertrautheit mit exponiertem Gelände. Stabile Bergschuhe. Gewisse

Geländebeurteilung und gutes Orientierungsvermögen. Alpine Erfahrung. Bei Wettersturz kann ein Rückzug schwierig werden.

### T5 = Anspruchsvolles Alpinwandern

Oft weglos. Einzelne einfache Kletterstellen. Exponiert, anspruchsvolles Gelände, steile Schrofen. Im Hochgebirge möglicherweise apere Gletscher und Firnfelder mit Ausrutschgefahr. Bergschuhe. Sichere Geländebeurteilung und sehr gutes Orientierungsvermögen. Gute Alpinerfahrung im hochalpinen Gelände. Elementare Kenntnisse im Umgang mit Pickel und Seil.

### T6 = Schwieriges Alpinwandern

Meist weglos. Kletterstellen bis II. Häufig sehr exponiert. Heikles Schrofengelände. Apere Gletscher mit erhöhter Ausrutschgefahr. Meist nicht markiert. Ausgezeichnetes Orientierungsvermögen. Ausgereifte Alpinerfahrung und Vertrautheit im Umgang mit alpintechischen Hilfsmitteln.

# Ein Berg schreibt Geschichten

## Die Sagen vom Untersberg

Kaum ein anderer Berg im deutschen Sprachraum wird derart mit Sagen und Mythen in Verbindung gebracht, wie dies beim fabelhaften Untersberg der Fall ist. Seine vielen Ehrentitel wie Wunderberg, magischer Berg oder gar heiliger Berg verweisen auf seinen besonderen Stellenwert. Viele der mystischen Orte am Untersberg sind mit sagenhaften Ereignissen verknüpft: Beim „Goldbrünnlein" zwischen Berchtesgadener Hochthron und Zehnkaser wurden Wilde Frauen und Bergmännlein gesichtet, in der Mittagsscharte hat der Riese Abfalter gewaltige Spuren hinterlassen, und im Bergesinneren ruht Kaiser Karl so lange, bis sein Bart drei Mal um den marmornen Tisch gewachsen ist. Es sei denn, ein mutiger Höhlenforscher entwendet ihm zuvor das kaiserliche Zepter und schlägt damit drei Mal gegen den Berg. Dann ist der Kaiser erlöst, aber nun bricht auch der Jüngste Tag an, der mit der finalen Schlacht von Gut gegen Böse auf dem Walserfeld endet.

Warum der Berg dermaßen im Mittelpunkt der deutschen Sagenwelt steht, hängt auch mit seiner besonderen geografischen Lage zusammen. Mit den beiden geistlichen Fürstentümern Salzburg und Berchtesgaden und dem später unter bayerischer Verwaltung stehenden Reichenhall machten drei Landesherren Ansprüche am Untersberg geltend. Stellvertretend für die Besitzverhältnisse mögen der Salzburger und der Berchtesgadener Hochthron stehen. Der sagenhafte Kaiser im Berg galt gleichermaßen allen Parteien als symbolhafte Erlöserfigur, die im jeweiligen Sinn zum richtigen Zeitpunkt für Recht und Ordnung sorgen würde.

## Die Lazaruslegende

All die Sagen und Mythen, die sich bis heute um den Untersberg ranken, gehen vermutlich auf eine einzige Geschichte zurück. Sie soll im 16. Jahrhundert im Reichenhaller Kloster St. Zeno entstanden sein: Es ist die Geschichte des Lazarus Gitschner, der am Untersberg vom Ende der Welt erfährt. Der Reichenhaller Stadtschreiber entsandte seinen jungen Gehilfen Lazarus auf den Untersberg, um dort geheimnisvolle Felsritzungen abzuzeichnen. Eine Gruppe Reichenhaller Bürger hatte die mystischen Zeichen in einer Felswand am Weg zum Hirschangerkopf entdeckt. Als Lazarus an der besagten Stelle ankam, traf er auf einen barfüßigen Mönch, der den verdutzten Gehilfen zum Besuch in sein mystisches Höhlenreich einlädt. Was Lazarus dort sieht, ist eine himmlisch-jenseitige Welt, eine Kirche mit 300 Altären, 30 Orgeln und belebt von 300 Mönchen. Er begegnet dem Kaiser und hört von der letzten Schlacht am Walserfeld. In dieser Felsenkathedrale schien die Zeit aufgehoben. Auf jeden Fall berichtet er es so.

Die unglaubliche Geschichte des Lazarus Gitschner wird rund 200 Jahre später von einem unbekannten Verfasser in dem Büchlein „Sagen der Vorzeit. Ausführliche Beschreibung von dem berühmten Salzburgischen Untersberg oder Wunderberg“ veröffentlicht. Von nun an ist die apokalyptische Untersbergsage endgültig in aller Munde und sorgt gleichermaßen für Gänsehaut und Entzücken. Der Kaiser ist zwar im Untersberg gefangen, aber zumindest literarisch beginnt sein Siegeszug in der Sagenwelt. Fortan gehört der auf Erlösung (und Endlösung) im Berg wartende Kaiser zur Galionsfigur der deutschen Sagen. Erst später wird der Kaiser als Karl der Große genauer bezeichnet.

Lazarus Gitschner beschreibt in seiner Schilderung ziemlich detailgetreu eine prachtvolle sakrale Umgebung, die ihm aus dem Reichenhaller Kloster St. Zeno wohl vertraut war. Daher ist anzunehmen, dass die Lazarusgeschichte von einem Geistlichen des Augustiner Chorherrenstiftes stammt. Dafür spricht auch, dass die Handlung große Ähnlichkeit mit dem 24. Kapitel des Matthäus-Evangeliums (Mt 24,32-33), dem Weltuntergangskapitel, hat. Die mächtige Anlage St. Zeno wurde der Sage nach von Karl dem Großen (747–814) gegründet, gerühmt wurde die prachtvolle Ausstattung. Nach einem Brand und dem erfolgten Wiederaufbau wurden am 15. Juni 1520 gleich 15 neue Altäre geweiht. Aus der Zeit der Romanik beeindrucken noch heute das unversehrt gebliebene, marmorne Eingangsportal mit den beiden grimmigen Löwen und vor allem der Kreuzgang, in dem auch der Kaiser als mystische Steinfigur dargestellt ist. Selbst in unserer von ständiger Reizüberflutung gekennzeichneten Zeit ist die Wirkung der Skulpturen noch äußerst eindrucksvoll. Aber wie muss das erst Lazarus Gitschner beziehungsweise sein anonymer Verfasser vor 500 Jahren empfunden haben? Auch die aufgehobene Zeit, von der in der Schrift berichtet wird, erhält in der absoluten Stille und Dunkelheit einer Untersberghöhle eine noch heute nachvollziehbare Erklärung. In diesem Nichts, mitten im kolossalen Berg, scheint die Zeit manchmal wirklich stehen zu bleiben. Sind es zehn Minuten, einige Stunden oder ein halber Tag? Im Berg erhält das Zeitgefühl eine andere Dimension, und so wird auch das oft zitierte, typische Untersberg-Phänomen der „Zeitlöcher" entstanden sein.

Der unbekannte Verfasser schuf mit der Lazarusgeschichte jedenfalls in seiner von politischer und wirtschaftlicher Instabilität geprägten Zeit eine aktuelle Apokalypse, die als typisch für die Endzeitstimmung in der Reformationszeit angesehen werden kann. Je nach Lesart und Ausformung wurde die Geschichte im Laufe der Zeit leicht verändert und angepasst.

## Die wichtigsten Untersbergsagen

### Kaiser Karl im Untersberg

Wenn der Bart des Kaisers drei Mal um den Marmortisch in seinem Reich im Untersberg gewachsen ist, und wenn die Raben nicht mehr um den Gipfel fliegen (nach einer anderen Beschreibung sind es genau 24 Raben, die um den Gipfel kreisen müssen), dann erwacht der Kaiser und macht sich mit seinen Getreuen auf zur letzten Schlacht am Walserfeld.

### Das Bergmadl vom Untersberg

Eine weiß gekleidete Frau hilft den Almleuten, wann immer ihnen Unheil droht. Zum Dank legen die Almer am Abend Lebensmittel vor die Tür, die am nächsten Morgen verschwunden sind. Das Bergmadl wurde auch schon beim Drachenloch bei St. Leonhard auf dem Rücken eines Drachen reitend gesehen.

### Die Untersbergmandln

Es gibt gute und böse Mandln, die schon rein äußerlich leicht zu unterscheiden sind. Sie umsorgen den Kaiser im Untersberg, sind aber auch an der Oberfläche tätig und sorgen dort, je nach Veranlagung, für Angst und Schrecken oder vollbringen gute Taten.

## Die verschwundene Hochzeitsgesellschaft

Ein Brautpaar zog von St. Leonhard nach Grödig, als einer aus der Hochzeitsgesellschaft von einem Kaiser erzählte, der im Berg residieren soll. Nach lautem Bitten und Rufen öffnete sich tatsächlich der Berg, und der Kaiser lud die Gesellschaft zu sich in die Felshalle ein. Nach dem Mahl verfiel die Gästeschar in einen Schlaf, danach machten sie sich wieder auf den Heimweg. Allein – die Außenwelt hatte sich ganz rätselhaft verändert, denn es waren 500 Jahre vergangen!

## Die Wildfrauen vom Untersberg

Auf der Schweigmühlalm half ein kleiner Bub gerade seinem Vater, als die Wildfrauen aus einer Untersberghöhle kamen und den Buben mitnehmen wollten. Der Vater konnte es gerade noch verhindern, die Frauen machten sich wehklagend aus dem Staub. Nahe der Kugelmühle hatten sie mehr Erfolg, der Hüterbub ging mit den schön gewandeten Frauen mit. Nach einem Jahr sahen Forstleute den Knaben in einem grünen Kleid auf einem Baumstock sitzen und erzählten dies den Eltern. Als die besorgten Leute zur besagten Stelle kamen, war der Knabe verschwunden und sollte sich auch nie wieder zeigen.

## Die Wilde Jagd

Die Wilde Jagd vom Untersberg („Wilde Gjoad“) kann wohl auch mit den auffallenden Wetterphänomenen zu tun haben, die durch die exponierte Lage des Berges am Alpenrand zu eindrucksvollen Schauspielen führt. Mystisches Nebelreißen, unwirkliche Lichtverhältnisse oder drohende Wolkenwände regen ja noch heute die Fantasie an. Die Wilde Jagd ist in das Perchtenbrauchtum der Raunächte um Weihnachten eingegangen und wurde seit den 1980er-Jahren im traditionellen Sinne wiederbelebt. Die wichtigsten Figuren und deren Bedeutungen sind im Untersbergmuseum in Fürstenbrunn dargestellt: Dazu gehören Vorpercht, Tod, Rabe, Moosweiberl, Baumpercht, Hahnengickerl, der Riese Abfalter, der Bär und der Bärentreiber, die Hexe, die Habergeiß und der Saurüssel.

Die Mittagsscharte (re.) mit der Ruine Gutrat im Vordergrund.

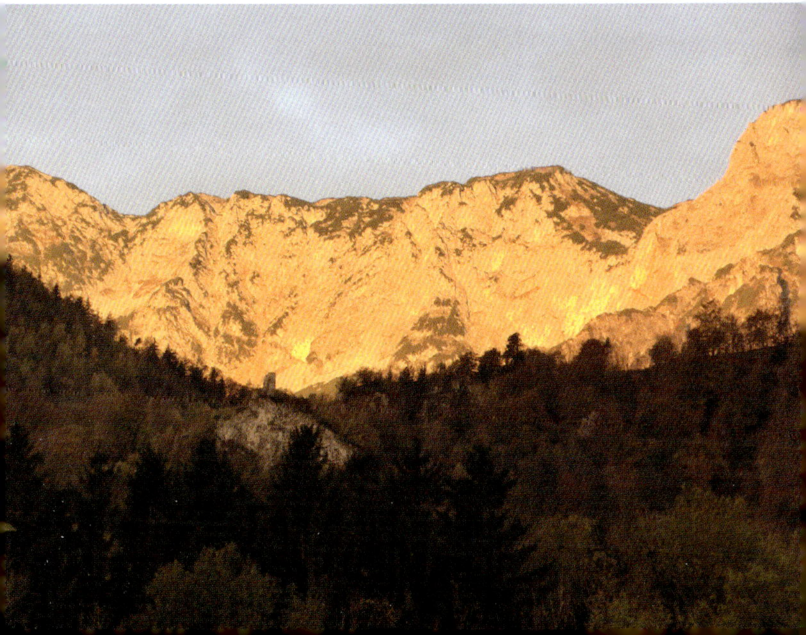

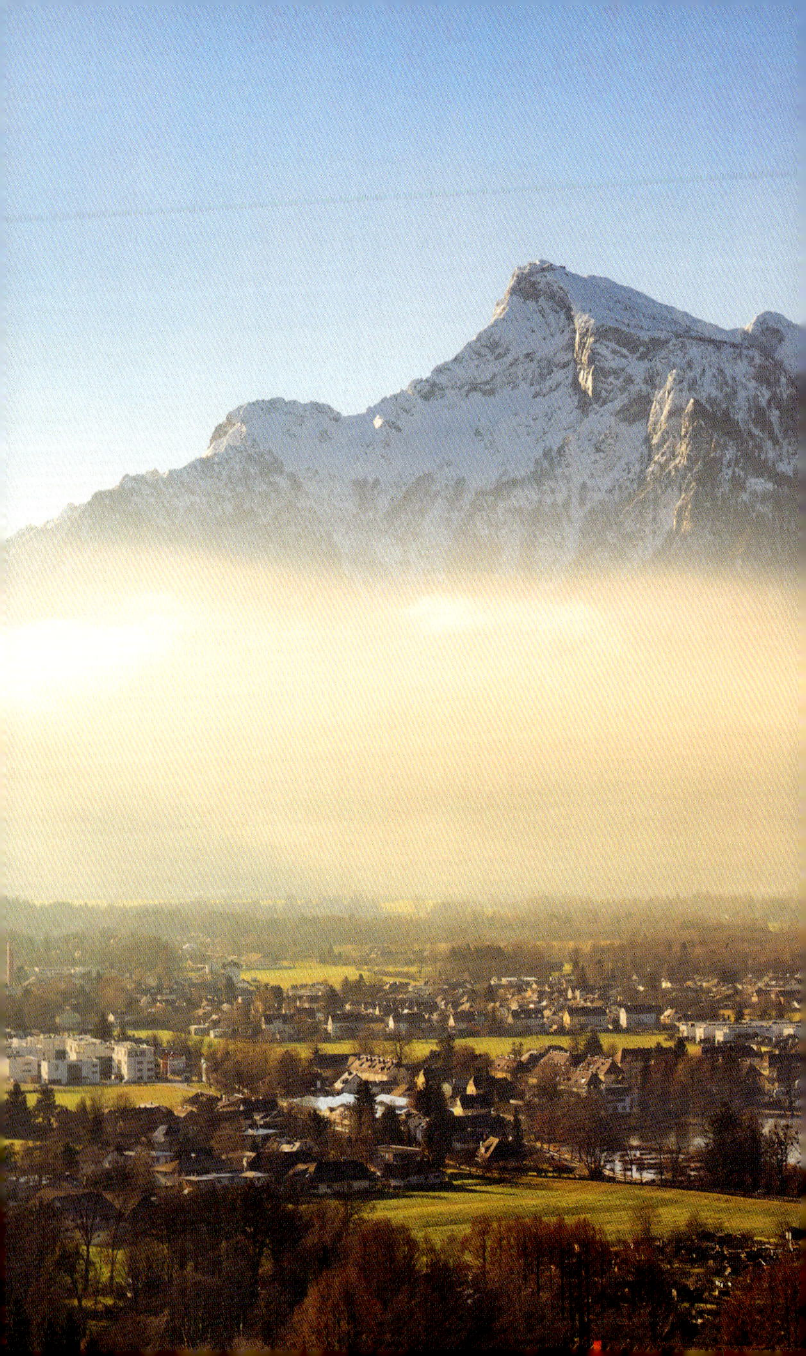

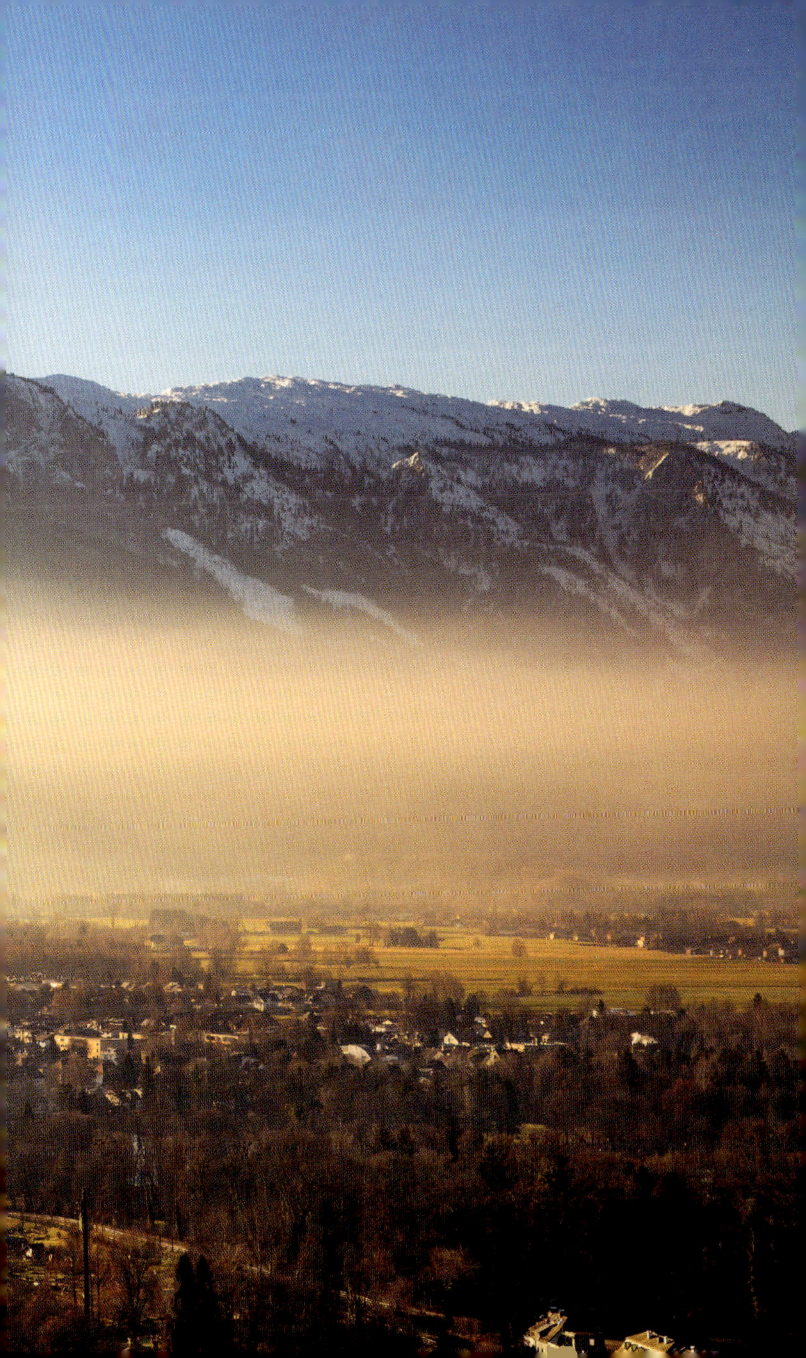

# 1 Erlebnisbauernhof-Rundweg in Grödig

T1 • 1¼ Stunden • 4 Kilometer • kaum Höhendifferenz

| | |
|---|---|
| **Charakter** | abwechslungsreiche, sonnige Bauernhofrunde zum Schauen und Staunen zu besonders attraktiven Anwesen im Umfeld von Grödig. |
| **Beste Zeit** | ganzjährig |
| **Weg** | Asphalt-/Kieswege. Kinderwagen- und fahrradtauglich |
| **Ausgangspunkt** | Parkplatz Kellerstraße in Grödig (Parkzeit 3 Stunden) |
| **Anfahrt** | A10, Abfahrt Salzburg Süd Richtung Grödig. Bei der zweiten Ampel nach rechts und über die Neue-Heimat-Straße, die Marktstraße und die Hauptstraße (rechts) zur Abzweigung Kellerstraße beim ehemaligen Noppingerbräu. Parkplatz Kellerstraße nach 50 Metern.<br>**Öffis:** Salzburg Rathaus Obus 5 bis Grödig Marktplatz |
| **Gastronomie** | Racklwirt, Schützenstraße 15, Grödig, Tel. +43 (0)6246 72267 |
| **Info** | www.groedig.at |

## Bauernhöfe zum Be- und Angreifen

Die Strecke von Grödig über den Sallwastlweg Richtung Pflegerbrücke wird von auffallend vielen Kinderwagen- und Radlerfamilien befahren, was kein Wunder ist, denn am

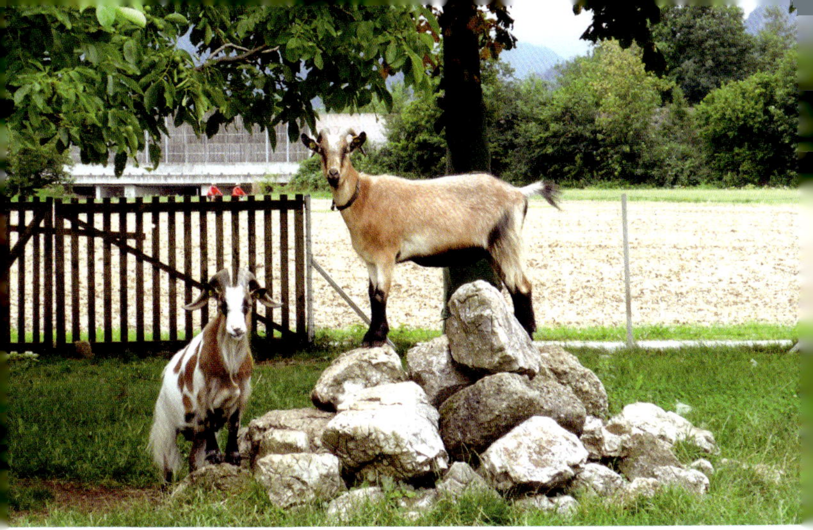

Hänsel und Gretel sind das Ziegenpaar in der „Schule am Bauernhof".

Weg liegen zwei bemerkenswerte Bauernhöfe zum Be- und Angreifen. Beim Erlebnisbauernhof am Waldeggerweg 6 kann es ohne Weiteres vorkommen, dass gerade die Entenfamilie über den Weg spaziert oder der Pfau sein prachtvolles Rad schlägt. Irgendetwas ist rund um dieses Tierparadies immer los. Dabei will der sympathische Bauernhof der Familie Gfrerer keine Konkurrenz zum nahen Alpenzoo Hellbrunn sein. Hier steht nicht das passive Betrachten der Tiere im Vordergrund, sondern das aktive, gemeinsame Erleben mit den Bauernhoftieren. Wer eine Hofführung oder gar eine Alpakawanderung mitmachen will, muss sich allerdings vorher anmelden (Tel. +43 (0)664 5060388). Das Betreuungsteam besteht aus ausgebildeten Kindergartenpädagogen, einer Zoologin, einem Tischler, der zugleich

Tierpfleger und Landwirt ist, und aus einer Kunsttherapeutin. Berührungsängste werden abgebaut und das Verständnis für den Wert der landwirtschaftlichen Produkte aufgebaut. Ganz ähnlich geht es auch bei Lisa Fletschbergers „Schule am Bauernhof“ am Sallwastlweg 4 zu (Tel. +43 (0)660 2004930). Nur sind hier am großen Hof mit den Katzen, Hühnern, Ziegen und 60 Rindern mehr die Schulklassen das Zielpublikum. Mit derartigen Projekten sollte die Zukunft der nachhaltigen Landwirtschaft rund um Grödig auch für die nächsten Generationen gesichert werden!

## Die Route

Ein praktischer Ausgangspunkt ist der zentrumsnahe Parkplatz an der Kellerstraße. Entlang dieser geht es ein paar Meter zum ehemaligen Noppingerbräu an der Hauptstraße. Schräg links gegenüber zweigt die Schützenstraße ab, die an der Kirche, einer Keramikwerkstätte mit entzückenden Schaustücken und am einladenden Racklwirt vorbei durch die Autobahnunterführung zu einer Weggabelung führt. Nun folgen wir der Eichetstraße nach links (Weg 41) und dann dem Sallwastlweg nach rechts. Wenige Meter später weckt die „Schule am Bauernhof“ die Neugier, die auch von den beiden Ziegenpaaren Hänsel und Gretel sowie Elsa und Olaf erwidert wird. In dieser idyllischen Umgebung finden viele themenbezogene Veranstaltungen statt, deren Zielgruppen vor allem die Kinder aus den Schulen der Umgebung sind. Das namensgebende, im Jahr 1805 erbaute Sallwastlgut

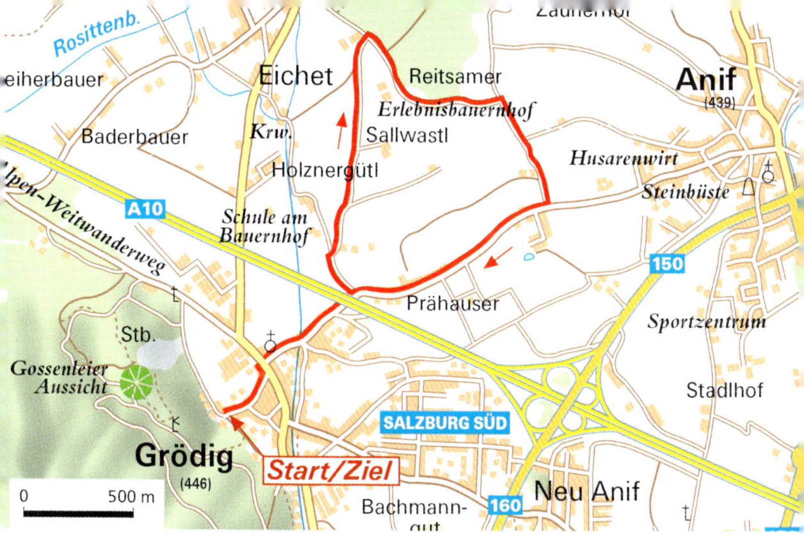


folgt wenig später auf der rechten Seite, hier werden Seminare für Erholungssuchende angeboten. Der Weg verläuft an einem schönen Wegkreuz vorbei, dreht dann nach rechts und trifft auf den Waldeggerweg. Hier wieder nach rechts, wenig später erreichen wir auch schon den Erlebnisbauernhof mit seinen vielen Tieren. Nach der ausgiebigen Pause bei den Stallungen folgt die Route abwechselnd über Wiesen- und Waldgelände weiterhin dem Waldeggerweg und geht dann bei einer auffallenden, alleinstehenden Esche rechts abzweigend in den Tiergartenweg über. An einem wunderschönen Anwesen vorbei treffen wir einen halben Kilometer später auf die Prötschhofstraße, der wir nach rechts Richtung Grödig folgen. Nach einem Kilometer entlang dieser etwas stärker frequentierten Verbindungsstraße zwischen Grödig und Anif schließt sich die Runde wieder bei der Weggabelung kurz vor der Autobahnunterführung.

# 2 Von Grödig nach St. Leonhard über den Mitterweg

T1 • 1,5 Stunden • 5 Kilometer • keine Höhendifferenz

| | |
|---|---|
| **Charakter** | ein zwar weitgehend unbeschilderter, aber unkomplizierter, sonniger Feldwegespaziergang. |
| **Beste Zeit** | ganzjährig. Im Winter ist der Wiesenweg zum Goiser Hügel nicht geräumt. |
| **Weg** | Kies, Wiesenwege, Asphalt |
| **Ausgangspunkt** | Parkplatz Kellerstraße in Grödig (Parkzeit 3 Stunden) |
| **Anfahrt** | A10, Abfahrt Salzburg Süd Richtung Grödig. Bei der zweiten Ampel nach rechts und über die Neue-Heimat-Straße, die Marktstraße und die Hauptstraße (rechts) zur Abzweigung Kellerstraße beim ehemaligen Noppingerbräu. Parkplatz Kellerstraße nach 50 Metern. **Öffis:** Salzburg Rathaus Obus 5 bis Grödig Marktplatz |
| **Gastronomie** | zahlreiche Einkehrmöglichkeiten. In St. Leonhard Gasthof Schorn, Tel. +43 (0)6246 72334, www.gasthofschorn.at; Gasthof Simmerl, Tel. + 43 (0)6246 72466, www.simmerl.at. |
| **Info** | www.groedig.at |

## Ein gut geschütztes Gebiet

Zwischen Grödig und St. Leonhard gibt es gute Verbindungen. Eine davon ist der Almkanal, der beim Grenzübergang Hangenden Stein von der Königseeache abgeleitet

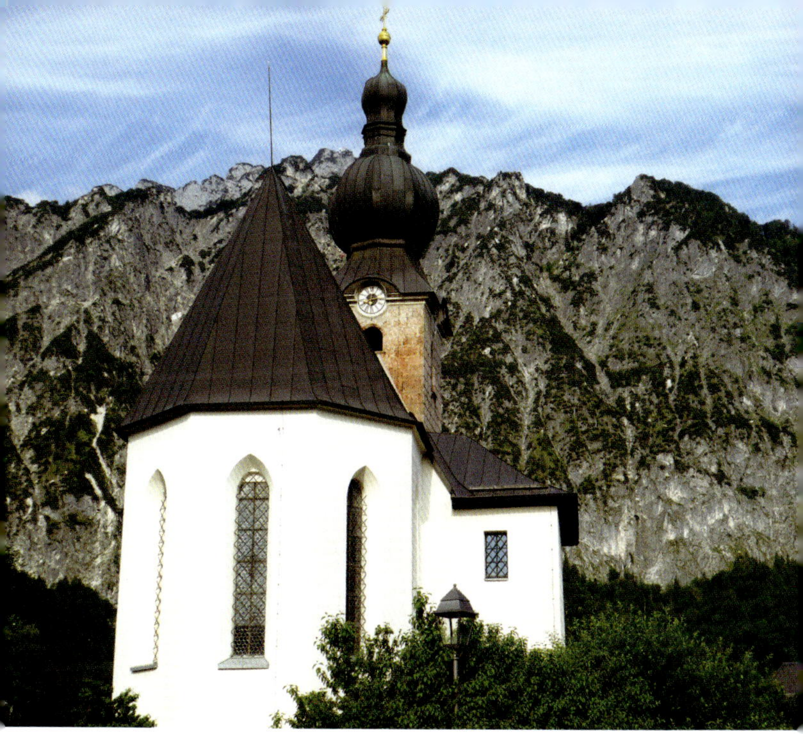

Die Wallfahrtskirche in St. Leonhard bei Grödig.

wird und die Stadt Salzburg mit Frischwasser und Energie versorgt. Eine andere Verbindung hat auch mit Wasser und der Königseeache zu tun, verläuft aber unter der Erdoberfläche: Im Jahr 1976 wurde beim Grundwasserwerk St. Leonhard ein Horizontal-Filterbrunnen in Betrieb genommen, der vom Grundwasser-Begleitstrom der Königsseeache gespeist wird. Damit war die Stadt Salzburg als Hauptwasserempfänger nicht mehr im bisherigen Ausmaß von den Quellfassungen des Untersbergs abhängig.

Und schließlich gibt es als dritte Verbindung einen stillen Gehweg, der dieses gut geschützte Trinkwassergebiet zwischen Grödig und St. Leonhard quert.
Auch der Rückweg über den Goiser Hügel durchquert ein vor Nachforschungen gut geschütztes Gelände, das viel erzählen könnte. Hier befand sich ein Internierungslager, das am Beginn des Ersten Weltkriegs errichtet wurde und in dem bis zu 40 000 Insassen auf engstem Raum zusammenleben mussten. Von der Anlage ist heute nichts mehr zu sehen, nur der Friedhof mit den vielen gleichgerichteten Kreuzen in idyllischer Lage mit Blick auf den Untersberg erinnert an diese dunkle Zeit.

## Die Route

Vom Parkplatz an der Kellerstraße im Zentrum von Grödig führt der Weg ein paar Meter entlang der Zufahrt zurück und quert beim Noppingerbräu die Hauptstraße. Gegenüber geht es entlang der Schützenstraße an der Pfarrkirche vorbei, nach der Brücke über den Almkanal zweigt die Route nach rechts in den Gangsteig ab. Am Gemeindeamt vorbei folgen wir dann anschließend kurz der Hauptstraße, verlassen diese aber schon wieder vor dem Feuerwehrhaus nach links. Ein stimmungsvoller Rastplatz neben einem Kreuz lädt zum Verweilen ein, der Weg aber quert das Wasserschutzgebiet über den schnurgerade verlaufenden Mitterweg. Am anderen Ende der Wiese trifft der Weg auf die Pension Leonharderhof, wenige Meter später befindet sich auf der rechten

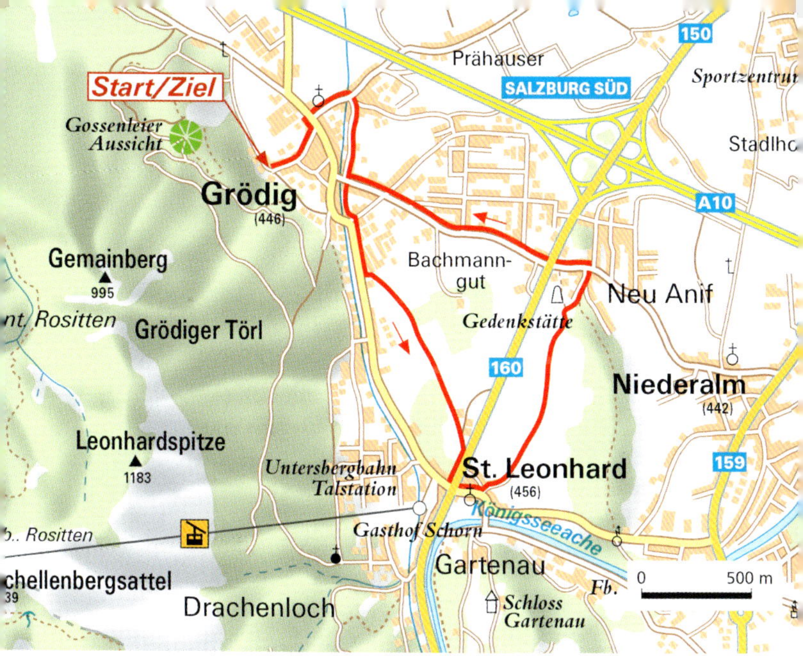


Seite ein ehemaliger Eiskeller zum Lagern temperaturempfindlicher Lebensmittel. Bei der ampelgesicherten Straßenkreuzung wechselt die Route auf die andere Seite zum Gasthof Schorn und zweigt nach dem Gebäude gleich wieder nach links in den Goisweg ab. Dieser führt auf das freie Feld hinaus und erreicht nach einem Kilometer den sogenannten Russenfriedhof, auf dem auch viele Soldaten anderer Nationen begraben sind. Am Fuß des Goiser Hügels geht es einige Meter bergauf, dann über den Friedhofweg hinab zur Neu-Anif-Straße und links abzweigend zur großen Kreuzung weiter. Die Alpenstraße wird gequert, dann folgen wir dem Fußweg entlang der Neue-Heimat-Straße einen Kilometer zurück in das Grödiger Ortszentrum.

# 3 Von Grödig nach St. Leonhard über den Gossenleierweg

T1 • 2 Stunden • 6 Kilometer • 110 hm

| | |
|---|---|
| **Charakter** | eine kühle Sommerwegalternative abseits bekannter Wege. Die stellenweise schlechte Ausschilderung kann allerdings zu Ver(w)irrungen führen! |
| **Beste Zeit** | Sommer |
| **Weg** | Forstwege, Asphalt |
| **Ausgangspunkt** | Parkplatz Kellerstraße in Grödig (Parkzeit 3 Stunden) |
| **Anfahrt** | A10, Abfahrt Salzburg Süd Richtung Grödig. Bei der zweiten Ampel nach rechts und über die Neue-Heimat-Straße, die Marktstraße und die Hauptstraße (rechts) zur Abzweigung Kellerstraße beim ehemaligen Noppingerbräu. Parkplatz Kellerstraße nach 50 Metern. **Öffis:** Salzburg Rathaus Obus 5 bis Grödig Marktplatz. |
| **Gastronomie** | zahlreiche Einkehrmöglichkeiten in den Orten Grödig und St. Leonhard |
| **Info** | www.groedig.at |

## Das rote Licht über Grödig

Es gibt gewiss einfachere Wege von Grödig nach St. Leonhard als die Route über den Gossenleier Forstweg – lohnend ist diese einsame Waldtour zum richtigen Zeitpunkt aber allemal. Vor allem an heißen Sommertagen zeigt der Weg

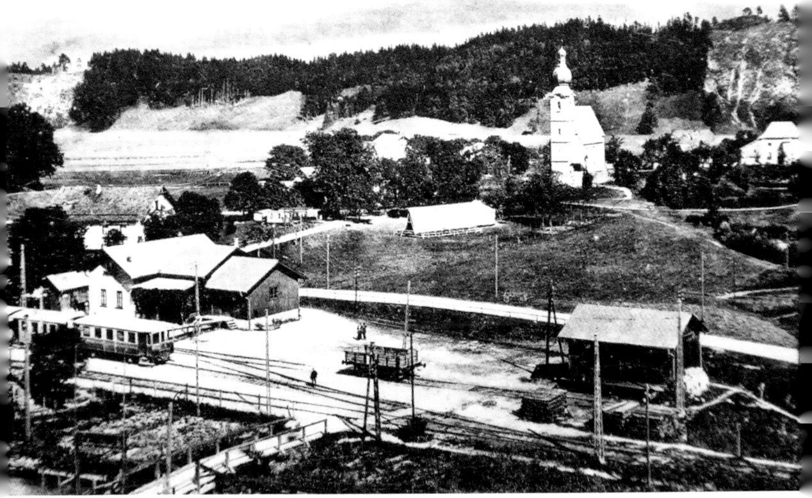

Die „Rote Elektrische" fuhr ab 1886 vom Lokalbahnhof in Salzburg bis nach St. Leonhard.

auf der kühlen Nordseite seine Vorzüge. Wer schon immer wissen wollte, wo sich das markante, weithin sichtbare Positionslicht hoch über Grödig befindet, mit dem die Flugzeuge sicher auf die Landebahn des Salzburg Airport geleitet werden, wird hier fündig: Es ist die höchste und aussichtsreichste Stelle der Rundtour auf dem Gossenleier Forstweg. Manchmal würde man sich zwar wünschen, dass auch für die Wanderer zum Auffinden des Weges ähnliche Positionslichter oder zumindest mehr gelbe Tafeln entlang der Strecke aufgestellt sind, aber mit etwas Gespür findet sich dann doch die richtige Route. Trotz zusätzlicher Höhenmeter und schlechter Markierung alles in allem eine gute Empfehlung für Wanderer, die gerne abseits der ausgetretenen Pfade unterwegs sind.

## Die Route

Ausgangspunkt ist der Parkplatz an der Kellerstraße im Ortszentrum von Grödig. Bei der Anfahrt zum Parkplatz ist der Weg 47 (St. Leonhard, Hubertuskapelle über Gossenleier-Forstweg) an der Ecke beim Noppingerbräu noch deutlich angeschrieben, später sind die gelben Wegschilder immer spärlicher vorhanden. Die Route folgt auf jeden Fall der Kellerstraße nach rechts (NW) durch das Siedlungsgebiet bis zum Recycling-Platz, der sich in einem aufgelassenen Steinbruch befindet. Direkt nach dem eingezäunten Gelände zweigt ein ansteigender, gerade an dieser wichtigen Stelle nicht markierter Waldweg nach links ab und führt dann in nordwestlicher Richtung auf einen breiten Forstweg. Hier wieder nach links, nach 20 Minuten bei einer neuerlichen Gabelung nach rechts aufwärts und wiederum 10 Gehminuten später bei einer Verzweigung nach links aufwärts, bis endlich nach 300 Metern das Schild „Gossenleier Aussicht 15 Min.“ auftaucht. Ein schmaler Pfad führt auf diesen zwar schwer auffindbaren, aber doch großartigen Panoramapunkt. Aus der Vogelperspektive ist die Auffindung vermutlich einfacher, denn ein großes Positionslicht weist an dieser Stelle ja den Flugzeugen die richtige Linie zum Flughafen. Auf dem Steig geht es wieder retour zum Forstweg, dem wir links abzweigend weiterhin folgen. Nach einem geringfügigen Höhenverlust bleibt der Forstweg lange auf relativ konstantem Höhenniveau, die Abzweigungen nach links bleiben unberücksichtigt. Die Forststraße quert

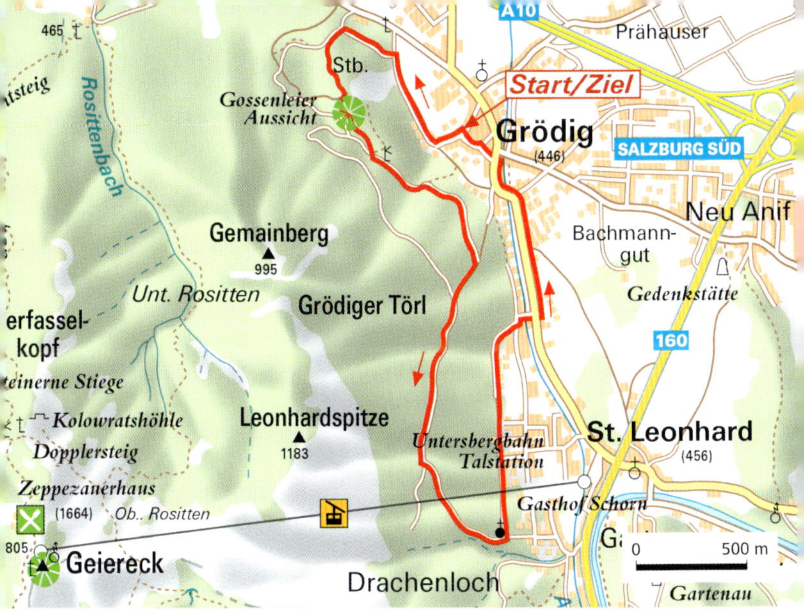


die Seilbahntrasse und trifft dann auf eine neue Wildbachsperre, die als Folge einer Hochwasserkatastrophe im St. Leonharder Ortsteil Drachenloch errichtet wurde. Damals, im September 2014, waren die Auswirkungen bis in die Stadt Salzburg spürbar, denn auch die schmutzig-braune Alm trat dort über die Ufer. Noch vor der Sperre zweigt der breite Weg nach links ab und erreicht wenig später die im Jahr 1978 errichtete Hubertuskapelle. Die Route bleibt am Fuß des Untersberges und folgt in nördlicher Richtung zuerst der Waldstraße, dann der Kienbergstraße bis in das Gewerbegebiet. An der Firma Fluidra vorbei mündet unser Rundweg schließlich linker Hand in die Gartenauerstraße und verläuft auf einem abgetrennten Gehweg entlang dieser in einer Viertelstunde retour zum Startpunkt in Grödig.

# 4 Über den Gutratberg

T2 • 2 ¾ Stunden • 8,5 Kilometer • 400 hm

| | |
|---|---|
| **Charakter** | interessante Themenwanderung auf nicht durchgehend markierter Route. Hoher Waldanteil. |
| **Beste Zeit** | Sommer |
| **Weg** | Steige, Forstwege |
| **Ausgangspunkt** | Parkplatz in St. Leonhard bei Grödig, gegenüber Gasthof Schorn. |
| **Anfahrt** | A10, Abfahrt Salzburg Süd, dann auf der B160 Richtung Berchtesgaden und 1,5 km nach St. Leonhard. Bei der Ampel links auf den Parkplatz gegenüber Gasthof Schorn.<br>**Öffis:** Bus 840 ab Salzburg Hbf. (Engelbert-Weiß-Weg), Bus 25 oder Obus 5 ab Salzburg Südtirolerplatz bis Grödig Untersbergbahn. |
| **Gastronomie** | Gasthof Simmerlwirt, Tel. +43 (0)6246 72466, www.simmerl.at;<br>Gasthof Schorn, Tel. +43 (0)6246 72334, www.gasthofschorn.at |
| **Info** | www.groedig.net, www.leube.at |

## Der Zement aus Gartenau

Rund um den Untersberg sind, abgesehen von den bekannten Marmorbrüchen in Fürstenbrunn, viele kleine Abbaue bekannt, die zumeist im kleinen Ausmaß für die

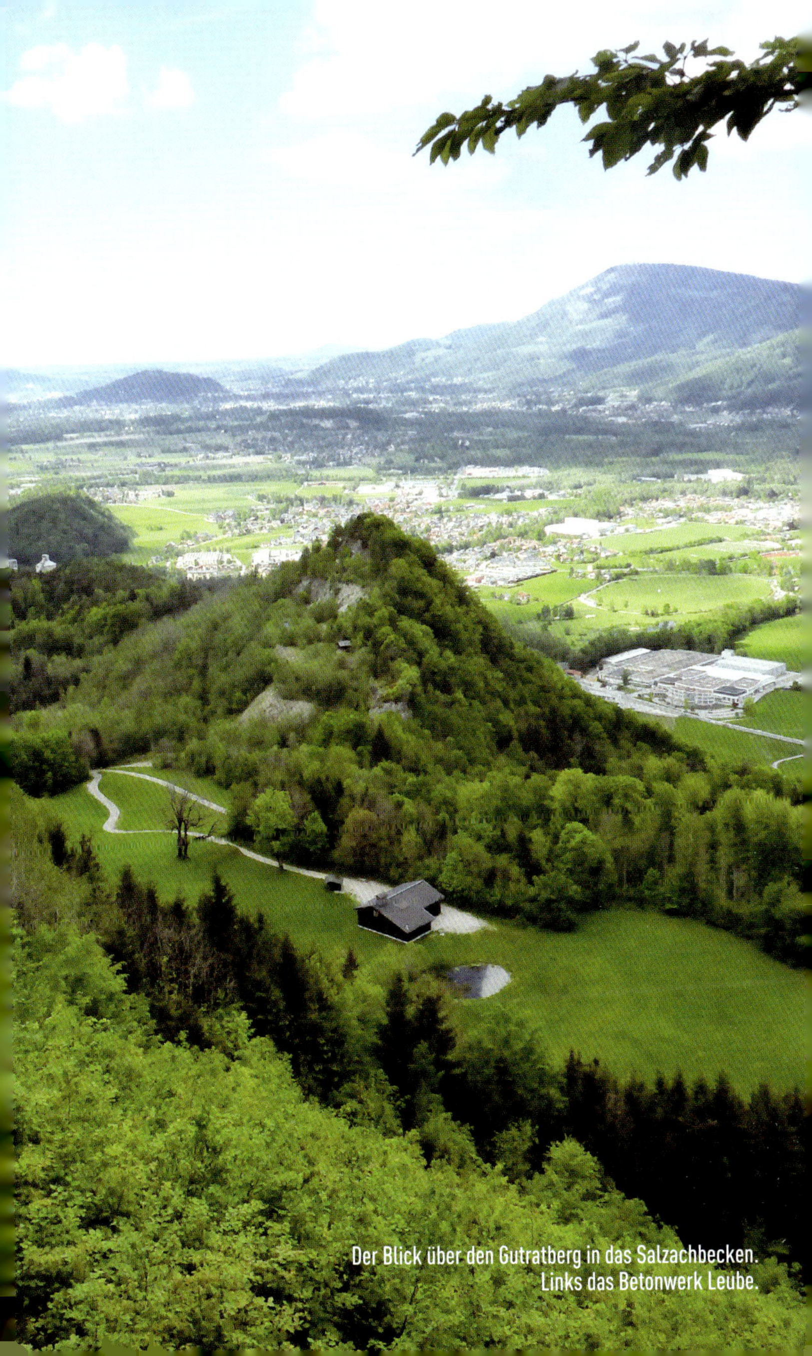

Der Blick über den Gutratberg in das Salzachbecken.
Links das Betonwerk Leube.

lokalen Bedürfnisse genutzt wurden. So gibt es etwa alte Aufzeichnungen über ein geringfügiges Manganvorkommen am Drachenloch bei St. Leonhard. Wirtschaftlich betrachtet, sieht es bedeutend besser am gegenüberliegenden Gutratberg aus. Benannt ist der Berg nach dem Geschlecht der Gutrater, die hier im 12. Jahrhundert zum Schutz der nahen Salzquelle auf einem Felssporn eine Burg errichteten. Der Apotheker Gustav Ernst Leube aus Ulm bewies Spürsinn, als er sich im Jahre 1864 für den Kauf des bereits bestehenden kleinen Zementwerkes in Gartenau-St. Leonhard entschied. Mit Zement hatte der geniale Forscher bereits gute Erfahrungen gemacht: Er wiederentdeckte ab 1835 die seit der Spätantike verlorengegangene Kunst der Zementerzeugung aus Kalkmergel. Hier am unscheinbaren Gutratberg südlich von St. Leonhard stand ihm genau dieser Stoff in bester Qualität zur Verfügung. Heute ist die weit vernetzte Firma Leube mit dem zentralen Sitz in Gartenau das weltälteste Zementunternehmen in Familienbesitz. Die Wanderung über den Gutratberg folgt den Spuren des Zements vom Urzustand bis zum fertigen Produkt. Mit dem Skulpturenweg entlang der Königseeache zeigt sich dann auch noch, wie vielschichtig der vielleicht wichtigste Baustoff der Welt sein kann. Mit Witz und Ironie löst sich da bei einigen Kunstprojekten das tonnenschwere Material in tiefsinnige Leichtigkeit auf.

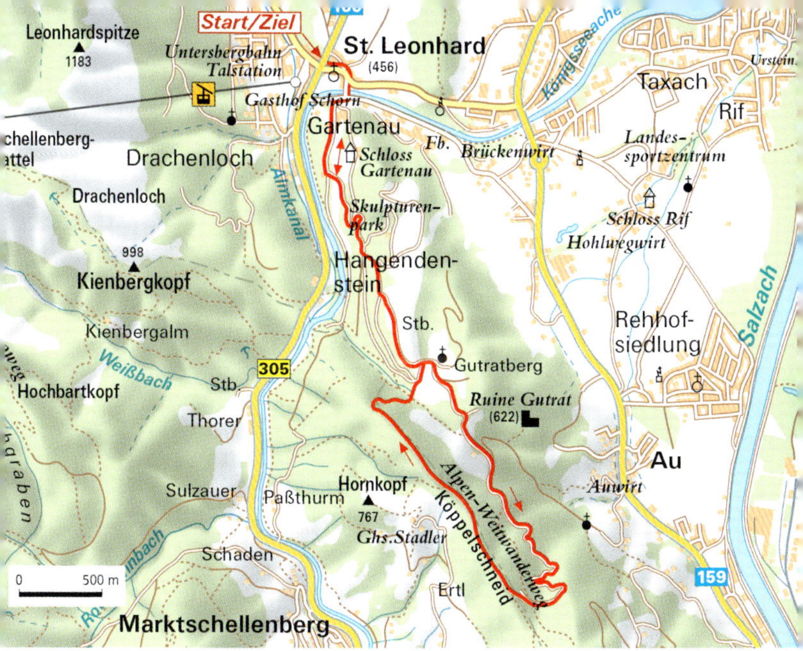


## Die Route

Ausgangspunkt der abwechslungsreichen Wanderung ist der Parkplatz in St. Leonhard. Der Weg führt an der Kirche vorbei, quert die Königseeache und verläuft sogleich rechts abzweigend am Ufer entlang zu den Skulpturen. Eine Installation mit einer sehr klaren Botschaft steht am Beginn des Skulpturenweges: Um einen Teich gruppieren sich 400 Weiden in einer Spirale, die von den Mitarbeitern und von Mitgliedern der Familie Leube gepflanzt wurden und die durch das jeweils angebrachte Namensschild die Firmenverbundenheit zum Ausdruck bringen. Die einzelnen Bäume werden zu Wald, und auf einer kleinen Insel in der Mitte des Teichs steht eine Säule mit der Büste des Firmengründers

Gustav Ernst Leube. Es folgen noch andere Projekte, wie die freischwebende Betontreppe oder die riesige Pixelröhre, aber dann verlässt der Weg 459 den Verlauf der Königseeache und zweigt nach links ab. Nach dem steileren Waldstück folgt ein lichtes Plateau, von dem sich eine schöne Blickachse Richtung Stadt Salzburg auftut. Vor einem Gebäude zweigt der Weg Richtung Ruine Gutrat nach links ab, wenige Meter unterhalb verlassen wir aber diese Route 459 und folgen rechter Hand dem unmarkierten, sanft ansteigenden Forstweg eine halbe Stunde bis knapp unterhalb des Gratverlaufes (Köpelschneid). Hier zweigt ein schmaler Pfad nach rechts ab, der die wenigen Meter zum markierten Verbindungsweg 27

Betonplattform „Come back tomorrow" der Französin Alix Delmas.

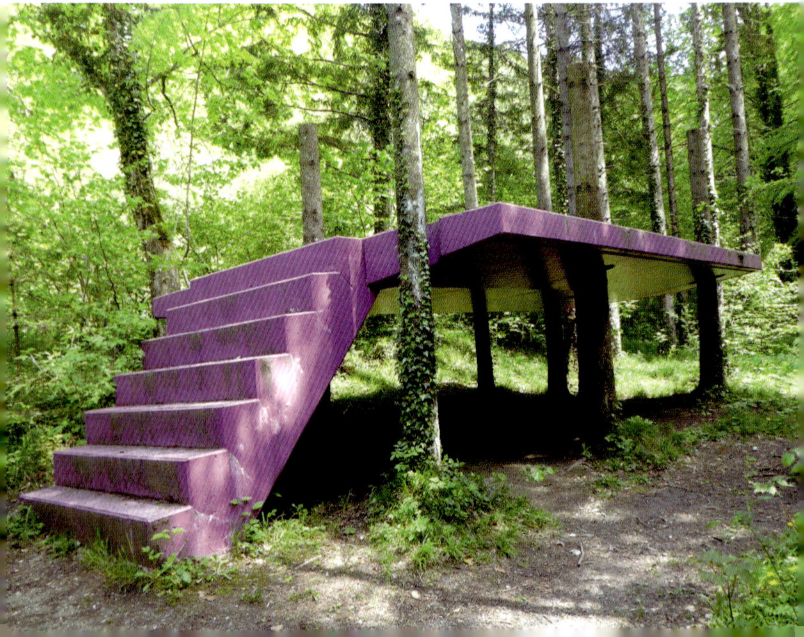

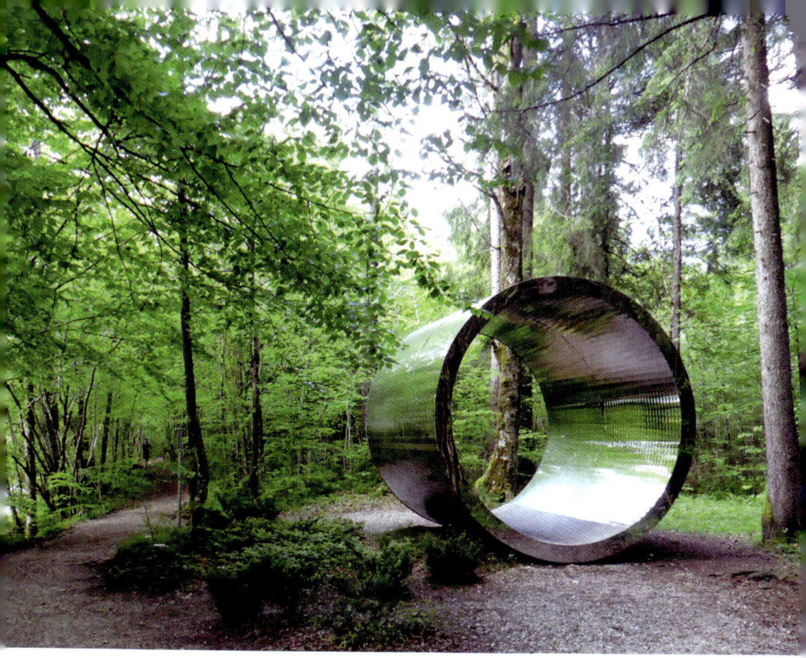

Am Leube-Skulpturenweg: „Pixelröhre Leonhard 8/8" (Künstlerduo Winter/Hörbelt).

Richtung Grödig (rechts) hinauf führt. Auf dem bewaldeten Grat verläuft zugleich mit dem Weg auch die Grenze zwischen Bayern und Salzburg. Die neuen und die über 200 Jahre alten historischen Grenzsteine sind auf ihre Art auch geschichtenerzählende Skulpturen. Die eingravierte Jahreszahl 1818 bezieht sich auf den zwischen Österreich und Bayern ausverhandelten Staatsvertrag, in dem die Grenzziehung endgültig festgelegt wurde. Zuerst dem Gratverlauf und damit der Grenze folgend, zweigt der fallweise luftige Steig dann steil nach rechts ab und mündet wieder in den bereits bekannten Weg 459 ein. Entlang diesem geht es hinab zur Königseeache und an den Ausgangspunkt retour.

# 5 Rund um Schloss Glanegg

T1 • 1 Stunde • 3 Kilometer • Höhendifferenz unerheblich

| | |
|---|---|
| **Charakter** | bequeme, allwettertaugliche Kultur- und Naturrunde. Ein kleiner Schönheitsfehler ist der kurze Abschnitt entlang der A10. |
| **Beste Zeit** | ganzjährig |
| **Weg** | Schotter, Asphalt |
| **Ausgangspunkt** | Rosittenparkplatz in Glanegg (gebührenpflichtig) |
| **Anfahrt** | A10, Abfahrt Salzburg Süd. Durch den Ort Grödig 4 km Richtung Fürstenbrunn. Nach der scharfen Linkskurve in Glanegg zweigt die Zufahrt zum Parkplatz nach links ab.<br>**Öffis:** Bus 21 ab Salzburg Hanuschplatz bis Haltestelle Glanegg Ortsmitte. 10 Minuten Gehzeit. |
| **Info** | www.groedig.net. www.advent-groedig.com. |

## Das Schloss Glanegg

Der baugeschichtlich interessanteste Teil der kurzen Umrundung folgt mit dem prachtvollen Meierhof und den massiven Torbauten gleich zu Beginn, dann schließen sich stimmungsvolle Landschaftseindrücke an. An den Adventwochenenden findet im großen Hof ein Bauernmarkt statt, der sich im Laufe der Jahre vom Geheimtipp zur stark besuchten vorweihnachtlichen Attraktion entwickelt hat.

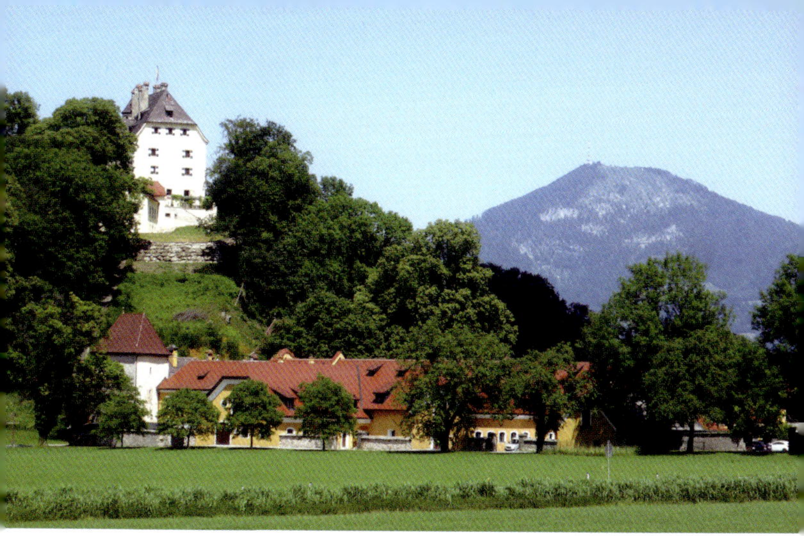

Schloss Glanegg und der Meierhof vor der Gaisberg-Kulisse.

Das weithin sichtbare Schloss auf dem markanten Hügel dürfte um 1300 mit der Absicht entstanden sein, den Salzschmuggel von Berchtesgaden nach Bayern unter Kontrolle zu bringen. Namensgeber war der in der Nähe vorbeifließende Glanbach, mit der bedeutenden Kärntner Familie der Glanegger hat die Anlage am Nordrand des Untersberges demnach nichts zu tun. Schloss Glanegg erlangte sehr bald Bedeutung als Sitz der Landrichter und Pfleger, einer Verwaltungsebene vergleichbar mit der heutigen Funktion eines Bezirkshauptmanns. Bereits um 1350 übersiedelte der Landrichter zu Alm (Oberalm und Niederalm) hierher. Das wichtige Pfleggericht Glanegg erstreckte sich zu beiden Seiten der Salzach vom Untersberg bis zum Gaisberg. Der Umzug des Pflegers in die Stadt Salzburg im Jahr 1609 wirkte sich allerdings nachteilig für die Bedeutung und den Bauzustand des Schlosses aus. Erzbischof Markus Sittikus (1574–1619) stoppte mit Instandsetzungsarbeiten den drohenden Verfall, sein Nachfolger Paris Lodron ging noch einen Schritt weiter, indem er die Anlage verstärkte und zudem eine Pass-Sperre vom Schlossberg bis zum Fuß des Untersberges errichten ließ. Neben der nunmehrigen militärischen Ausrichtung war das Gebiet am Untersberg auch ein begehrtes Jagdgebiet. Erzbischof Sigismund von Schrattenbach (1753–1771) ließ das Schloss in diesem Sinn noch einmal großzügig sanieren, nach der Säkularisation übernahm der Salzburger Kurzzeit-Regent (1803–1805) und Jagdliebhaber, Kurfürst Ferdinand III., Großherzog von Toskana, die Liegenschaft. Mit der Herrschaft der Bayern (1810–1816) begann ein häufiger Besitzerwechsel. Im Jahre 1896 gelangten Schloss Glanegg und ein Großteil des Untersberges schließlich in den Besitz der Familie der Freiherrn von Mayr-Melnhof, die noch heute die Räumlichkeiten bewohnen.

## Die Route

Vom Ausgangspunkt „Rosittenparkplatz“ am Fuß des Untersberges geht es auf der Zufahrt retour zur Landesstraße und dann entlang dieser 300 Meter geradeaus weiter zur östlichen Schlosseinfahrt. Die beeindruckende Allee ist ein würdiger Auftakt für die Umrundung, die Baumreihe verläuft geradewegs auf den imposanten Torturm zu, der den stimmungsvollen Meierhof begrenzt. An den Fassaden sind

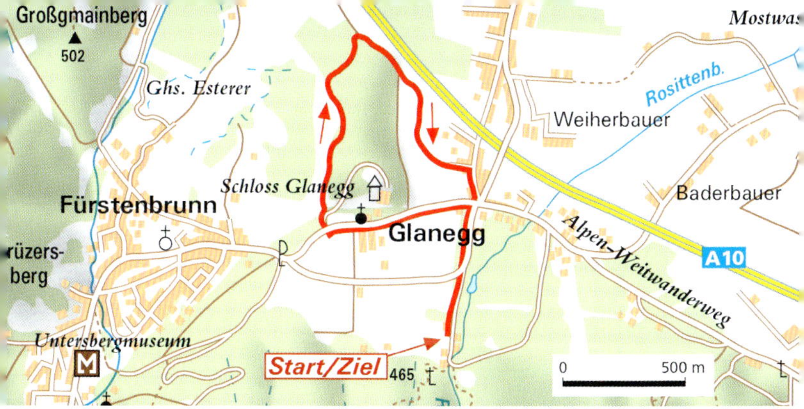


Wappen der früheren Besitzer angebracht, dazu zählen die Erzbischöfe Markus Sittikus, Max Gandolph von Kuenburg oder Leopold Anton Freiherr von Firmian. Im lauschigen Innenhof hat auch noch der Salzburger Landespatron Rupert einen passenden Platz unter dem ausladenden Baum gefunden. Unser Weg führt durch den mächtigen westlichen Torturm, dann am Tennisplatz vorbei und zweigt nach rechts auf die Schlosszufahrt ab. Wenige Meter später folgen wir dem nach links abzweigenden Schotterweg, der am Fuß des Schlossberges entlang nordwärts weiter verläuft. Auf der linken Seite tauchen artenreiche Feuchtwiesen auf, die nur zweimal im Jahr gemäht werden. Der bequeme Weg bleibt in der Ebene, die Abzweigung nach rechts zum Schießstand wird ignoriert. Dafür taucht aber vorübergehend eine andere Lärmquelle auf, denn nun verläuft die nach rechts schwenkende Route für rund 500 Meter entlang der Autobahn. Der Verkehrslärm wird aber gleich geringer, je mehr wir uns wieder der Schlossallee annähern. Der letzte Abschnitt retour zum Rosittenparkplatz folgt der bereits bekannten Route.

# 6 Salzburger Hochthron über das Zeppezauer Haus

T3 • 6–7 Stunden • 10 Kilometer • 1 400 hm

| | |
|---|---|
| **Charakter** | beinahe durchgehend steiler Anstieg, der vor allem für den gut gesicherten, aber auch mit ausgesetzten Passagen versehenen Dopplersteig alpines Können (Trittsicherheit, Schwindelfreiheit) erfordert. |
| **Beste Zeit** | Sommer, da nordseitig |
| **Weg** | Fels- und Waldsteige |
| **Ausgangspunkt** | Rosittenparkplatz in Glanegg (gebührenpflichtig) |
| **Anfahrt** | A10, Abfahrt Salzburg Süd. Durch den Ort Grödig 4 km Richtung Fürstenbrunn. Nach der scharfen Linkskurve in Glanegg zweigt die Zufahrt zum Parkplatz nach links ab.<br>**Öffis:** Bus 21 ab Salzburg Hanuschplatz bis Haltestelle Glanegg Ortsmitte. 10 Minuten Gehzeit. |
| **Gastronomie** | Zeppezauerhaus, Tel. +43 (0)662 629862, www.zeppezauerhaus.at;<br>Hochalm nahe der Untersbergbahn-Bergstation, Tel. +43 (0)662 628674 und +43(0)664 1199911. |
| **Info** | www.groedig.net |

### Der Dopplersteig, die Untersbergbahn und das Zeppezauerhaus

Zum Zeppezauerhaus und weiter auf den Salzburger Hochthron führen mehrere Wege. Zwei besonders beeindruckende, von der technischen Machbarkeit der damaligen

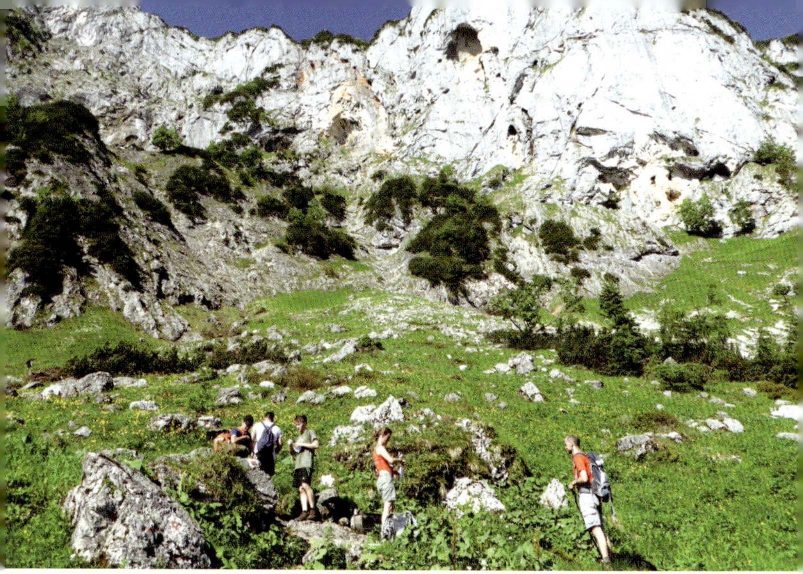

Die letzte Wasserstelle vor dem Dopplersteig in der Oberen Rositten.

Zeit geprägte Beispiele sind der im Jahr 1876 eröffnete Dopplersteig und die Untersbergbahn aus dem Jahre 1961. Die Sektion Salzburg des Deutschen und Österreichischen Alpenvereins legte schon bald nach der Gründung im Jahr 1869 ihr Augenmerk auf den Untersberg. Der kühne Plan, den Weg von Glanegg über die Untere zur Oberen Rosittenalm und weiter durch die Felswand Richtung Geiereck zu verlängern, wurde vor allem von Ludwig Doppler vorangetrieben. Im Jahr der Errichtung war der aus der bekannten Salzburger Steinmetz-Dynastie stammende Techniker über 80-mal bei seiner Baustelle und unterstützte dabei die vier Fachleute, die an Seilen hängend in der Wand arbeiteten. Am 16. Juli 1876 war es soweit, der Dopplersteig wurde eröffnet. Am Vorabend des Eröffnungsfestes wurde der neue Steig speziell für die auf der Festung Hohensalzburg versammelten Ehrengäste durchgehend mit Fackeln beleuchtet. Zusätzlich zu dieser Feuerlinie quer über die Wand wurden noch Leuchtraketen vom Geiereck abgefeuert.

Der Salzburger Hochthron stand auch weiterhin im Zentrum kühner technischer Visionen. Vielleicht wurden ja schon damals auf der Festung unter den Ehrengästen Überlegungen angestellt, ob denn der mystische Untersberg nicht auch auf direktem Wege von der Stadt Salzburg aus erreicht werden könnte. Der dann um die Jahrhundertwende tatsächlich aufgetauchte Plan einer stützenlosen Megaseilbahn vom ehemaligen Hafengebäude am Rudolfsplatz auf den Salzburger Hochthron verschwand allerdings rasch wieder in der Versenkung. Die Realisierung einer Seilbahn auf den Untersberg nahm erst ein halbes Jahrhundert später wieder konkrete Formen an. Im Jahr 1956 wurde die „Untersberg-Seilschwebebahn-Gesellschaft“ gegründet. Der ursprüngliche Plan einer Seilbahn von St. Leonhard auf den Salzburger Hochthron wurde allerdings wieder verworfen, denn die dabei nötige Überquerung von deutschem Hoheitsgebiet führte zu unerwarteten Komplikationen. Ebenso scheiterte die Vision einer Kabinenumlaufbahn auf der ehemaligen Trasse der Alpenvereinsmaterialseilbahn vom Gasthaus Rositten (Glanegg) zum Zeppezauerhaus. Im Mai 1958 wurde die neue „Untersbergbahn Ges.m.b.H.“ gegründet, und mit der

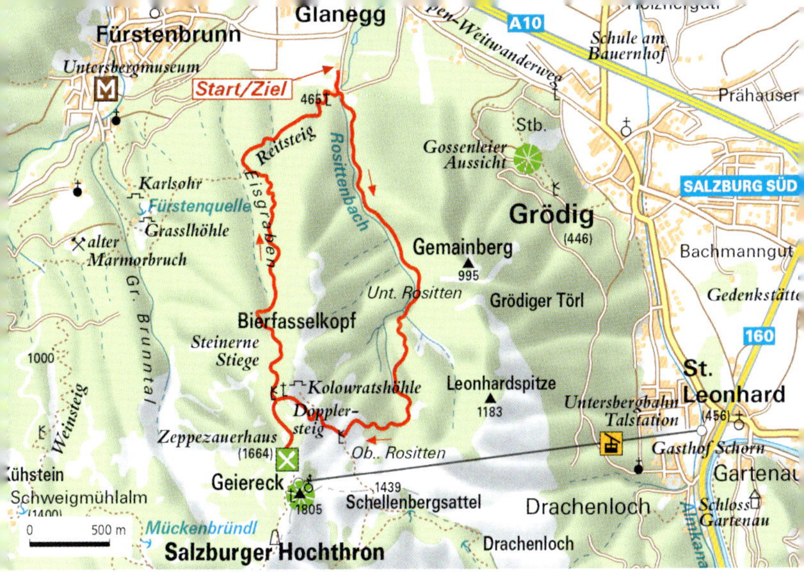


Beteiligung der Stadt Salzburg ergab sich eine solide finanzielle Basis. Die Strecke von St. Leonhard auf das Geiereck wurde mit Unterstützung von drei Hilfsbahnen bewältigt. Am 27. April 1961 wurden die ersten Fahrgäste befördert, am 14. Mai wurde die Untersbergbahn feierlich eröffnet. Im Herbst 2018 gab es wieder einen Grund zum Feiern, als zwei neue Gondeln mit einer Kapazität von je 50 Personen in den Dienst genommen wurden. Die Gesamtinvestitionen in die erneuerte Infrastruktur betrugen fünf Millionen Euro. Damit werden jährlich bis zu 130 000 Personen auf den Salzburger Hausberg transportiert.

Das Zeppezauerhaus, das zu Beginn „Untersberghaus" hieß, wurde vom Salzburger Alpenverein in nur drei Monaten erbaut und am 31. Juli 1883 feierlich eröffnet. Nach einem Brand wurde es vollständig abgetragen und im Jahr

1914 durch ein größeres, nach dem damaligen Alpenvereins-Vorsitzenden Dr. Moritz Zeppezauer benanntes Gebäude ersetzt. In den letzten Jahren erhielt das Zeppezauerhaus umweltfreundliche Anlagen zur Energiegewinnung und Abwasserentsorgung. Gleichzeitig wurden moderne Sanitäranlagen eingebaut und die komplette Hütte saniert.

## Die Route

Der Ausgangspunkt für die Untersberg-Besteigung, der Rosittenparkplatz in Glanegg, ist an schönen Wandertagen meistens gut gefüllt. Das erste Ziel der vielen Wanderer ist von diesem Standort aus ziemlich eindeutig vorgegeben – die Frage stellt sich nur nach dem passenden Aufstieg zum Zeppezauerhaus. Zur Auswahl stehen der anspruchsvolle Dopplersteig und der lustvolle Reitsteig. Kurz nach dem Taxhamer-Kreuz (1 560 m) wieder vereint, führt der gemeinsame Routenverlauf zuerst zum bewirtschafteten Zeppezauerhaus und dann weiter Richtung Salzburger Hochthron. Die meisten Bergsteiger benützen für den Aufstieg den atemberaubenden, durch die Nordwand führenden Dopplersteig und wandern auf dem wegtechnisch einfacheren Reitsteig retour. Eine andere beliebte Variante für den Rückweg bietet sich natürlich mit der Untersberg-Seilbahn an. Von der Talstation in St. Leonhard gibt es dann eine gute Busverbindung zum Parkplatz in Glanegg.
Nur die ersten paar Meter ab dem Parkplatz Rositten verlaufen noch in der Talebene. Viel Platz steht nicht mehr

zur Verfügung, aber die alten Gebäude, die hier stehen, zeugen von hoher Baukultur. Eines davon, auf der rechten Seite, war das ehemalige Gasthaus Rositten, von dem aus eine Materialseilbahn zum Zeppezauerhaus führte. Das Alpenvereinshaus ist auch unser Ziel, bei der nächsten Gabelung muss aber die Entscheidung Dopplersteig oder Reitsteig fallen. Die im Aufstieg mehrheitlich begangene Route Richtung Dopplersteig führt über den Rosittenbach und folgt diesem. Der Höhenabstand wird allerdings immer größer, Weg und Bach nähern sich erst eine Gehstunde oder 400 Höhenmeter weiter oberhalb in der Unteren Rositten wieder an. Für eine kurze Abkühlung an heißen Sommertagen reicht es, denn nun verlässt der Steig allmählich

Gute Aussichten auf das Geiereck (1805 m).

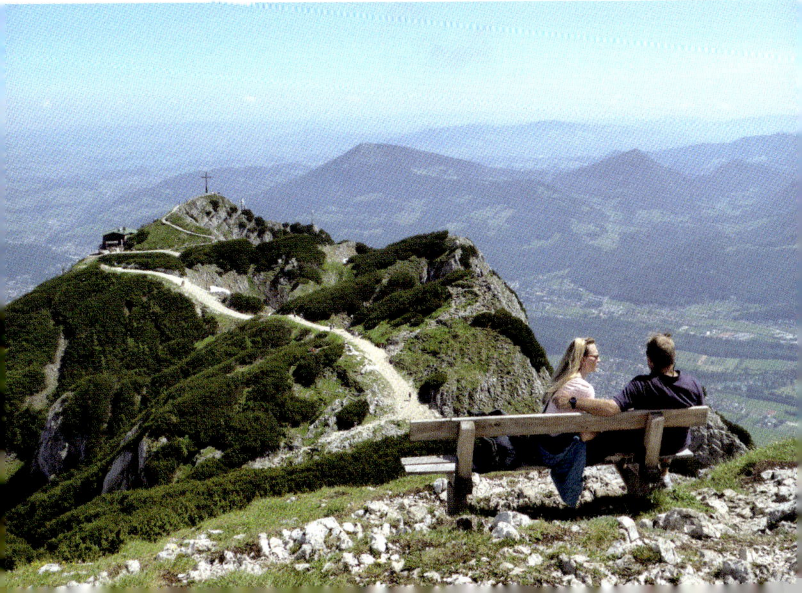

die Baumzone und wird auch zusehends steiler. Bevor der Dopplersteig aber wirklich in die Felswand hinüberwechselt, liegt noch in der Oberen Rositten eine allerletzte Wasserstelle am Weg. Trotz guter Sicherungen erfordert der berühmte Dopplersteig Schwindelfreiheit und Trittsicherheit. Zum entspannten Durchatmen und Kräftesammeln folgt zuerst das Taxhamer Kreuz und dann das urgemütliche Zeppezauerhaus (1664 m). Der allernächste Punkt in 20 Minuten Entfernung ist von dort die Bergstation der Untersbergbahn, etwas länger ist der Umweg über das Geiereck (1805 m), aber auch die Anstiegszeit auf den stets gut besuchten Salzburger Hochthron (1853 m) hält sich mit 40 Minuten in Grenzen.

Soll der Abstieg über den Reitsteig verlaufen, dann führt der Weg zunächst auf der bekannten Route zum Zeppezauerhaus, dann Richtung Taxhamer Kreuz und zweigt fünf Minuten davor nach links ab. Anders als der Dopplersteig verfügt der Reitsteig über eine weniger ausgesetzte Wegführung, die aber doch ziemlich steil talwärts zum Parkplatz Rositten leitet. Insgesamt sollen auf den beiden Steigen 4000 Stufen zum leichteren Gehen angelegt worden sein.

Die letzten Meter auf dem Weg
vom Zeppezauerhaus zum Geiereck.

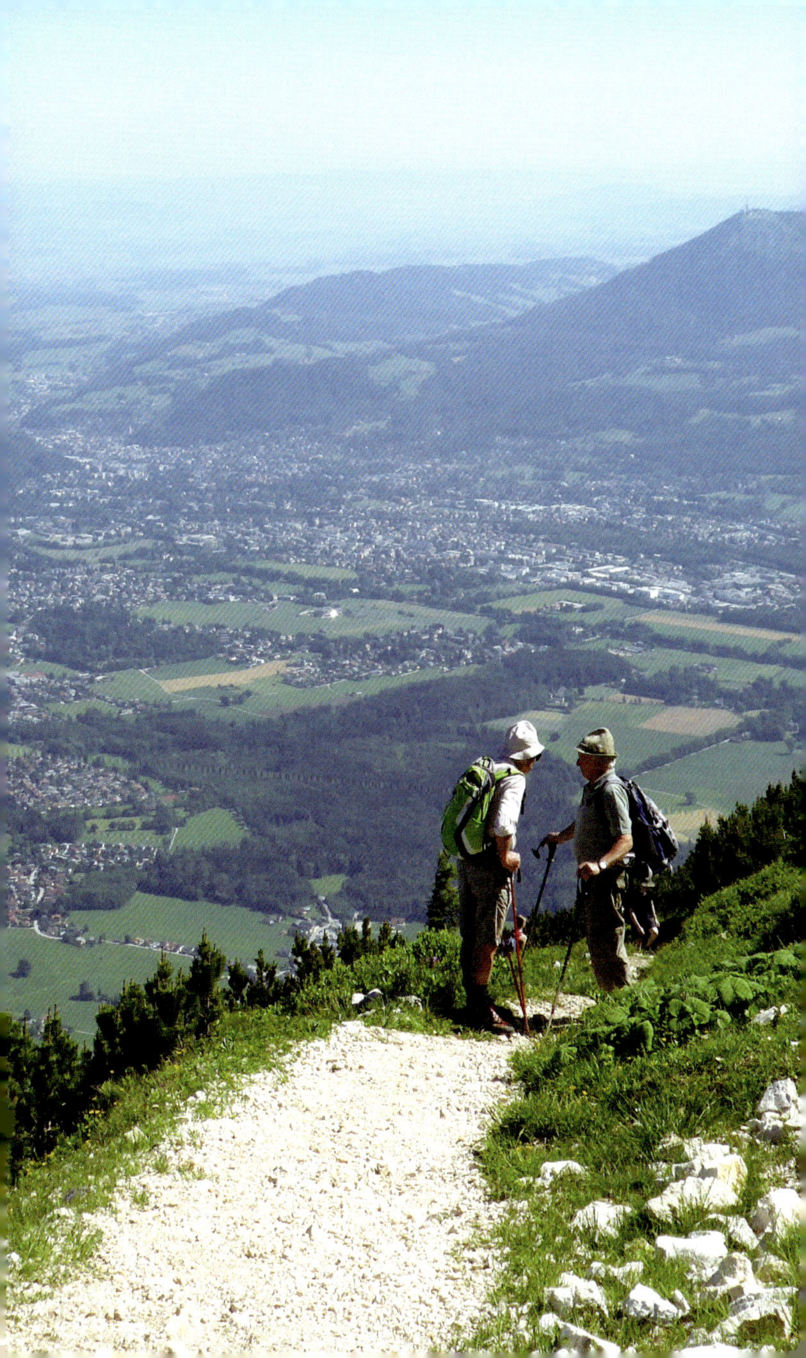

# 7 Zu den Marmorbrüchen in Fürstenbrunn

T2 • Anstieg 30 Minuten • 1,3 Kilometer • 220 hm

| | |
|---|---|
| **Charakter** | kurze Wanderung auf unmarkierten Wegen mit Expeditionscharakter, die im letzten Teil etwas Orientierungsfähigkeit erfordern. Empfehlenswert in Verbindung mit dem Besuch des Untersbergmuseums und der Fürstenquelle. |
| **Beste Zeit** | Sommer |
| **Weg** | Waldsteige |
| **Ausgangspunkt** | Parkplatz Untersbergmuseum, Fürstenbrunn |
| **Anfahrt** | A10, Abfahrt Salzburg Süd. Durch das Ortszentrum Grödig über Glanegg nach Fürstenbrunn. Dort bei der Buskehre nach links zum Untersbergmuseum. **Öffis:** Buslinie 21 ab Salzburg Stadt, Hanuschplatz, bis zur Buskehre Fürstenbrunn, Buslinie 35 ab Talstation der Untersbergbahn |
| **Gastronomie** | Landgasthof Fürstenbrunn, Tel. +43 (0)6246 73342 oder +43 (0)664 949 5910, www.hotel-gasthof-salzburg.com; Gasthof Esterer, Glanstraße 3, Tel. +43 (0)6246 73321, www.gasthofesterer.at |
| **Info** | www.untersbergmuseum.net, www.groedig.net |

## Der Marmor vom Untersberg

Der begehrte hellrosa Kalkstein von der Nordseite des Untersberges, der sogenannte Untersberger Marmor, wird

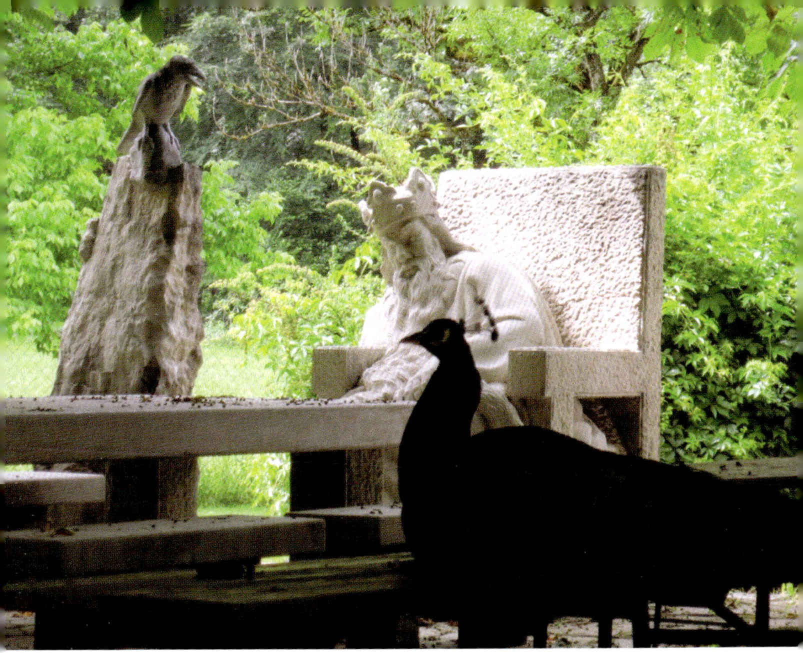

Der Kaiser Karl wartet beim Gasthof Esterer in Fürstenbrunn auf seine Bestellung.

seit rund 2000 Jahren abgebaut. Die Römer waren die ersten, die den markant hellen Stein im großen Umfang für ihre Bauvorhaben nutzten. Abgebaut wurde der Baustoff im heute stillgelegten Veitlbruch an der Straße zwischen Fürstenbrunn und Latschenwirt. Nach dem Abzug der Römer im Jahr 488 verfiel nicht nur die Metropole Juvavum, auch der Marmorabbau am Untersberg kam zum Erliegen. Für lange Zeit dienten die nun verwaisten römischen Prachtbauten als praktische Baustoffquelle. In vielen frühromanischen Kirchen wurde der so „recycelte" hochwertige Bildhauerstein einfach weiterverarbeitet. In der jüngeren

Vergangenheit fand der bayerische Kronprinz Ludwig I. großen Gefallen am edlen Untersberger Marmor. Die Begehrlichkeiten waren so groß, dass die Wittelsbacher selbst vor einer Urkundenfälschung nicht zurückschreckten, um auch nach dem kurzen Regierungsintermezzo in Salzburg zwischen 1810 und 1816 im Besitz des Untersberges zu bleiben. Die Salzburger protestierten zwar, aber der Habsburger Kaiser Franz I., der mit der Wittelsbacherprinzessin Karoline Auguste verheiratet war, entschied zugunsten der Bayern. In der Folge wurde der charakteristisch helle Untersberger Marmor an über 50 Objekten in München und in 13 weiteren Orten verarbeitet. Allein für die Errichtung der berühmten Gedenkstätte Walhalla bei Regensburg wurden 9000 Tonnen Marmor benötigt. Prinz Leopold von Bayern, der einen Großteil des Untersberges im Jahr 1868 erbte, teilte die Liebe zum edlen Gestein nicht mehr und verkaufte seinen Anteil an den baltischen Adeligen Baron Friedrich von Löwenstern. Schließlich erwarb im Jahr 1896 Baron Mayr-Melnhof den nördlichen Untersberg, der sich auch heute noch im Besitz der Familie befindet. Damals entstanden auch die Steinbrüche, die das Ziel unserer kurzen Wanderung sind. Sie waren bis in die 1960er-Jahre in Betrieb und mit einer eigenen Marmorbahn ausgestattet. Die Trasse und der Schienenverlauf sind gut erkennbar, sogar eine Lore, mit der die Blöcke transportiert wurden, ist noch vorhanden.

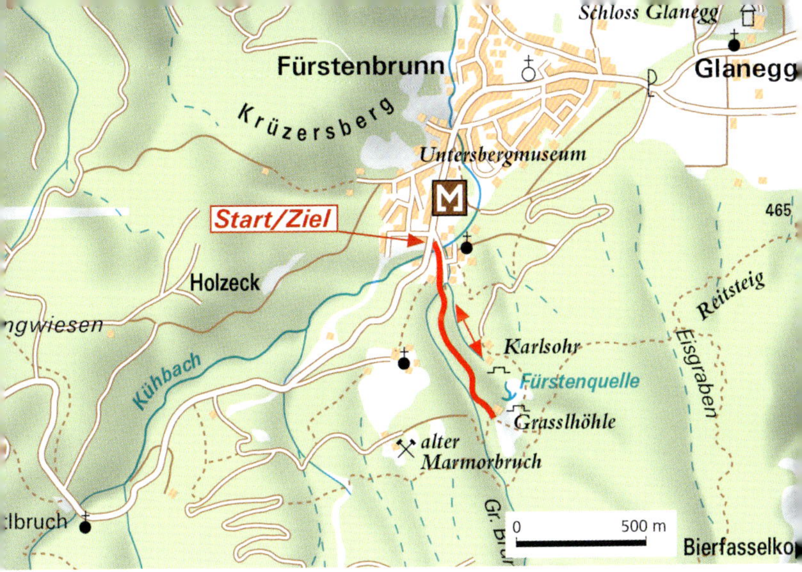


## Die Route

Der einfachste Weg zu den stillgelegten „Mayr-Brüchen“ folgt von der Buskehre in Fürstenbrunn der Zufahrt zum Untersbergmuseum, zweigt dann aber nicht über die Brücke nach links ab, sondern verläuft geradeaus an den letzten Häusern am Brunntalweg vorbei und trifft dann auf ein gewaltiges Felsentor. Durch dieses hindurch, oder rechts daran vorbei, gelangen wir zu jener steilen Rampe, die schnurgerade durch das Brunntal verläuft und über die das Gestein aus den Brüchen talwärts transportiert wurde. Nach einer schweißtreibenden halben Stunde markiert der monumentale Torbau am Ende der Rampe den Eintritt in eine wahrlich einzigartige Industrieruine. Obwohl seit rund 50 Jahren stillgelegt, gibt es noch genug zu sehen. Besonderes Interesse werden die Schienen hervorrufen,

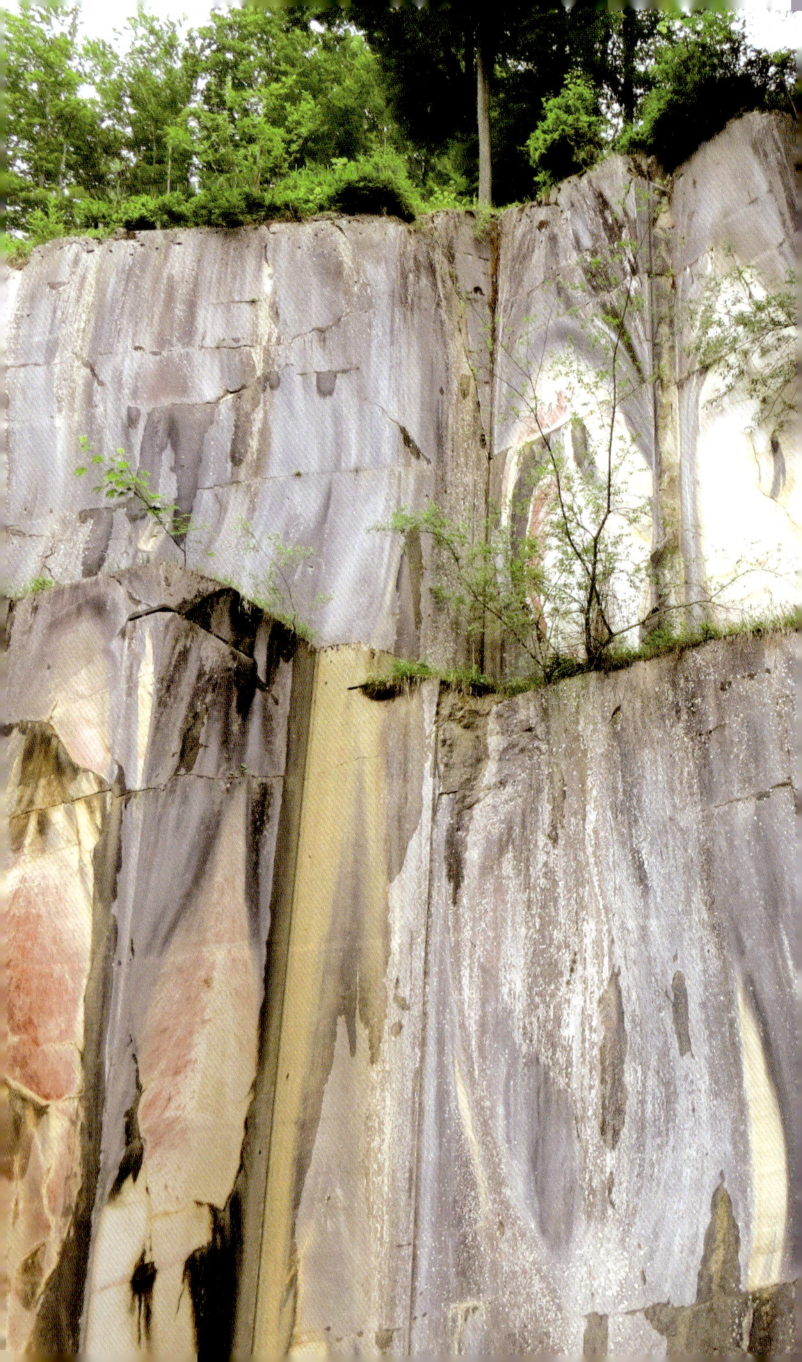

denen wir bis zu einer Absperrung folgen können. Die dahinterliegende sogenannte Teufelsschlucht wurde auf einer Brücke gequert, zuvor mussten die Wägen und die Zugmaschine aber auf einer Drehscheibe in die richtige Position gebracht werden. Die Fußgänger konnten die Schlucht auf einer abenteuerlichen Hängebrücke überqueren, die ebenfalls noch in Fragmenten vorhanden ist. Leider ist die Begehung dieser Abschnitte viel zu gefährlich und daher gesperrt.
Ungefährlich, aber auch sehr interessant sind die mit Sägen bearbeiteten Wände, die auf mehr oder weniger begabte Graffiti-Künstler eine offensichtlich unwiderstehliche Anziehungskraft ausüben. Der sagenhafte Kaiser Karl ist da genauso vertreten wie eine geheimnisvoll blickende Eule, aber auch Sprüche und Schriftzeichen, die nur die Eingeweihten verstehen. Ein kleiner Unterstand und eine Feuerstelle deuten darauf hin, dass die marmorne Geisterstadt hin und wieder Besuch von abenteuerlustigen Outdoor-Liebhabern erhält. Der Abstieg von diesem einzigartigen Ort folgt dem Anstieg.

## 8 Zur Fürstenquelle in Fürstenbrunn

T1 • 25 Minuten zur Quelle • 1 Kilometer • 120 hm

| | |
|---|---|
| **Charakter** | unmarkierter und wenig begangener Waldweg mit einem fulminanten Endpunkt. Betretungsverbot (Wildfütterung) von 1. November bis 1. April beachten. Empfehlenswert in Verbindung mit dem Besuch des Untersbergmuseums und der Marmorbrüche. |
| **Beste Zeit** | Sommer |
| **Weg** | Forstweg |
| **Ausgangspunkt** | Parkplatz Untersbergmuseum, Fürstenbrunn |
| **Anfahrt** | A10, Abfahrt Salzburg Süd. Durch das Ortszentrum Grödig über Glanegg nach Fürstenbrunn. Dort bei der Buskehre nach links zum Untersbergmuseum. **Öffis:** Buslinie 21 ab Salzburg Hanuschplatz bis zur Buskehre Fürstenbrunn, Buslinie 35 ab Talstation der Untersbergbahn |
| **Gastronomie** | Landgasthof Fürstenbrunn, Tel. +43 (0)6246 73342 oder +43 (0)664 9495910, www.hotel-gasthof-salzburg.com; Gasthof Esterer, Tel. +43 (0)6246 73321, www.gasthofesterer.at |
| **Info** | www.untersbergmuseum.net |

### Wasser aus dem Untersberg

Das Untersbergmuseum in Fürstenbrunn am Ausgangspunkt der Wanderung bietet eine hervorragende

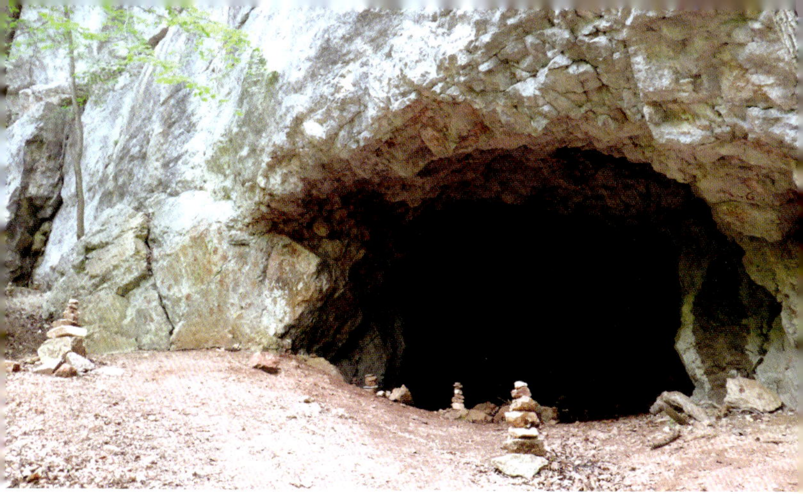

Der Eingang in die Grasslhöhle.

Gelegenheit zum Eintauchen in die Geschichte und Geheimnisse des sagenhaften Berges. Interessant sind aber auch schon die marmornen Obelisken und Huldigungssäulen vor dem Museum, die unter anderem an den bayerischen König Ludwig I. (1786–1868) erinnern, den einstigen Besitzer der Marmorbrüche und auch der Fürstenquelle. Im Jahre 1866 räumte der bayerische Monarch der Stadt Salzburg das Servitutsrecht zur Entnahme von 47,4 Litern Wasser pro Sekunde ein, worauf mit dem Bau der 9,2 Kilometer langen Rohrleitung aus Gusseisen zum Hochbehälter auf dem Mönchsberg in der Stadt Salzburg begonnen wurde. Der Bedarf an quellfrischem Wasser stieg ständig, im Jahr 1945 wurde auf Anordnung der amerikanischen Militärregierung das Bezugsrecht auf das gesamte in Fürstenbrunn verfügbare Quellwasser – maximal 265 Liter

pro Sekunde – ausgedehnt. Noch heute spielt das Wasser aus Fürstenbrunn gemeinsam mit den Grundwasserfeldern in Glanegg und St. Leonhard eine wichtige Rolle für die Trinkwasserversorgung der Landeshauptstadt.
Das Wasser im Untersberg schuf im Laufe der Jahrmillionen ein bizarres, überaus weitläufiges Höhlensystem. Die vielen Eingänge in die Unterwelt regten die Fantasie an und ließen viele Geschichten entstehen. Einer der prominentesten Höhleninsassen im Untersberg ist wohl der Kaiser Karl. Auch wenn wir ihm nicht persönlich begegnen, so führt der Weg doch am „Ohr des Kaiser Karl" vorbei. Gemeint ist eine tiefe Schachthöhle, die einem Gehörgang nicht unähnlich sieht, nur wenige Meter von dem Austritt der Fürstenquelle entfernt. Etwas oberhalb der imposanten Quellöffnung wiederum befindet sich die Grasslhöhle. Sie spielt für die esoterisch orientierten Untersberg-Anhänger eine wichtige Rolle, wie an den dort errichteten Steinmandln und der symbolhaften Venusblüte unschwer zu erkennen ist. Wer dann wirklich mit Kaiser Karl an einem marmornen Tisch sitzen will, sollte unbedingt in den romantischen Kastaniengastgarten beim Gasthof Esterer zukehren. Manchmal gesellt sich auch noch ein Pfau dazu.

## Die Route

Die halbstündige Wanderung zur Fürstenquelle führt am Untersbergmuseum und der angrenzenden Kapelle vorbei und folgt dann der Zufahrt zum benachbarten Wohnhaus.

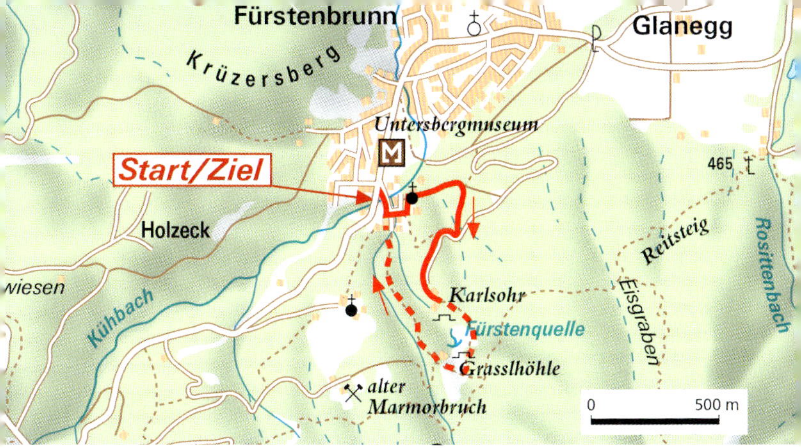


Der Blick in den geheimnisvoll verwachsenen Garten lässt erahnen, dass hier ein Naturliebhaber lebt, der aber auch ein Faible für ausgesucht schmucke Oldtimermodelle hat. Nach einigen Minuten trifft der Weg auf eine Waldlichtung, die im Winter als Wildfütterungsstelle dient. In der Zeit zwischen 1. November und 30. April herrscht hier aus diesem Grund ein Betretungsverbot. Die breite Route schwenkt nach rechts (W) und geht dann in einen schmalen, von einem Eisengeländer begrenzten Weg über. Die aufwendige Konstruktion und das immer stärker vernehmbare Rauschen lassen erahnen, dass etwas Großes bevorsteht. Nach der nächsten Kurve stehen wir dann auch schon tatsächlich mitten im Untersbergwald vor einem mächtigen Schloss! Einem Wasserschloss, das dieser Bezeichnung wirklich gerecht wird: oben der massive, burgartige Aufbau, unten das wild schäumende Wasser, das aus dem Überlauf der Quelle hervorschießt. Ein wirklich imposanter Anblick, durch die eine andere Attraktion leicht übersehen wird.

Kurz vor der Quelle befindet sich unterhalb der Blockhütte auf der linken Seite das „Ohr des Kaiser Karl“, also jene tiefe Schachthöhle, der uralte, orakelhafte Fähigkeiten nachgesagt werden. Der unübersehbare Steig, der oberhalb der Quelle auf die andere Grabenseite führt, erreicht wenige Minuten später die mystische Grasslhöhle.
Nach diesem letzten, relativ leicht erreichbaren Höhepunkt führt der Abstieg wieder auf dem bereits bekannten Weg zurück zum Museum. Dort könnte dann ja noch der etwa ebenso lange Abstecher zu den alten Marmorbrüchen auf dem Programm stehen (siehe Route 7).
Für alpin versierte Wanderer bietet sich bei der Grasslhöhle aber auch ein direkter Steig zu den oberhalb gelegenen Marmorbrüchen an. Dazu folgen wir dem Pfad, der vor der Grasslhöhle nach links abzweigt und sich dann an der steilen, bergwärts führenden Geröllhalde orientiert. Auf vielen Blöcken sind noch deutliche Bearbeitungsspuren erkennbar. Gut 100 Höhenmeter weiter oberhalb quert der Steig aus der Geröllrinne nach rechts und führt mitten hinein in den alten Steinbruch, der unter den Eingeweihten auch als „die Geisterstadt“ bekannt ist. Die ehemaligen Unterkünfte und Werkstätten sind längst eingestürzt, aber die Wände, aus denen jahrhundertelang Marmorblöcke gebrochen wurden, sind noch da und eignen sich auch für mehr oder weniger gelungene Malereien.
Aus dieser wirklich abenteuerlichen Geisterstadt gibt es einen bequemen Rückweg nach Fürstenbrunn, der bei den

massiven torähnlichen Bauten auf der Nordseite des Marmorbruchs beginnt und dann schnurgerade der steilen Rampe talwärts zum Brunntalweg folgt. Dauer der gesamten Runde 1,5 Stunden, 220 Höhenmeter, 3,5 Kilometer. Jener alte Verbindungssteig, der von der Fürstenquelle direkt zur Rampe herüberführt, ist praktisch unbenützbar, weil eine defekte Felsquerung leider nicht mehr renoviert wurde.

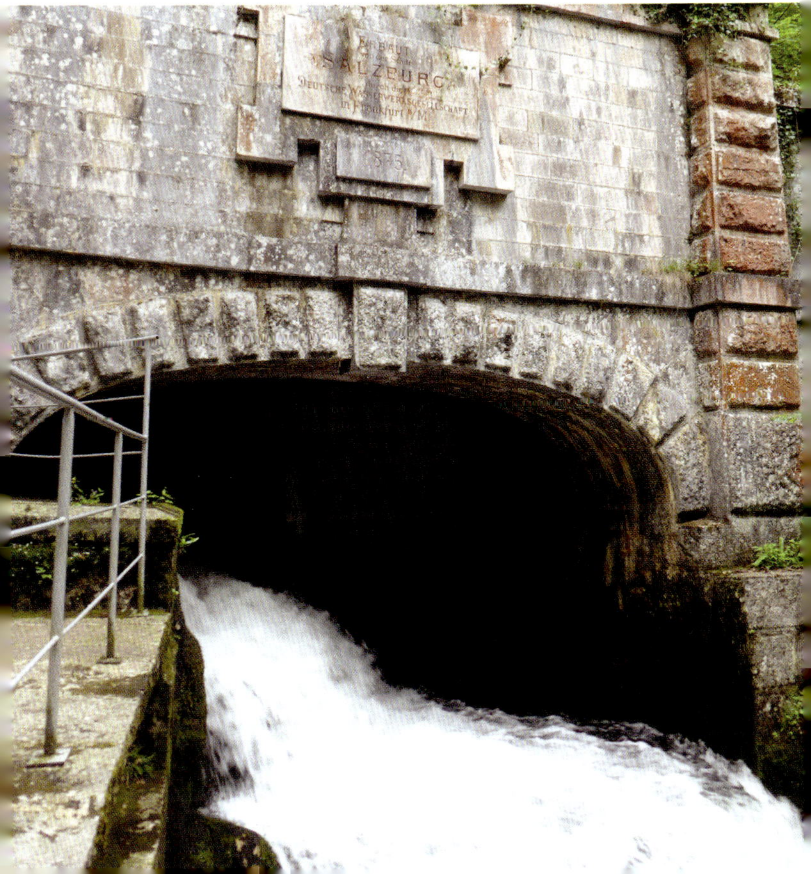

# 9 Museumstour von Fürstenbrunn nach Großgmain

T1 • 2 Stunden • 5 Kilometer • 170 hm

| | |
|---|---|
| **Charakter** | ein friedlicher Waldspaziergang, der zwischendurch mangelhaft markiert ist. Trotzdem lohnend. Eignet sich durch die Haltestellennähe bestens als Buswanderung. |
| **Beste Zeit** | ein kühler Waldweg für heiße Sommertage |
| **Weg** | Forstwege und ein Kilometer Wald- und Wiesenpfad |
| **Ausgangspunkt** | Fürstenbrunn Bushaltestelle (Endstation) |
| **Anfahrt** | A10, Abfahrt Salzburg Süd, über Grödig nach Fürstenbrunn. Die Zufahrt zum Untersbergmuseum zweigt am Ende der Siedlung bei der Buskehre nach links ab. **Öffis:** Salzburg Mirabellplatz, Bus 21 bis Fürstenbrunn Buskehre. Rückfahrt von Großgmain Freilichtmuseum Bus 180 bis Salzburg Hbf. |
| **Gastronomie** | Museumsgasthaus „Salettl" während der Öffnungszeiten im Freilichtmuseum Großgmain, Tel. +43 (0)662 850011; Landgasthof Fürstenbrunn, Tel. +43 (0)6246 73342 oder +43 (0)664 949 5910, www.landgasthof-fb.at; |
| **Info** | Öffnungszeiten Freilichtmuseum Großgmain Ende März bis Anfang November, www.freilichtmuseum.com; Untersbergmuseum Jänner bis März geschlossen, dann an den Wochenenden geöffnet (unterschiedliche Öffnungszeiten), www.untersbergmuseum.net. |

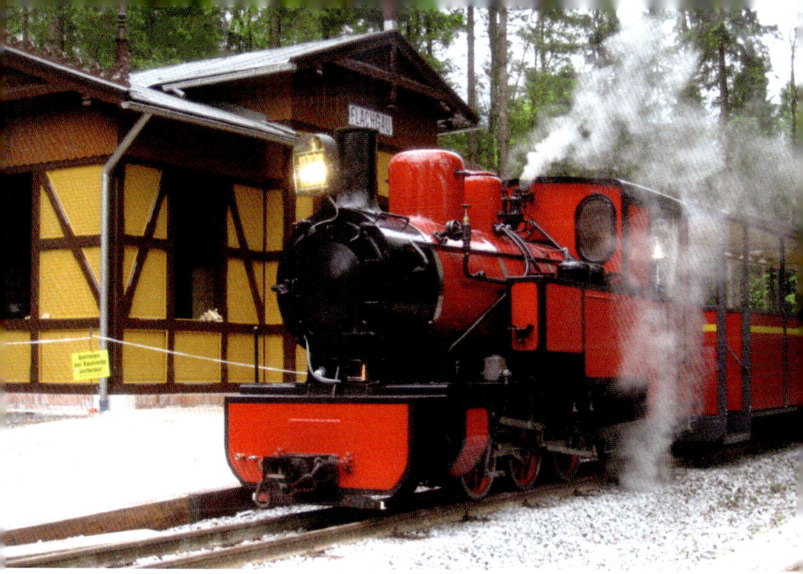

Die Museumsbahn durchquert das Gelände auf einer 1,7 km langen Strecke.

## Das Freilichtmuseum Großgmain und das Untersbergmuseum in Fürstenbrunn

Eine stille und unspektakuläre Waldwanderung von Fürstenbrunn nach Großgmain verbindet das kleine Untersbergmuseum mit dem 50 Hektar großen Gelände des Freilichtmuseums Großgmain. Zwischendurch ist der Weg zwar so schlecht markiert, dass sich der Gedanke aufdrängt, dass hier nur Jäger, Pax-Natura-Besucher oder Urnen erwünscht sind, aber nach der schilderlosen Durststrecke geht es wieder eindeutig erkennbar durch den beruhigenden Wald dahin. Als ideales Transportmittel dienen die öffentlichen Busse, da beide Orte beinahe direkt an einer Haltestelle liegen.

Das Salzburger Freilichtmuseum Großgmain bietet Platz für über 100 wiedererrichtete Originalbauten aus Landwirtschaft, Handwerk, ländlichem Gewerbe und Industrie. Die gezeigten Objekte umfassen einen Zeitraum von über sechs Jahrhunderten. Alle Salzburger Gaue sind vertreten und im Gelände etwa so platziert, wie es der Wirklichkeit entspricht. An der höchsten Stelle befindet sich dementsprechend der Lungau, direkt beim Eingang trifft man auf den Flachgau. So kann das ganze Bundesland also in einer guten Stunde bereist werden – wer möchte, kann das sogar mit einer eigenen Museumsbahn tun.

Das unter Natur- und Pflanzenschutz stehende Gebiet gehört der Familie Mayr-Melnhof, die das Areal im Jahr 1978 für einen symbolischen Betrag von einem Schilling pro Jahr für die Dauer von 99 Jahren an Stadt und Land Salzburg verpachtet hat. Im Jahr 1984 wurde das Museum eröffnet, damals konnten sich die Besucherinnen und Besucher an 22 historischen Bauten erfreuen. Mittlerweile wird das Freilichtmuseum im Jahr durchschnittlich von 100 000 Gästen aus aller Welt besucht.

Das Untersbergmuseum in Fürstenbrunn kann mit solchen Zahlen nicht aufwarten, aber das lokalgeschichtliche Angebot ist trotzdem beachtlich, und die Verantwortlichen begeistern immer wieder mit neuen, spannenden Sonderausstellungen. Das vielfältige Brauchtum rund um

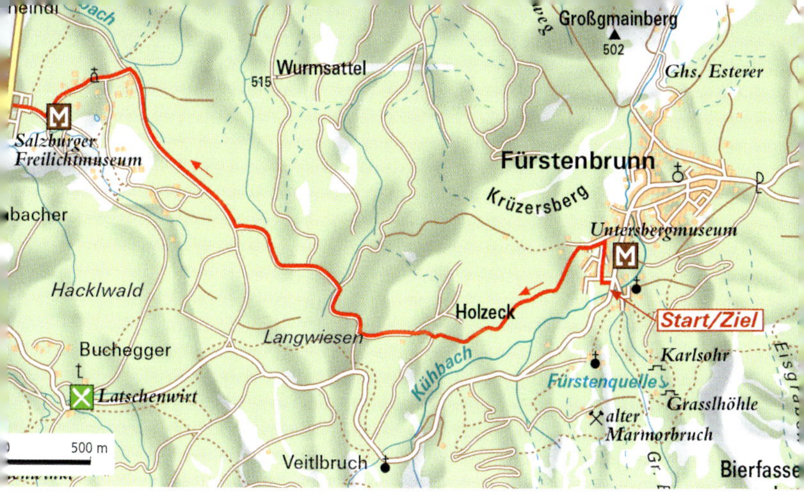


den Untersberg, etwa die geheimnisvolle „Wilde Jagd", hat im alten Gemäuer genauso seinen Platz wie natürlich viele Beiträge und Exponate zur Geschichte des berühmten Untersberger Marmors. Auch auf die Entwicklung und den Niedergang der vielen Kugelmühlen in der Umgebung wird eingegangen und, passend dazu, befindet sich ganz in der Nähe sogar noch eine interessante Schaumühle.

## Die Route

Ausgangspunkt ist der Busumkehrplatz (Endhaltestelle Linie 21) in Fürstenbrunn. Ganz in der Nähe befindet sich die Schaumühle und auf der anderen Bachseite das Untersbergmuseum. Unser Weg aber quert die Landesstraße und führt am Bach entlang zu einer neuen Wildbachverbauung und weiter in den Wald. Der Weg zum Freilichtmuseum ist hier noch gut angeschrieben, was sich leider ändern wird.

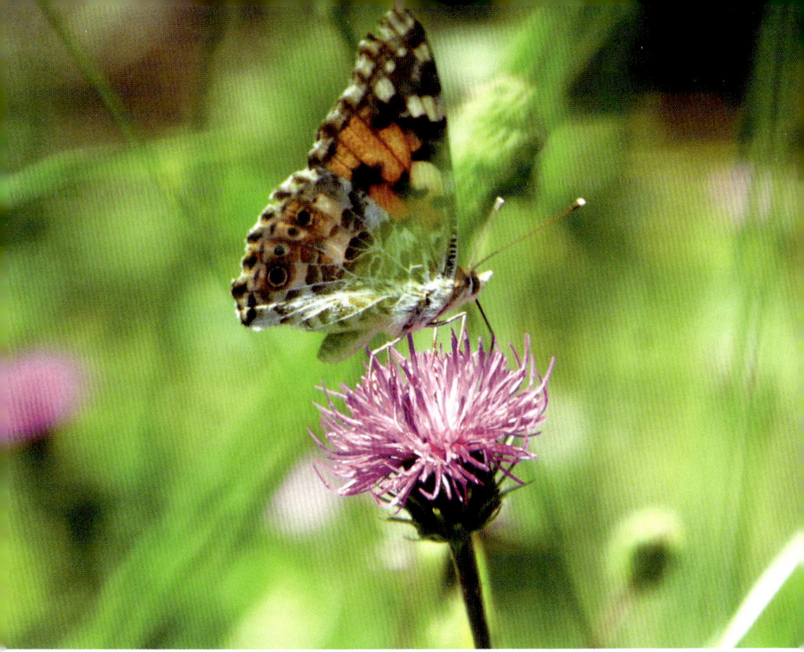

Im Freilichtmuseum wartet auch ein Schmetterlingserlebnisweg.

Zunächst gibt der schöne Wald- und Wiesenpfad aber eindeutig die Richtung vor. Nach einem Kilometer geht der schmale Steig in einen breiteren Forstweg über, der wenig später in eine weitere Forststraße rechts abzweigend einmündet. Nach einer kurzen Steigung trifft die Route auf eine Gabelung, hier geht es nun mit dem kleinen grünen Wegschild und dem ausgewiesenen Marienwallfahrtsweg nach links weiter. Die schwach markierte Durststrecke ist überwunden, nun tauchen auch wieder vermehrt die vertrauten gelben Wegschilder mit dem Hinweis „Freilichtmuseum" auf. Und dieses erreichen wir auch bald, wenn auch vorerst nur das Depotgelände, auf dem noch viele Objekte auf ihre Zusammenstellung warten. Am Zaun des Freilichtmuseums entlang geht es zum Schluss noch einmal links abzweigend auf den großen Parkplatz und weiter zum Eintrittsgebäude, oder gleich zur Bushaltestelle. Empfehlenswert ist die Rückfahrt mit dem Bus in die Stadt Salzburg beziehungsweise von dort zum Ausgangspunkt Fürstenbrunn.

Die Huldigungssäulen vor dem Untersbergmuseum in Fürstenbrunn.

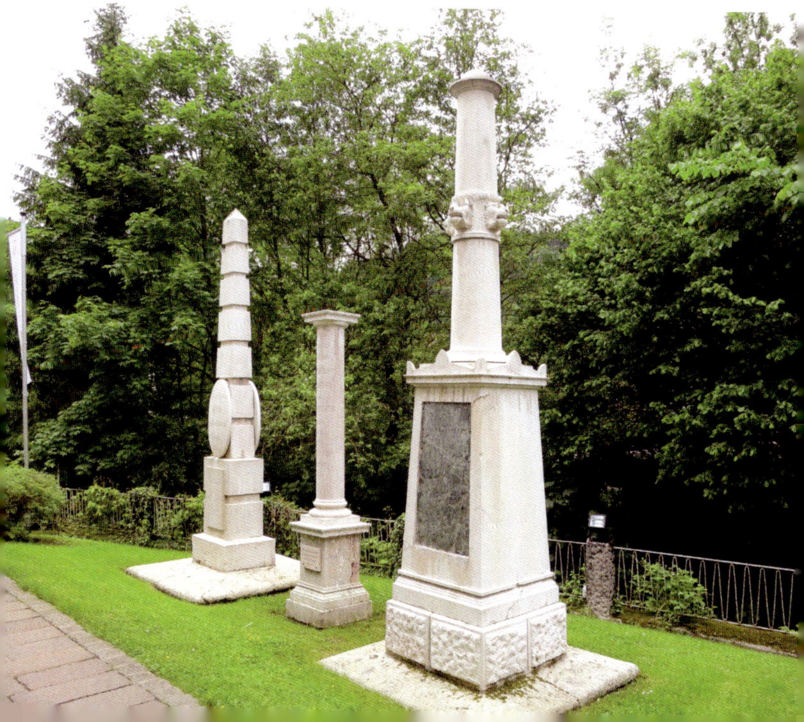

# 10 Salzburger Hochthron über Weinsteig

T2 • 3 Stunden (↑), 2,5 Stunden (↓) • 14,5 Kilometer • 1 300 hm

| | |
|---|---|
| **Charakter** | lange, vielleicht auch etwas langatmige Bergtour mit einigen spektakulären Stationen. Der Weg orientiert sich großteils an der nordseitigen Skiabfahrt. |
| **Beste Zeit** | Frühsommer bis früher Herbst |
| **Weg** | Schotter, Wald- und Felssteige |
| **Ausgangspunkt** | Parkplatz Römerstraße (Tagesgebühr). |
| **Anfahrt** | A10, Abfahrt Salzburg Süd, über Grödig nach Fürstenbrunn und auf der steilen Bergstraße (Römerstraße) 1 km bis zum gekennzeichneten Parkplatz auf der linken Seite.<br>**Öffis:** Salzburg Mirabellplatz, Bus 21 bis Fürstenbrunn Buskehre. Zusätzlicher Anstieg zum Parkplatz 30 Minuten |
| **Gastronomie** | Hochalm nahe der Untersbergbahn-Bergstation (liegt nicht direkt am Weg), Tel. +43 (0)662 628674 und +43(0)664 1199911. |
| **Info** | www.groedig.net |

## Der Eiskeller neben der Skiabfahrt

Der Weinsteig gehört zu den ältesten Routen, die vom Talboden auf den Untersberg führen. Heutzutage wird der etwas langatmige Weg, der zum Teil der Skiabfahrt folgt, von nicht mehr allzu vielen Bergsteigern begangen. Aber auch

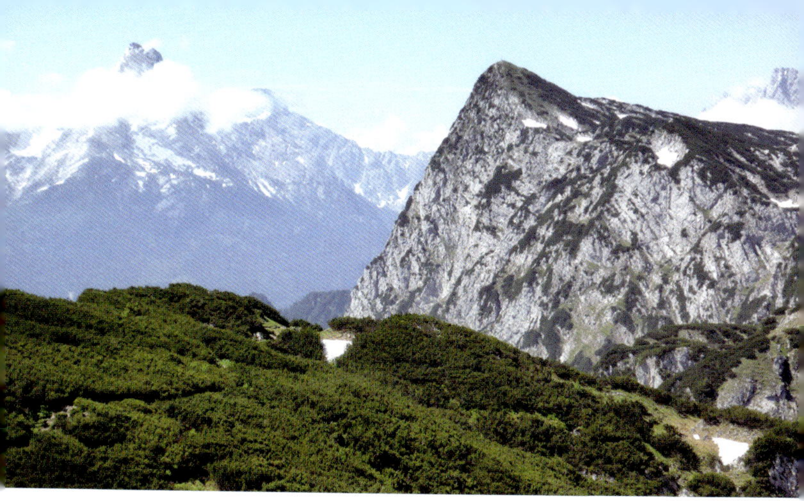

Der Blick vom Salzburger Hochthron über die Mittagsscharte zum Berchtesgadener Hochthron.

diese Variante hat ihre spannenden Momente. Dazu gehört vor allem der kurze, unkomplizierte Ausflug zum Eiskeller, auch „Karls Eishöhle“ genannt. Der Zugang liegt einige Gehminuten oberhalb der Wegabzweigung zur Mittagsscharte, etwa 50 Meter südlich der Skiabfahrt. Am Eingang zu dieser gut erforschten und leicht zugänglichen Untersberghöhle lässt sich das frostige Klima im Berginneren beeindruckend erfühlen. Über eine Schutthalde gelangen die Forscher in eine 25 Meter lange Halle, die im Frühling von spektakulären Eissäulen und im Sommer von einem metertiefen Eissee geprägt wird. Der Durchgang von diesem Eiskeller in das eigentliche Höhlensystem ist oft über lange Zeit unpassierbar. Durch den Eissee am Eingang kommt es zu einer dauerhaften Unterkühlung, in der Folge frieren auch die kleinen Öffnungen im Höhlensystem zu. Aber auch im äußeren Gelände sind die Spuren der Eisströme an der Oberfläche sichtbar. Etwas unterhalb der Schweigmühlalm, bei der Einmündung des Weinsteigs in die Skiabfahrt, lassen sich entlang der Wände recht gut die eiszeitlichen Spuren des Plateaugletschers erkennen, der hier in nördlicher Richtung abfloss.

## Die Route

Ausgangspunkt ist der gebührenpflichtige Parkplatz wenig oberhalb der Römerbrücke an der Verbindungsstraße zwischen Fürstenbrunn und Latschenwirt. Der halbstündige Fußweg von Fürstenbrunn hierher führt am besten über jenen, im Sommer abgesperrten Parkplatz, der gegenüber der Bushaltestelle auf der anderen Straßenseite liegt. Von dort an der neuen Wildbachverbauung vorbei und dann links haltend hinauf zur Straße und weiter zum Parkplatz.
Der Weg 461 folgt ab dem Parkplatz zunächst der Forststraße und geht dann rechts abzweigend in die Umfahrung der steilen Skipiste über. Bei einer neuerlichen Wegverzweigung nach einer halben Stunde Gehzeit zweigt der Weinsteig (Weg 461) zuerst nach links auf einen Forstweg und wenig später nach rechts auf einen schmalen Waldpfad ab. In vielen Kehren geht es nun rasch bergan. Ein erster Höhepunkt auf 1195 Meter Seehöhe ist die unbedeutende Weinsteigspitze, die aber immerhin über ein zwar kleines, aber eigenes Gipfelkreuz verfügt. Der Nachteil an diesem

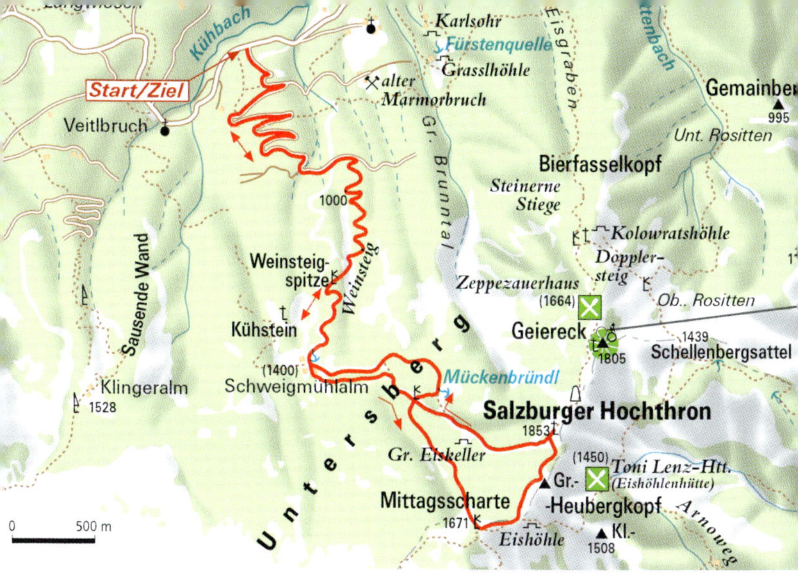


Gipfelerlebnis ist der folgende Abstieg über knapp 100 Höhenmeter. Schließlich quert der Weinsteig wieder auf die steile Skiabfahrt hinüber und folgt dieser zur Schweigmühlalm (1 396 m). Im Jahr 2002 wurde etwas oberhalb die Kühsteinhütte errichtet, sie ist eine Diensthütte der Bergrettung Grödig und zu den meisten Wochenenden im Winter besetzt. Ganz sicher bewirtschaftet ist die schmucke Hütte aber an jedem Faschingsdienstag im Jahr. Bei guten Bedingungen treffen sich mehrere hundert kostümierte Untersbergler und feiern den letzten Tag im Fasching. Im Sommer ist es ruhiger, da trifft man eher auf eine Herde Schafe, die unterhalb der Alm anscheinend ihre besten Plätze finden.

Unsere Route quert den Almzaun und folgt noch 20 Minuten der Skitrasse bis zu einer weiteren Wegverzweigung. Der angeschriebene Steig zur Mittagsscharte verläuft nach rechts in das von Karen und Dolinen geprägte Gelände. Nun erfordert die Wegführung durch den Latschengürtel mehr Achtsamkeit, aber nach einer halben Stunde ist auch schon die markante Mittagsscharte (1671 m) erreicht. Hier treffen sich Wege aus allen Richtungen, aber auch die Staatsgrenze führt über diesen Punkt. Ihrem Verlauf folgt der weitere, nun wieder vor allem zu Beginn steile Weg Richtung Salzburger Hochthron. Nach der Querung der Skiabfahrt fehlt nur noch ein kurzes Gipfelstück, aber mit jedem Meter erhöht sich auch die Wandererfrequenz. Die Nähe der Untersbergbahn ist eben spürbar, das krönende Gipfelerlebnis lassen sich die wenigsten Besucher nehmen. Ein alter Grenzstein erinnert wieder an den Grenzverlauf, der sich quer über den Salzburger Hochthron (1853 m) zieht.

Die neue Kühsteinhütte der Bergrettung und rechts unterhalb die Schweigmühlalm.

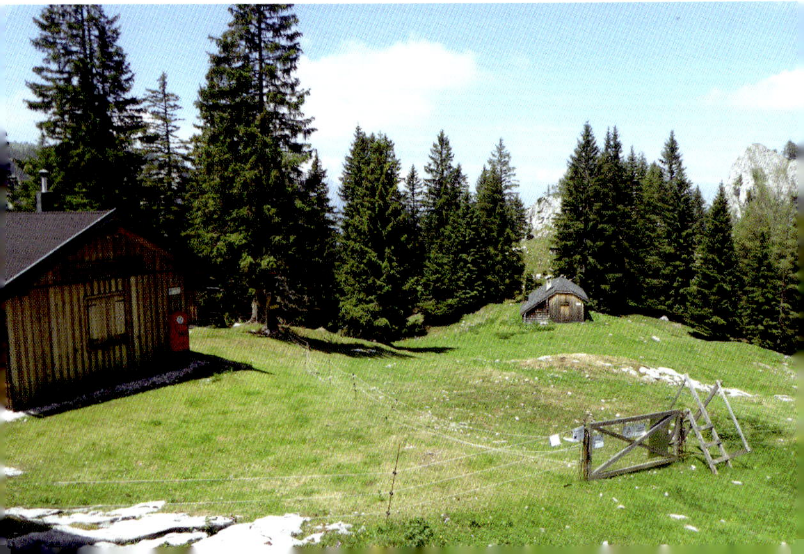

Der kurze Abstieg bis zur Skitrasse ist mit dem Aufstieg identisch, dann folgt unser Rückweg aber weiterhin der breiten Skiabfahrt nach rechts. Eine der folgenden mächtigen Dolinen hat sogar einen eigenen Namen, aber vielleicht noch interessanter als dieses Quajato-Loch auf 1680 Meter Seehöhe ist der bald folgende Eiskeller auf der linken, der südlichen Seite. Der Einstieg in den Kleinen Eiskeller befindet sich wenige Meter südwärts neben der Piste. Eine schon etwas in die Jahre gekommene Schautafel informiert über die Untersberghöhlen im Allgemeinen und den Eiskeller im Speziellen. Besonders spektakulär ist der Blick in die Eis- und Schneewelt im Frühling und im Frühsommer, im Hochsommer ist der Höhlenboden dann von Wasser bedeckt. Entlang der Abfahrtstrasse geht es zu jenem Punkt, an dem der Weg zur Mittagsscharte abgezweigt ist. Hier folgen wir nun nicht mehr der Skiabfahrt, sondern wandern auf dem unscheinbaren, nach rechts verlaufenden Weg zum Mückenbründl. So spektakulär der Eiskeller war, die Quelle ist in ihrer Ergiebigkeit dann eher enttäuschend. Dafür ist der alte, markierte Steig eine angenehme Alternative zur breiten Trasse. Etwas oberhalb von der Schweigmühlalm mündet er wieder in die Skiabfahrt ein und folgt dieser eine halbe Stunde bis zur neuerlichen, markierten Abzweigung des Weinsteiges nach rechts. Wieder geht es steil zur Weinsteigspitze hinauf, dann auf der anderen Seite auf die Skiabfahrt retour und entlang dieser zum Parkplatz zurück.

# 11 Friedensberg-Rundweg in Marktschellenberg

T1 • 1 Stunde • 2,5 bis 3 Kilometer • 70 hm

| | |
|---|---|
| **Charakter** | idyllischer, wenig frequentierter Spaziergang über den Dächern von Marktschellenberg |
| **Beste Zeit** | Frühling bis Herbst, bei Schnee weniger geeignet. |
| **Weg** | zu gleichen Teilen Kies und Asphalt. Der kurze, steile Pfad zur Schnitzerei Huber kann umgangen werden. |
| **Ausgangspunkt** | Parkplatz Marktplatz in Marktschellenberg |
| **Anfahrt** | A10, Abfahrt Salzburg Süd. Auf der B160 nach St. Leonhard und 4 km weiter nach Marktschellenberg. Großer Parkplatz vor der Sparkasse, schräg gegenüber Pfarrkirche.<br>**Öffis:** Bus 840 ab Hbf. Salzburg (Engelbert-Weiß-Weg) bis Marktschellenberg Ortsmitte. |
| **Gastronomie** | Café Konditorei Margit in Marktschellenberg, Salzburger Str. 1, Telefon +49 (0)8650 984485. |
| **Info** | www.marktschellenberg.de |

## Unterwegs in Marktschellenberg

Marktschellenberg strahlt bis in seine obersten Gassen und Ecken jene Behaglichkeit und jenen Frieden aus, den Einheimische und Gäste an diesem Ort gleichermaßen lieben. So ist es auch kein Wunder, dass sich das touristische Wohlfühl-Angebot an diesen Vorgaben orientiert. Durch

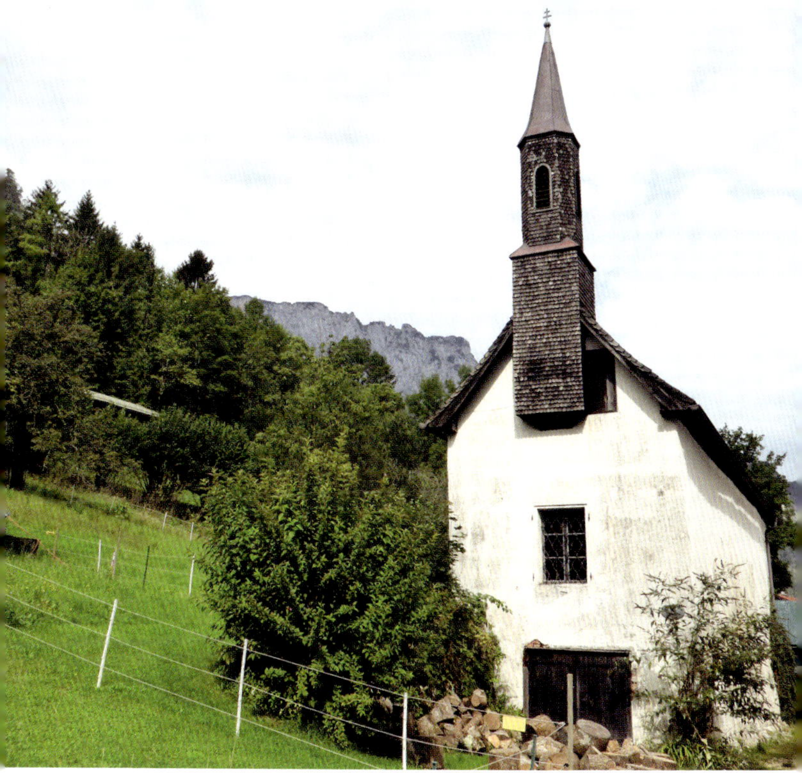

Die Johanniskapelle steht am beinahe höchsten Punkt des Friedensweges.

die Mithilfe der Grundstücksbesitzer und auf Anregung der gesundheitsbewussten Gäste sind rund um Marktschellenberg mit der Zeit einige kleinere und mittellange Wanderwege entstanden, die zu den besonders stimmungsvollen Plätzen des Ortes führen. Eine ebenso anregende wie beruhigende Route ist der gut einstündige Weg über den Friedensberg. Auf dieser romantischen Strecke, die an vielen Zeugnissen gelebter Volksfrömmigkeit vorbeiführt, finden alljährlich im Mai die beliebten Felderumgänge statt. Bei diesen Bittgängen ersuchen der Pfarrer und die Gläubigen mit Gebeten und Liedern um Segen und eine gute Ernte für das kommende Jahr.

## Die Route

Ausgangspunkt für die Wanderung über den Friedensberg ist der zentrale Marktplatz an der Alpenstraße schräg gegenüber der Kirche. Eine Informationstafel bietet gute Anregungen für weitere Aktivitäten, ein hölzerner Brunntrog mit einer geschnitzten Christophorus-Figur lädt zu einer kleinen Erfrischung ein. Der Heilige mit dem Jesuskind auf der Schulter steht sehr oft an Flussübergängen, und so auch diesmal, denn unser Weg führt nach einigen Metern entlang der Alpenstraße flussaufwärts Richtung Berchtesgaden nach rechts über die Brücke. Wir folgen der Alten Berchtesgadener Straße fünf Gehminuten bis zur Abzweigung „Friedensbergweg" nach rechts. Die nun etwas steilere Zufahrt geht in einen Steig über, der über einige Kehren zur Schnitzerei Huber hinaufführt.
Bei Schnee oder rutschigen Verhältnissen lässt sich dieser kurze Abschnitt auch leicht umgehen, indem wir von der Alten Berchtesgadener Straße erst bei der nächsten Gabelung nach rechts abzweigen. Ab der Schnitzerei führt der nun Richtung Norden drehende Weg nur noch leicht bergan und verläuft durch den Wald und über den Sonnenhang zur weithin sichtbaren Johanniskapelle. Für die

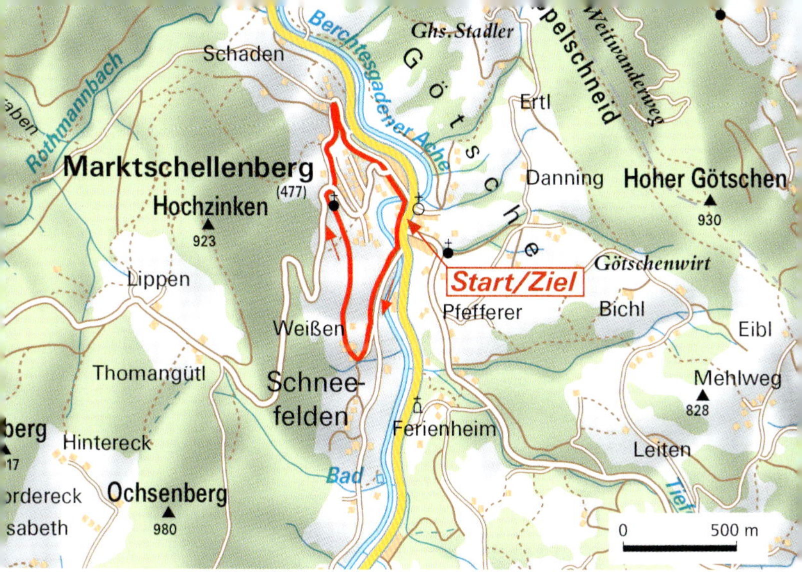


steile Hanglage recht unerwartet, trifft man ein wenig später auf einen Seerosenteich, der bei passenden Verhältnissen im Hochwinter sogar als kleiner Eislaufplatz dient. Eine schnelle Verbindung hinab in das Ortszentrum folgt nun ganz einfach der Fahrstraße nach rechts, etwas länger, dafür aber auch weitgehend ohne Verkehr, ist die weiterhin nordwärts verlaufende Route über den Kalmhofweg.

# 12 Von Marktschellenberg nach Oberstein

T1 • 3 Stunden • 9,5 Kilometer • 230 hm

| | |
|---|---|
| **Charakter** | allwettertaugliche Rundwanderung auf verkehrsberuhigten Zufahrtsstraßen. Immer wieder schöne Aussichtspunkte auf den gegenüberliegenden Untersberg. |
| **Beste Zeit** | Frühling bis Herbst. Günstig auch bei Regenwetter |
| **Weg** | großteils Asphalt, zwei Abschnitte über Schotter |
| **Ausgangspunkt** | Parkplatz im Zentrum Marktschellenberg |
| **Anfahrt** | A10, Abfahrt Salzburg Süd. Auf der B160 nach St. Leonhard und 4 km weiter nach Marktschellenberg. Großer Parkplatz vor der Sparkasse, schräg gegenüber Pfarrkirche.<br>**Öffis:** Bus 840 ab Hbf. Salzburg (Engelbert-Weiß-Weg) bis Marktschellenberg Ortsmitte. |
| **Gastronomie** | Café Konditorei Margit in Marktschellenberg, Salzburger Str. 1, Tel. +49 (0)8650 984485. |
| **Info** | www.marktschellenberg.de |

## Marktschellenberg und der Verkehr

Die Wanderung von Marktschellenberg über die schönen Hochebenen von Unterstein und Oberstein folgt weitgehend den asphaltierten Zufahrtsstraßen. Eine Wegunterlage, die von den Wanderern eigentlich nicht sehr geschätzt wird, doch gibt es Zeiten und Wettersituationen, wo der

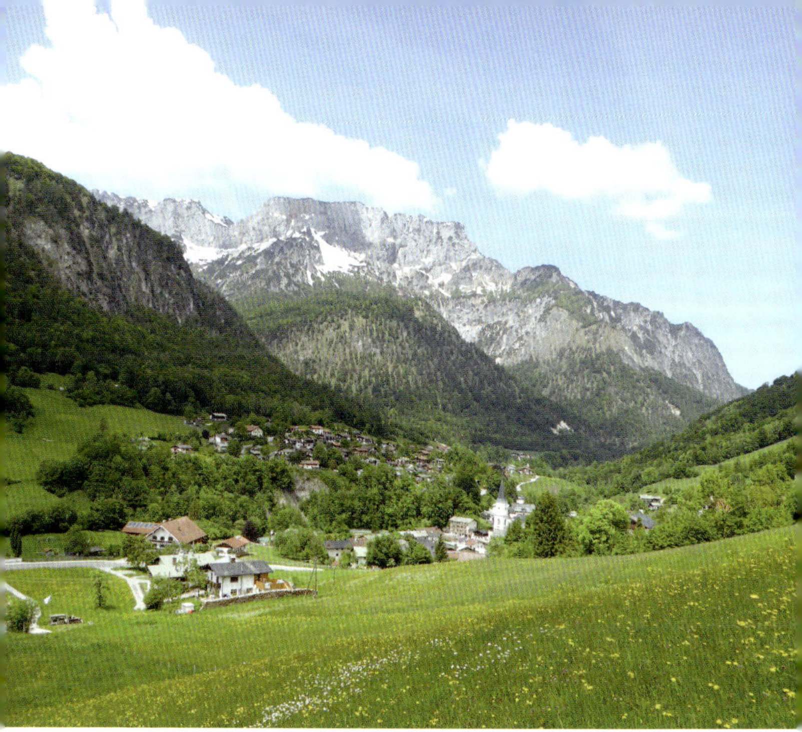

Marktschellenberg liegt auf 503 Meter Seehöhe am Fuß des Untersberges.

feste Untergrund recht gut passt. Die Straßenverbindungen von Marktschellenberg zu den abgelegenen Ortsteilen und Höfen sind heute bestens ausgebaut, früher mussten die Bewohner weite Fußwege für die Erledigungen im Tal in Kauf nehmen.

Anfang des 20. Jahrhunderts gab es aber auch eine Zeit, da war Marktschellenberg aus dem Salzburger Zentralraum noch umweltfreundlicher erreichbar als heute: Ausschlaggebend war dabei der im Jahr 1886 erfolgte Bau der

13,6 Kilometer langen Südlokalbahn vom Lokalbahnhof in der Stadt Salzburg bis nach St. Leonhard-Drachenloch. Die Konzession für den Betrieb der Bahn, die umgangssprachlich auch als „Rote Elektrische“ bezeichnet wurde, erhielt der Direktor der Linzer Tramwaygesellschaft, Alexander Werner. Von Anfang an hatten die Betreiber die durchgehende Verbindung von Salzburg über Marktschellenberg nach Berchtesgaden im Visier. Dieses Vorhaben wurde im Mai 1909 verwirklicht, nachdem die Königlich-Bayerischen-Staatseisenbahnen ihre von Bad Reichenhall kommende Strecke bis zum gemeinsamen Bahnhof Hangenden Stein verlängerten. Auf der Gemeinschaftstrecke zwischen Salzburg und Berchtesgaden gab es unterschiedliche Stromsysteme und unterschiedlich lackierte Garnituren (grüne für Bayern, rote für Salzburg). Aber auf der Strecke kamen einheitliche Tarife und grenzüberschreitend tätiges Zugpersonal zum Einsatz.

Der Abschnitt St. Leonhard zum Hangenden Stein und auch der angrenzende bayerische Streckenabschnitt mussten am 2. Oktober 1938 eingestellt werden, da anstelle der Bahnlinie mit dem Ausbau der Deutschen Alpenstraße begonnen wurde. Nach dem Kriegsende gab es zwar Pläne, dass die auf Salzburger Seite nach wie vor bestehende Bahn wieder bis nach Berchtesgaden verlängert werden sollte, aber trotz Protesten wurde auch dieser Abschnitt am 31. Oktober 1953 endgültig stillgelegt.

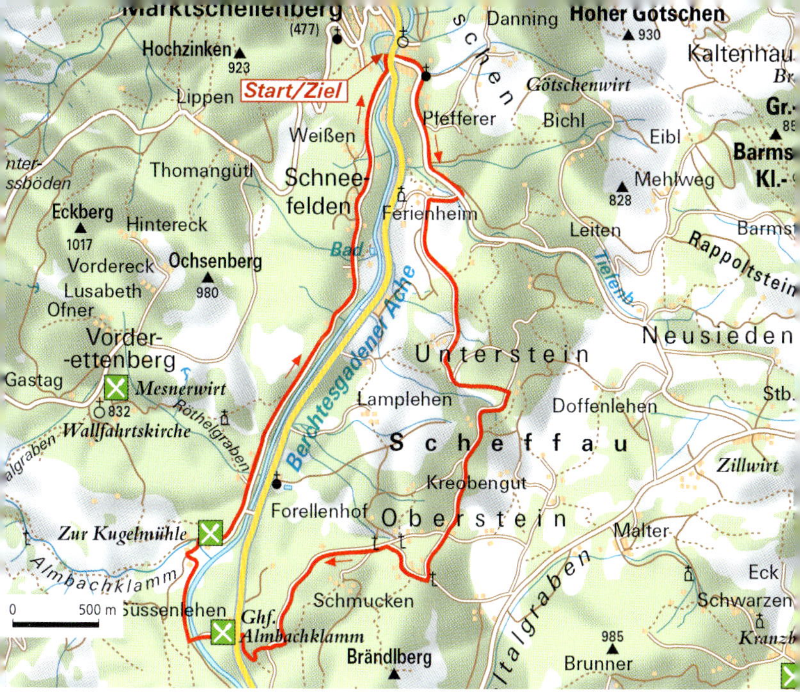


## Die Route

Vom Dorfplatz gegenüber der Pfarrkirche in Marktschellenberg folgen wir der angeschriebenen Route 24 „Scheffau Oberstein", die zunächst noch entlang der bergwärts führenden Tiefenbachstraße verläuft. Etwa 600 Meter nach dem Friedhof zweigt die Route 24 auf den Steinerweg nach rechts ab. Die Zufahrtsstraße führt gemächlich ansteigend durch den freundlichen Mischwald, zwischendurch öffnen sich immer wieder schöne Ausblicke auf den gegenüberliegenden Untersberg. Nach eineinviertel Stunden am höchsten Punkt der Runde beim Steinlehen angelangt, zweigt der Weg 24 nach rechts talwärts ab.

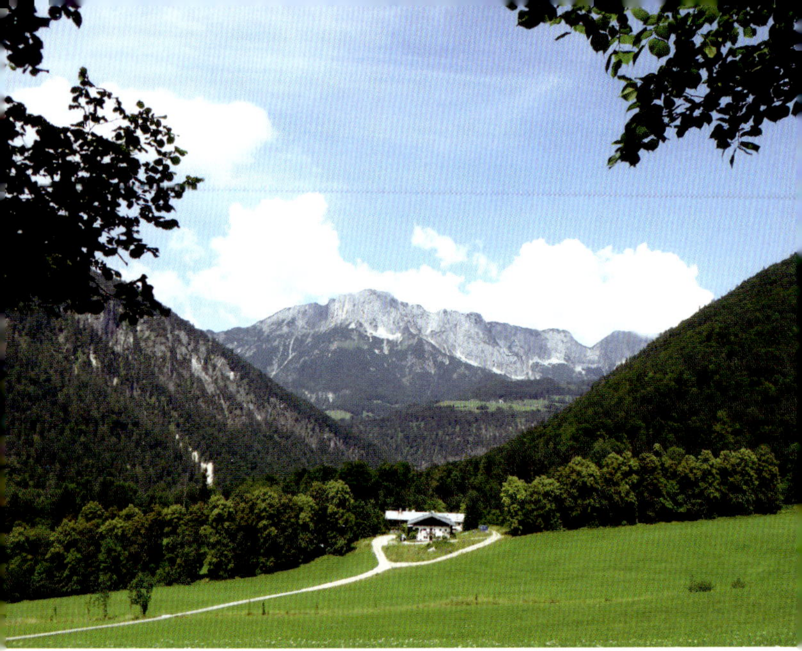

Der Blick von Oberstein Richtung Untersberg.

Von der Abzweigung Steinlehen führt die Route 24 nach einer weiteren Viertelstunde zu einer Weggabelung. Hier bieten sich zwei Varianten an: Nach rechts verläuft der Weg 24 über das Lampllehen in den Talboden hinab, günstiger für unsere Runde aber ist die geradeaus führende Route 30, die dann in einen Steig übergeht, welcher direkt bei der Bushaltstelle „Gasthaus Almbachklamm" auf die Bundesstraße trifft. Hier eröffnet sich nun die verlockende Möglichkeit, nach zwei Stunden Gehzeit mit dem stündlich verkehrenden Bus 840 an den Ausgangspunkt Marktschellenberg zurückzufahren. Die Fußwegvariante dorthin

(Weg 30) quert zuerst die Straße, dann die Ache und zweigt nun nach rechts auf den Geh- und Radweg zur Almbachklamm ab (15 Minuten). Dort warten eine interessante Kugelmühle und daneben der verlockende Gastgarten beim gleichnamigen Wirtshaus, bevor sich die Runde entlang der alten, drei Kilometer langen Straßenverbindung oberhalb der Königseeeache in einer weiteren Stunde wieder in Marktschellenberg schließt.

Der hl. Nepomuk in Marktschellenberg.

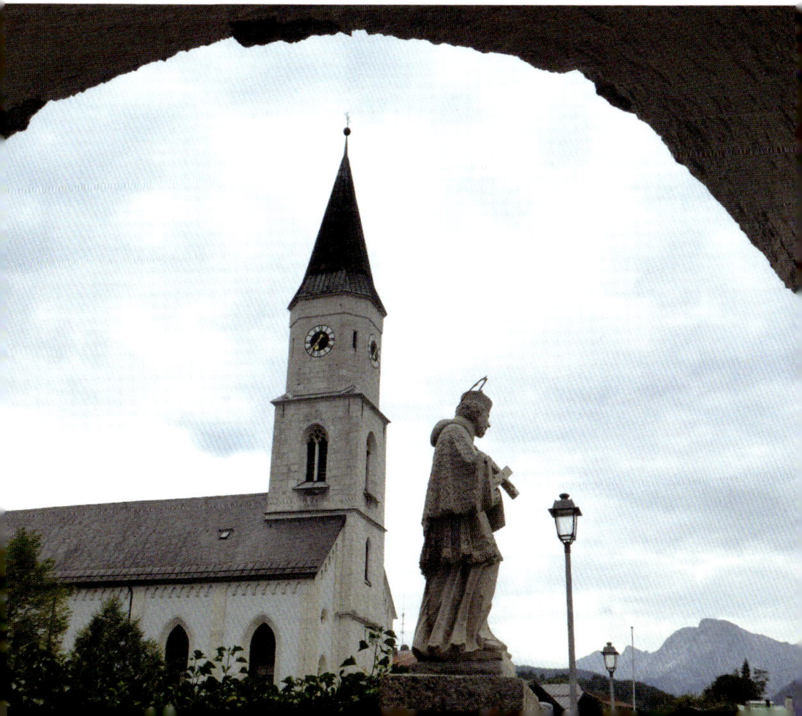

## 13 Über den Kienbergsteig zur Toni-Lenz-Hütte

T4 • 5,5 Stunden • 10,5 Kilometer • 1 000 hm

| | |
|---|---|
| **Charakter** | sehr reizvoller, südostseitiger Anstieg durch ein anspruchsvolles Steilgelände, das Trittsicherheit und Schwindelfreiheit erfordert. Nicht durchgehend markierte, aber gut erkennbare Steige. Nur bei trockenen Verhältnissen ratsam. |
| **Beste Zeit** | Sommer, Herbst |
| **Weg** | Steige |
| **Ausgangspunkt** | Eishöhle-Parkplatz Marktschellenberg vor dem alten Wehrturm |
| **Anfahrt** | A10, Abfahrt Salzburg Süd. Auf der B160 über St. Leonhard bei Grödig zum Grenzübergang Hangenden Stein und auf der B305 noch 1,5 km zum Parkplatz vor dem alten Wehrturm. **Öffis:** Bus 840 ab Salzburg Hbf. (Engelbert-Weiß-Weg) bis Marktschellenberg Aufstieg Eishöhle |
| **Gastronomie** | Toni-Lenz-Hütte, Tel. +43 (0)660 658 1430, www.toni-lenz-huette.de |
| **Info** | www.marktschellenberg.de |

### Der alte Kienbergsteig

Ursprünglich war der Kienbergsteig ein zwar anspruchsvoller, aber durchgehend markierter Weg, der an der heute kaum mehr wahrnehmbaren Kienbergalm vorbeiführte. So

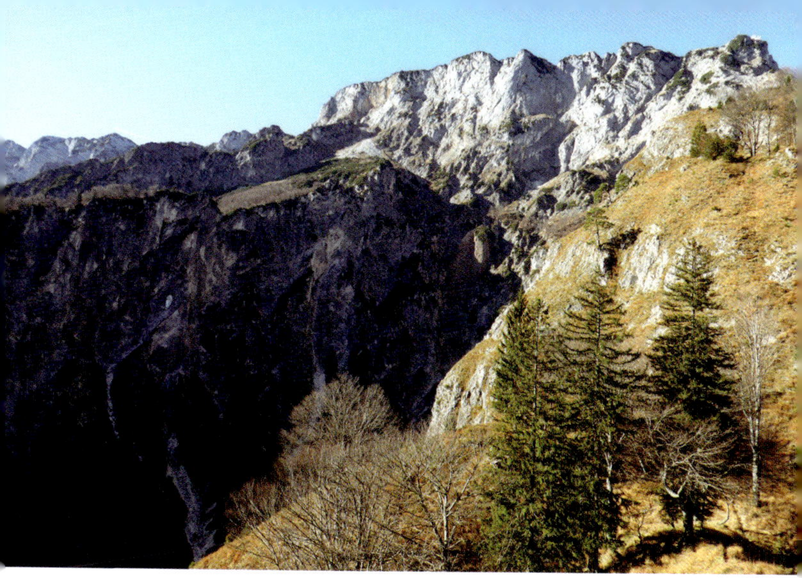

Vom Kienbergkopf ist es noch ein weiter Weg zur Toni-Lenz-Hütte gegenüber.

wie die Alm verfiel auch der schöne Weg. In letzter Zeit wird diese außergewöhnliche Variante aber wieder häufiger begangen und ist damit wieder sichtbarer – am Schwierigkeitsgrad hat sich allerdings nichts geändert. Er benötigt aber unbedingt trockene Verhältnisse, Trittsicherheit und ein gutes Orientierungsvermögen.

Bizarre Felsformationen begleiten den Weg, dazu gehört vor allem das Drachenloch in 1247 Meter Seehöhe. Der gewaltige Bogen aus Stein stürzte zwar am 10. Juni 1935 in sich zusammen, aber auch die Reste sind noch imposant. Der ab und zu mit einigen Markierungspunkten versehene Steig mündet nach zweieinhalb Stunden in den beliebten Verbindungsweg zwischen Schellenberger Sattel und

Toni-Lenz-Hütte ein. Nun ist natürlich auch die Orientierung kein Problem mehr.

## Die Route

Da es am Startpunkt bei der Brücke über den Weißenbach, kurz nach dem Grenzübergang Hangenden Stein kaum Parkplätze gibt, die Rundtour aber andererseits beim nahen Wanderparkplatz neben der Alpenstraße (B305) endet, empfiehlt sich diese Parkfläche für den Ausgang. Entlang der B305 geht es also wieder 600 Meter zurück Richtung Grenze. Direkt nach der Brücke über den Weißenbach zweigt ein Wirtschaftsweg nach links ab. Nach einigen Minuten geht der breite Weg in einen Pfad über, der sich bald darauf in zwei Äste teilt. Wir folgen dem links abzweigenden, der steil oberhalb am Weißbachgraben entlang verläuft, über 150 Höhenmeter zu einer neuerlichen Gabelung. Nun zweigt unser, durch ein Steinmandl gekennzeichneter Pfad nach rechts (O) ab und verlässt somit den Grabenverlauf. Zunächst noch im lichten Wald, quert der schmale Steig bald auf die freien, sehr steilen Hänge hinaus. An einigen Stellen befinden sich noch alte Drahtseilsicherungen. Südseitig unterhalb am Kienbergkopf (998 m) vorbei, führt der Steig einige Meter abwärts in einen Sattel und windet sich dann gleich wieder über die steile Südflanke empor. Nach dieser Schlüsselstelle geht es im bequemeren Wandergelände nordwestwärts weiter, jetzt sollte nur der schwach markierte Wegverlauf nicht verloren gehen. Es folgt noch eine

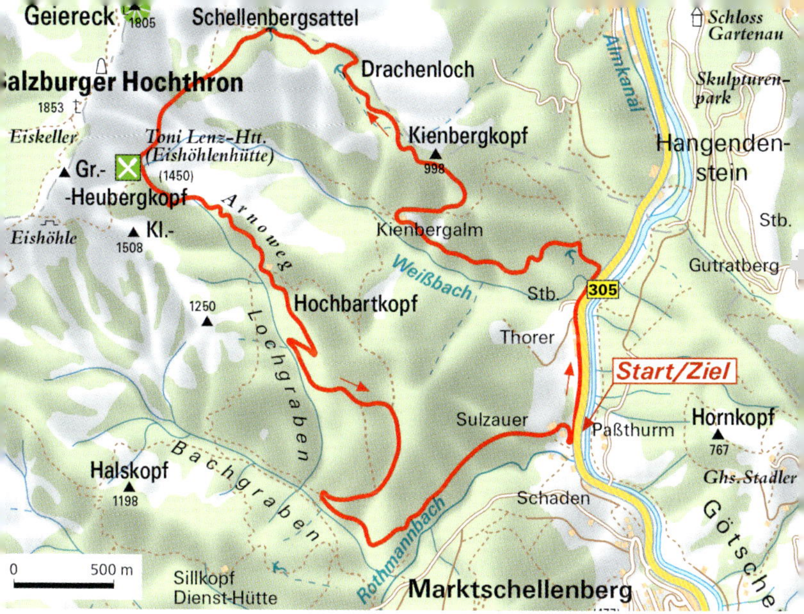


unangenehme Querung über schottrigen Fels, 20 Minuten später mündet der Steig in den markierten Weg nach links zur Toni-Lenz-Hütte ein. Die Schutzhütte erscheint optisch nahe, aber der Steig muss über einen kleinen Gegenanstieg doch noch knapp 200 Höhenmeter überwinden.

Nach der verdienten Rast auf der feinen Sonnenterrasse erfolgt der Abstieg zurück zum Parkplatz auf dem viel begangenen Weg 463. Rund 200 Höhenmeter führt der Steig noch durch die Latschenzone, dann folgt ein schattiger Mischwald. Durch kleine Zusatzschilder immer über die genaue Streckenlänge und die zurückgelegten Höhenmeter auf dem Laufenden, erreicht der abwechslungsreiche Weg nach zweieinhalb Stunden den Parkplatz vor dem markanten Wehrturm an der B305.

# 14 Salzburger Hochthron über die Toni-Lenz-Hütte

T3 • 4,5 Stunden • 8 Kilometer • 1 400 hm

| | |
|---|---|
| **Charakter** | südseitiger, zumeist steiler Anstieg auf gut gepflegten Steigen. Der spektakuläre Wanddurchstieg auf dem Thomas-Eder-Steig erfordert trittsicheres Gehen und Schwindelfreiheit. |
| **Beste Zeit** | Sommer, Herbst |
| **Weg** | Steige |
| **Ausgangspunkt** | Parkplatz Untersbergbahn, St. Leonhard, oder Wanderparkplatz Eishöhle vor dem alten Wehrturm in Marktschellenberg |
| **Anfahrt** | A10, Abfahrt Salzburg Süd, dann über die Alpenstraße B160 nach St. Leonhard auf den Parkplatz der Untersberg Seilbahn oder 3 km weiter nach Marktschellenberg zum Parkplatz der Schellenberger Eishöhle (Toni-Lenz-Hütte) vor dem alten Wehrturm<br>**Öffis:** Bus 840 ab Salzburg Hbf. (Engelbert-Weiß-Weg) bis Marktschellenberg, Aufstieg Eishöhle. Oder bei Autobenützung Bus 840 ab Grödig Untersbergbahn bis Marktschellenberg Eishöhle. |
| **Gastronomie** | Toni-Lenz-Hütte, Tel. +43 (0)660 6581430, www.toni-lenz-huette.de;<br>Hochalm Tel. +43 (0)662 628674 und Tel. +43 (0)664 1199911. |
| **Info** | www.marktschellenberg.de |

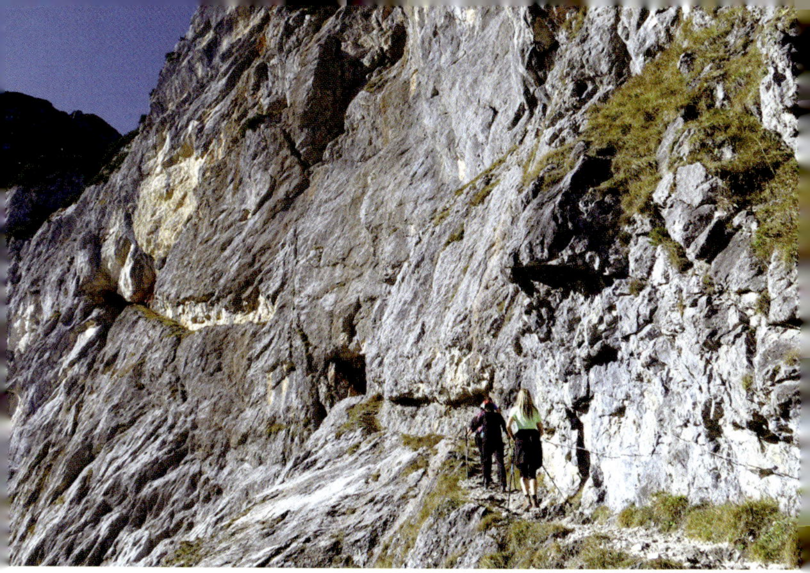

Der Thomas-Eder-Steig führt quer durch die Südwand in die Mittagsscharte.

## Die Schellenberger Eishöhle und der Thomas-Eder-Steig

Der sonnige, südseitige Anstieg von Marktschellenberg über die Toni-Lenz-Hütte auf den Salzburger Hochthron (1853 m) erfreut sich vor allem im Herbst großer Beliebtheit. Der Abstieg erfolgt dann wegen der fortgeschrittenen Jahreszeit sehr oft mit der knie- und gelenkschonenden Untersbergbahn. Herzstück dieser langen Tour ist der großartige Thomas-Eder-Steig, der in den 1930er-Jahren erbaut wurde. Faszinierend, wie sich dieser Felssteig über die vielen Holzstufen, teils im Berginneren, durchbrochen von Felsfenstern, seinen Weg zur Mittagsscharte bahnt. Wer noch tiefer in das Innere des Berges vorstoßen möchte, dem sei ein Besuch in der Schellenberger Eishöhle empfohlen, deren Eingang 20 Gehminuten von der Toni-Lenz-Hütte entfernt ist. In der größten öffentlich zugänglichen Eishöhle Deutschlands warten geschätzte 60 000 Kubikmeter Eisvolumen, die Temperatur beträgt um die null Grad. Von der bisher erforschten Länge von dreieinhalb Kilometern sind im Rahmen der einstündigen Führung 500 Meter begehbar. Die Erforschung der Höhle ist untrennbar mit den Namen Toni Lenz und Thomas Eder verbunden. Diese beiden Bergenthusiasten gründeten im Jahr 1925 in Marktschellenberg den Verein für Höhlenkunde, der im gleichen Jahr die Eishöhle zur Schauhöhle ausbaute. Im Jahr 1934 wurde der Felsensteig, der nach Thomas Eder benannt ist, von der Mittagsscharte herab angelegt.

## Die Route

Erfolgt der Rückweg vom Salzburger Hochthron mit Seilbahnunterstützung, dann ist der Parkplatz der Untersbergbahn der praktischste Ausgangspunkt. Vom dort abgestellten Fahrzeug sind es nur einige Meter zur Bushaltestelle an der Bundesstraße, mit der Linie 840 geht es drei Stationen bis zur Haltestelle Eishöhle weiter. Von hier, dem großen Wanderparkplatz gegenüber, beginnt der zunächst noch recht behutsam ansteigende Weg zur Toni-Lenz-Hütte (1 450 m). Genau 6 112 Meter, 970 Höhenmeter oder zweieinhalb bis drei Stunden später bei dieser urigen Hütte angekommen, führt der weitere Steig Richtung Hochthron westwärts (links) zu einer Gabelung. Rechts

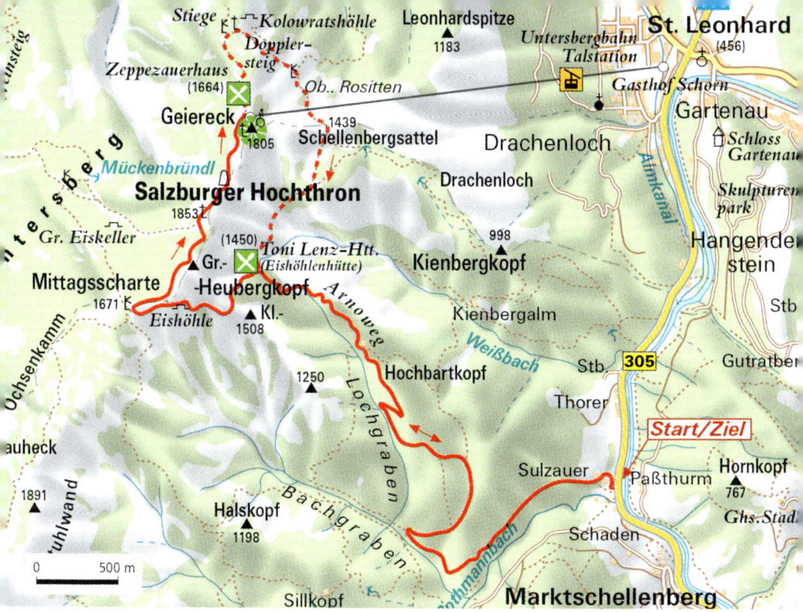


geht es zur Schellenberger Eishöhle, der linke, untere Steig verläuft überaus spektakulär durch die rötlich leuchtende Felswand in die Mittagsscharte (1671 m). Der Thomas-Eder-Steig ist zwar gut gesichert, aber Trittsicherheit und Schwindelfreiheit sind notwendig. Von der Mittagsscharte geht es im Rhythmus steil–flach–steil in 45 Minuten auf den Salzburger Hochthron (1853 m) weiter. Der kurze Abstieg zur Jausenstation Hochalm und weiter zur nahen Bergstation der Seilbahn ist nicht zu übersehen und immer gut frequentiert. Wer auf die bequeme Form des Rückweges mit der Untersbergbahn verzichten will, könnte natürlich auch die anspruchsvolle Variante Zeppezauer-Haus, Dopplersteig, Schellenberger Sattel und Toni-Lenz-Hütte wählen. Zusätzliche Abstiegszeit: 3,5 Stunden.

# 15 Scheibenkaser über Hochkampschneid

T3 • 3,5 Stunden • 6 Kilometer • 700 hm

| | |
|---|---|
| **Charakter** | der sehr reizvolle, aber unmarkierte Anstieg über die Hochkampschneid erfordert Orientierungsvermögen, Trittsicherheit und an einigen wenigen Stellen Schwindelfreiheit. Sonst alternativ über den Normal-Anstieg-Weg 466. |
| **Beste Zeit** | später Frühling bis Herbst |
| **Weg** | Steige |
| **Ausgangspunkt** | Ettenberg, Wanderparkplatz Hinterrossboden (776 m) |
| **Anfahrt** | A10, Abfahrt Salzburg Süd, Richtung Berchtesgaden. In Marktschellenberg rechts Richtung Ettenberg abzweigen. Parkplatz Hinterrossboden nach 5 km, rechts<br>**Öffis:** Bus 840 ab Salzburg Hbf. (Engelbert-Weiß-Weg) bis Marktschellenberg Ortsmitte. Zusätzlicher Anstieg 1 Stunde |
| **Gastronomie** | fallweise bei Almbetrieb am Scheibenkaser kleiner Alm-Ausschank |
| **Info** | www.marktschellenberg.de |

## Unter der Untersberg-Südwand

Malerisch steht der kleine Scheibenkaser (1 436 m) unterhalb der mächtigen Felsabstürze auf der Süd-Ost-Seite des Untersbergs. Viele Kletterer sind hierher unterwegs, denn

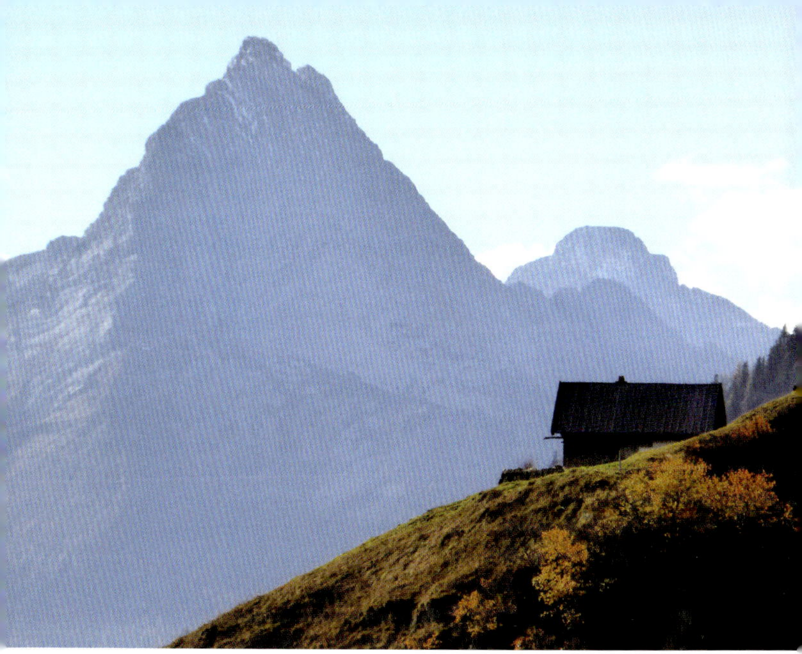

Scheibenkaser und Watzmann.

durch die Wände führen etliche, unterschiedlich schwierige Routen auf den Berchtesgadener Hochthron. Für die Wanderer ist sehr oft schon die romantische Almhütte das Ziel und der höchste Punkt. Es muss ja nicht immer ein Gipfel sein, besonders dann nicht, wenn die urgemütliche Hüttenbank so prachtvolle Fernblicke ermöglicht. Außerdem kann dieses sonnige Bergunternehmen mit dem luftigen Aufstieg über die Hochkampschneid zu einer außergewöhnlichen Rundwanderung veredelt werden. Trittsicherheit und Schwindelfreiheit sind bei dieser Variante für einige wenige Stellen allerdings nötig.

## Die Route

Vom Wanderparkplatz Hinterrossboden in Ettenberg folgt der Aufstieg nur 10 Gehminuten der markierten Richtung Scheibenkaser (Weg 466) durch den Ludlgraben, dann geht es über die Holzbrücke geradeaus auf dem Forstweg weiter. In der zweiten Kurve zweigt bei einer Steinmandl-Markierung ein vorerst nicht sehr markanter Steig nach links ab, der aber zusehends besser erkennbar wird. Der Steig orientiert sich am Kammverlauf, eine Verzweigung nach links in den Graben bleibt unberücksichtigt. Nach dem Ende des schönen Mischwaldes wird der Bergrücken immer schmaler, an einer Stelle hat sich sogar ein kleines Felsenfenster gebildet. Schließlich wechselt der schmale Steig auf die rechte Kammseite und trifft dann wenig später auf den verfallenen Grubenkaser. Die in einigen Regionen verwendete Bezeichnung Kaser steht gleichbedeutend für Alm und kommt vermutlich aus dem Lateinischen *casa* (=Haus, Hütte). Von den einstigen Almgebäuden ist nicht mehr viel zu sehen, aber sehr zur Freude der Bergsteiger sind die Quelle und der Brunntrog noch da.

Solchermaßen erfrischt, ist auch die folgende kurze Steilstufe leicht zu bewältigen, bevor der Weg nach links über die Felsschulter zieht. Nun ist auch der Scheibenkaser südwestlich gegenüber bestens erkennbar. Nur noch wenige Höhenmeter müssen zur Hütte zurückgelegt werden, hinter der sich die ganze Familie Watzmann so unglaublich fotogen aufgestellt hat. Die Kletterer, die zur Südwand

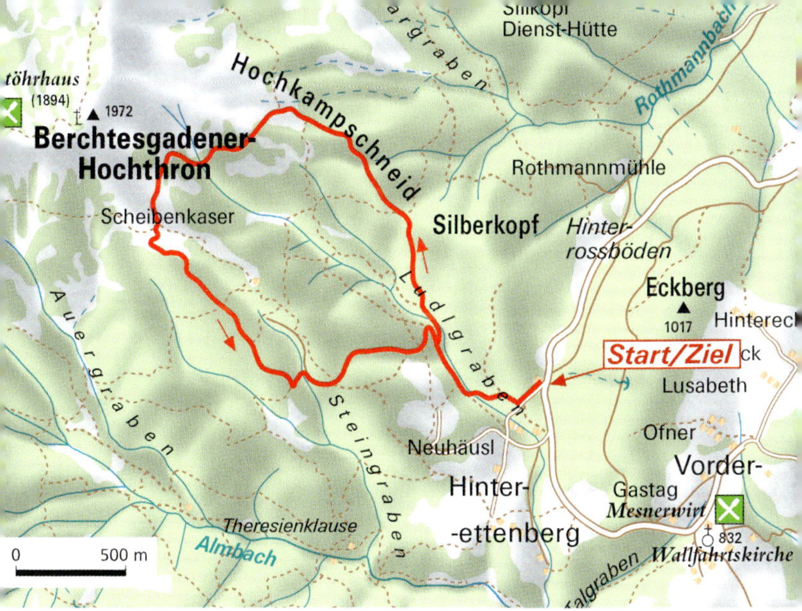


wollen, zweigen an einer markierten Stelle ab – hier befindet sich auch der Zustieg in den sehr anspruchsvollen Gruben-Steig. Unser Ziel ist aber der Scheibenkaser auf dem kleinen Plateau unterhalb der Südwand. Der eineinhalbstündige Abstieg von diesem herrlichen Sonnenplatz retour zum Parkplatz Hinterrossboden folgt dem bestens markierten Weg 466.

# 16 Über Scheibenkaser zur Almbachwand

T2 • 5,5 Stunden • 13 Kilometer • 900 hm

| | |
|---|---|
| **Charakter** | eine sonnige Rundwanderung ohne Gipfel, aber mit vielen Höhe- und Aussichtspunkten. Kraftreserven für den letzten Gegenanstieg nach Ettenberg aufheben. |
| **Beste Zeit** | Spätsommer |
| **Weg** | Steige |
| **Ausgangspunkt** | Wanderparkplatz Hinterrossboden, Ettenberg |
| **Anfahrt** | A10, Abfahrt Salzburg Süd, Richtung Berchtesgaden. In Marktschellenberg rechts Richtung Ettenberg abzweigen. Parkplatz Hinterrossboden nach 5 km, rechts. **Öffis:** Bus 840 ab Salzburg Hbf. (Engelbert-Weiß-Weg) bis Marktschellenberg Ortsmitte. Zusätzliche Gehzeit Anstieg: 1 Stunde |
| **Gastronomie** | Gasthof Dürrlehen (Die, Mi, Do Ruhetag), Berchtesgaden, Tel. +49 (0)8652 3473, www.duerrlehen.de |
| **Info** | www.marktschellenberg.de |

## Scheibenkaser

Wenn ganz oben auf den umgebenden Bergspitzen vielleicht schon der erste Schnee liegt, dann ist das meist der ideale Zeitpunkt für eine herbstlich sonnige Rundtour im Schoß des Untersberges. Auf einen Gipfel müssen wir zwar diesmal verzichten, aber der am Ende des Steilhangs unter den

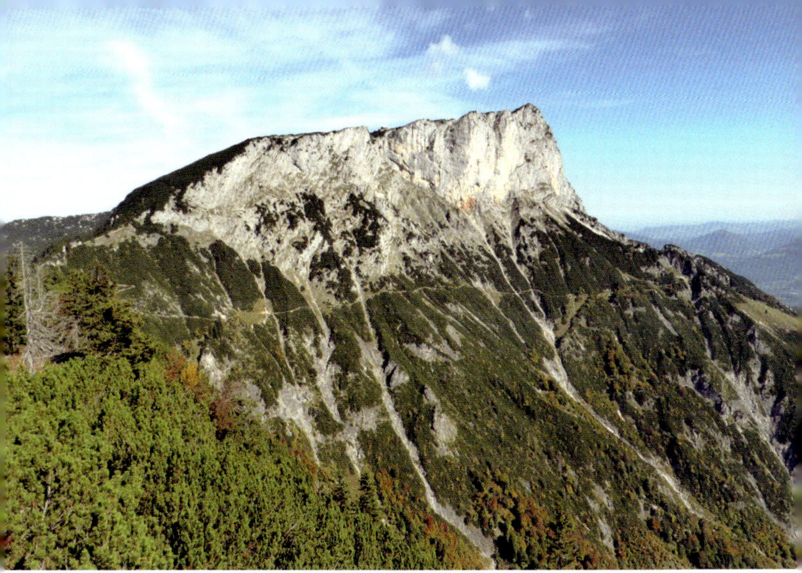

Der Steig vom Scheibenkaser (re.) zum Gatterl quert die gesamte Untersberg-Südflanke.

Untersberg-Südwänden gelegene Scheibenkaser ist ein würdiger Ersatz. Noch dazu ein bequemer, mit Hüttenbank und windgeschützt. Die Almtiere sind um diese Zeit natürlich schon wieder längst im Tal unten im Heimhof in Ettenberg. Für sie ist der Scheibenkaser nur die erste Zwischenstation, den Hoch- und Spätsommer verbringen sie je nach Futterlage auf den saftigen Weiden rund um den Lusabethkaser, zweieinhalb Kilometer weiter westlich im Almengebiet Zehnkaser. Den schmalen Steig, den wir vom Scheibenkaser hinüber Richtung Gatterl gehen, müssen also auch die Jungtiere und die mehrere Hundert Kilo schweren Mutterkühe zurücklegen. Eine wirklich beachtliche Leistung!

## Die Route

Ausgangspunkt ist der große Wanderparkplatz Hinterrossboden, einen Kilometer vor der Wallfahrtskirche Mariä Heimsuchung in Ettenberg. Die beschilderte Route zum Scheibenkaser (Weg 466) führt ein kurzes Stück im Ludlgraben am Bach entlang und folgt dann mit einer Linksschleife dem gemütlich ansteigenden Forstweg. Wer steilere Waldsteige bevorzugt, könnte gleich zu Beginn auf den alten, links abzweigenden Pfad ausweichen, der anfangs noch nicht sehr einladend aussieht, aber dann nach dem Wechsel vom Nadel- in den lichten Mischwald immer attraktiver wird. Kurz vor einer Wasserstelle treffen sich die Routen wieder, von dieser letzten Tankstelle sind es noch 30 Minuten zum Scheibenkaser. Malerisch steht die Hütte (1 436 m) vor der gewaltigen Südwand, durch die ein beliebter Klettersteig im dritten Schwierigkeitsgrad auf den Hochthron führt.

Unser nach links (W) abzweigender Weg Richtung Stöhrhaus ist einfacher, erfordert aber auch entsprechende Trittsicherheit. Bis zur nächsten Weggabelung wenig unterhalb vom Gatterl legt der schmale Latschenpfad knappe zwei Kilometer und 100 sonnige Höhenmeter zurück. Über einige steilere Serpentinen verläuft der Stöhrweg Richtung Maria Gern (Weg 417) nun nach links talwärts und führt unterhalb der Almbachwand, jetzt aber nur noch mit sanftem Gefälle, zur Abzweigung „Hintergern Weg 410“.

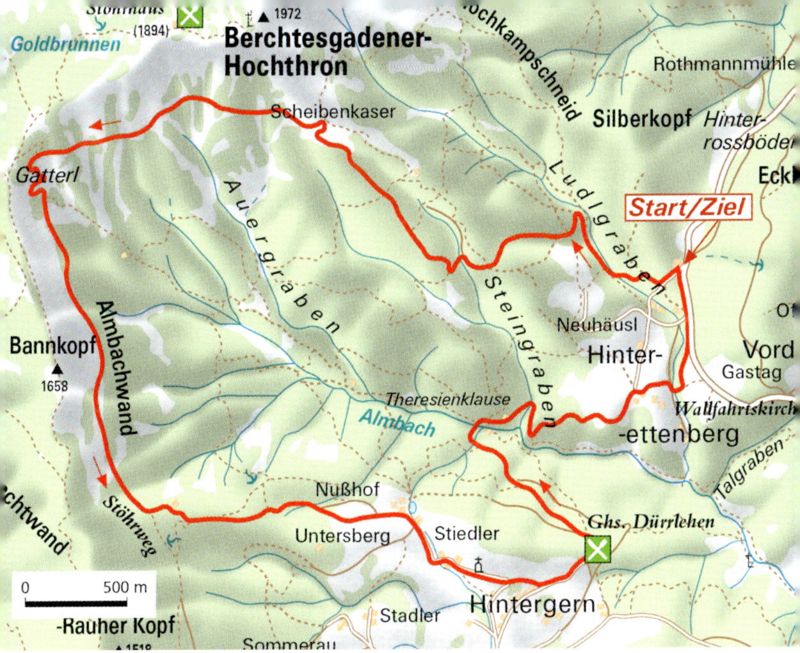


Dieser gemütliche Waldweg trifft bald auf die Wasserstelle „Kaltes Bründl" und viele Kehren weiter talwärts auf ein Lamagehege. Bis zum Gasthof Dürrlehen ist das Gelände wieder offen und sonnig. Von dort taucht unsere Route abermals in den Wald ein und führt zur Theresienklause in die kühle Almbachklamm hinab. Die 14 Meter hohe Drift- und Wehranlage ist der tiefste Punkt der ganzen Runde, aber schon auf der anderen Mauerseite wartet die Sonne und es geht wieder bergauf. Für rund 120 Höhenmeter muss die Energie noch reichen, dann ist der Parkplatz Hinterrossboden in Ettenberg erreicht.

# 17 Eckbergrunde in Ettenberg

T1 • 2 Stunden • 6 Kilometer • 250 hm

| | |
|---|---|
| **Charakter** | kühle und schattige Waldwanderung, ideal für heiße Sommertage. |
| **Beste Zeit** | Sommer |
| **Weg** | Schotter und Asphalt |
| **Ausgangspunkt** | von Marktschellenberg 2 km Richtung Ettenberg, dann Parkplatz an der Weggabelung. |
| **Anfahrt** | A10, Abfahrt Salzburg Süd. Auf der B160 nach St. Leonhard und 4 km weiter nach Marktschellenberg. Hier nach rechts Richtung Ettenberg abzweigen. Nach 2 km bei der Verzweigung der beiden möglichen Zufahrten nach Maria Ettenberg das Fahrzeug abstellen.<br>**Öffis:** Bus 840 ab Salzburg Hbf. (Engelbert-Weiß-Weg) bis Marktschellenberg Ortsmitte. Zusätzliche Gehzeit Anstieg: 40 Minuten |
| **Gastronomie** | Mesnerwirt, Vorderettenberg, Telefon +49 (0)8650 245, www.ettenberg.de/gasthaus-mesnerwirt. |
| **Info** | www.marktschellenberg.de |

## Mariä Heimsuchung und Lena Lorenz in Ettenberg

Die Entstehung von Wallfahrtsorten hat sehr oft mit schwer fassbaren Ereignissen zu tun. Meist sind es angedeutete „göttliche Zeichen“, die zur regen Bautätigkeit

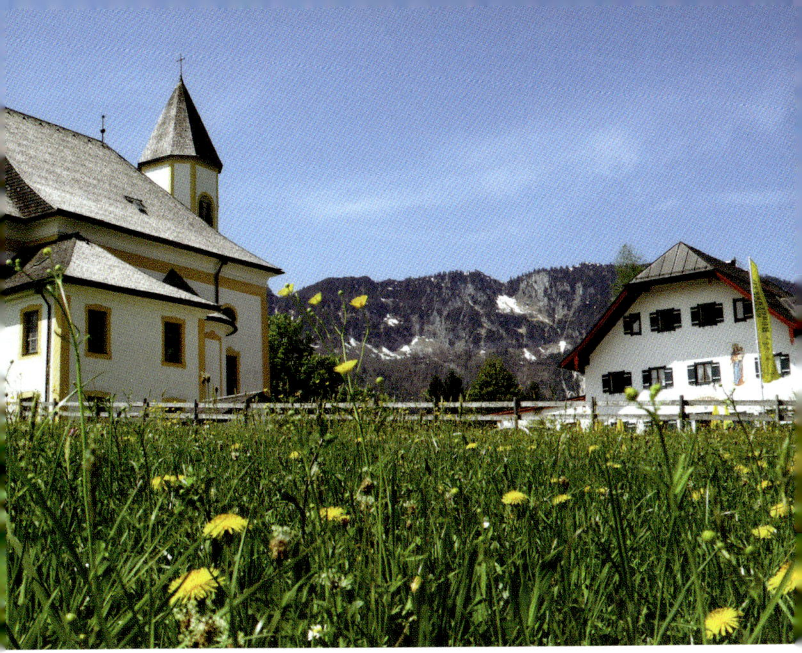

Die Wallfahrtskirche Mariä Heimsuchung in Ettenberg und der Mesnerwirt.

führten. So auch in Ettenberg, wo im Jahre 1695 unter dem symbolträchtigen Lindenbaum eine geschnitzte Marienfigur gefunden wurde. Der Erfolg stellte sich bald ein, die Wallfahrtskirche Mariä Heimsuchung in Ettenberg musste mehrmals vergrößert werden, um dem Pilgerandrang Herr zu werden.

Vom bayerischen Heimatdichter Ludwig Ganghofer (1855–1920) ist der Satz überliefert: „Wen Gott liebt, den lässt er fallen in dieses Land." Hier zu leben oder auch nur ein paar Urlaubstage zu verbringen, ist tatsächlich eine große Freude und Genugtuung. Das werden sich auch die

Drehbuchschreiber des deutschen Senders ZDF gedacht haben, die an diesem Ort eine höchst erfolgreiche, mehrteilige Fernsehproduktion ansiedelten. In der Serie „Lena Lorenz“ spielt neben der Titelheldin die Landschaft rund um Ettenberg unzweifelhaft die Hauptrolle. Der Mesnerwirt neben der Wallfahrtskirche heißt im Film zwar Almwirt, und das wunderschöne Anwesen ganz in der Nähe trägt den Namen „Lorenzhof“, aber sonst geht es in der familientauglichen Hebammen-Serie erstaunlich authentisch zu. Der heimliche Star der Serie ist aber dann doch der unverrückbare und unverkennbare Untersberg samt seinen Trabanten. Außerdem ist die Geschichte der unter Höhenangst leidenden Hebamme Lena Lorenz ja kein Dokumentarfilm, sondern gut gemachte Unterhaltung. Und die Landschaft ist in Wirklichkeit ja noch viel schöner! Die waldreiche Eckbergrunde geizt zwar etwas mit großen Panoramablicken, dafür ist der friedliche Weg die ideale Antwort auf heißes Sommerwetter.

### Die Route

Der Ausgangspunkt zur kühlen Waldwanderung rund um den Eckberg ist jener Punkt, an dem sich die Straße zur Kirche in Ettenberg verzweigt. Beide Richtungen führen zur Wallfahrtskirche Mariä Heimsuchung, nach links verläuft der Kreuzweg, wir folgen aber noch einen knappen Kilometer der westwärts geradeaus verlaufenden Asphaltstraße. An den schön gelegenen Höfen vorbei geht es mit

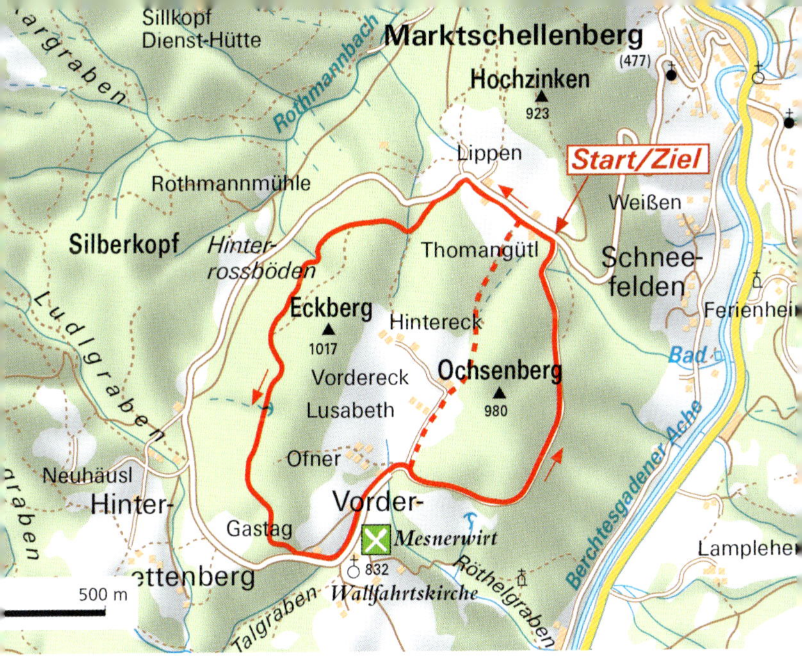


Blick auf den Untersberg gemütlich bergan, bald nach dem Schwenk Richtung Westen zweigt auch schon der markierte Eckberg-Rundweg nach links ab. Der breite Weg 24 führt durch den schönen Mischwald, der aber auch kaum Ausblicke zulässt.

Nach rund 200 Höhenmetern am höchsten Punkt der Runde angelangt, öffnet sich aber doch ein Fenster mit Aussicht und eine gemütliche Jausenbank gibt es auch noch dazu. Es geht wieder bergab, und nach einer weiteren halben Stunde stehen wir auch schon vor der berühmten Wallfahrtskirche Mariä Heimsuchung. Nun gibt es Ein- und Ausblicke in überwältigender Vielfalt: Vor dem Rokoko-Bau erheben sich die Berchtesgadener Alpen in

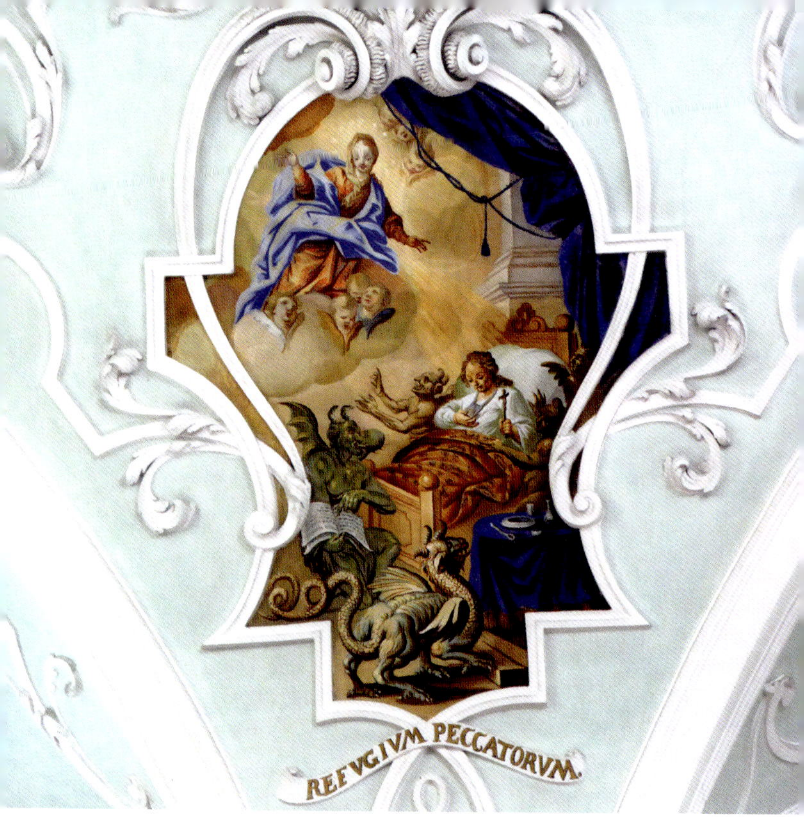


Das Seitenfresko in der Kirche zeigt Maria als Beistand der Kranken.

imposanter Größe, und im Innenraum warten viele Details auf ihre Entdeckung, wie etwa das prachtvolle Deckengemälde, oder der mächtige Christophorus auf der Empore neben der Orgel. Der oft dargestellte Heilige ist der Patron der Reisenden und der Wanderer. Holen wir uns also seinen Segen für den anstehenden Rückweg, der zuvor noch mit einem erfrischenden Zwischenstopp beim benachbarten Mesnerwirt unterbrochen werden könnte. Dann folgt die Rückkehr aber wirklich der angegebenen Richtung „Marktschellenberg über Fahrweg“, der in diesem Fall bis zu unserem Ausgangspunkt als wenig befahrene Einbahn geführt wird. Wer gänzlich ohne Verkehr unterwegs sein will, kann die Autostraße nach 500 Metern bei der scharfen Rechtskurve verlassen und hier bei der zwölften Kreuzwegstation geradeaus zu den letzten Höfen in Vorderettenberg leicht bergauf weiter wandern. Der Weg führt an einer Kapelle und rechts am letzten Gebäude vorbei in den Wald und bleibt dann auf der nur sporadisch markierten Route M 1. Diese führt zu den Höfen vom Beginn der Rundwanderung und zweigt dort nach rechts zum nahen Ausgangspunkt ab.

Am Beginn der Runde beim Thomangütl.

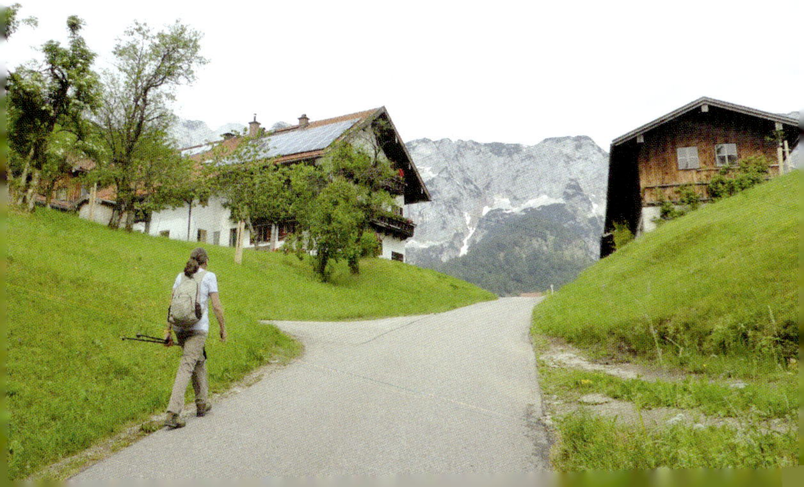

# 18 Über die Hammerstielwand nach Ettenberg

T2 • 2 Stunden • 4 Kilometer • 350 hm

| | |
|---|---|
| **Charakter** | eine spektakuläre, im Frühsommer botanisch besonders interessante Annäherung an die Wallfahrtskirche Mariä Heimsuchung in Ettenberg |
| **Beste Zeit** | aus botanischer Sicht Frühling und Frühsommer, angenehm sonnig im Herbst. |
| **Weg** | gut versicherter Steig |
| **Ausgangspunkt** | Parkplatz Almbachklamm, Gasthaus Kugelmühle |
| **Anfahrt** | A10, Abfahrt Salzburg Süd. Auf der B160 über St. Leonhard nach Marktschellenberg und 3 km weiter zur Abzweigung Almbachklamm, rechts. Parkplatz vor der Klamm.<br>**Öffis:** Bus 840 ab Salzburg Hbf. (Engelbert-Weiß-Weg) bis Haltestelle Abzweigung Kugelmühle. |
| **Gastronomie** | Gasthaus zur Kugelmühle, Tel. +49 (0)8650 461, www.gasthaus-kugelmuehle.de;<br>Mesnerwirt, Vorderettenberg, Tel. +49 (0) 8650 245, www.ettenberg.de |
| **Info** | www.marktschellenberg.de |

## Das Annafest in Ettenberg

Zur Wallfahrtskirche Mariä Heimsuchung in Ettenberg führen viele Wege, was ja auch durchaus im Sinne der Erbauer war, denn die Ausstattung der Kirche hängt direkt

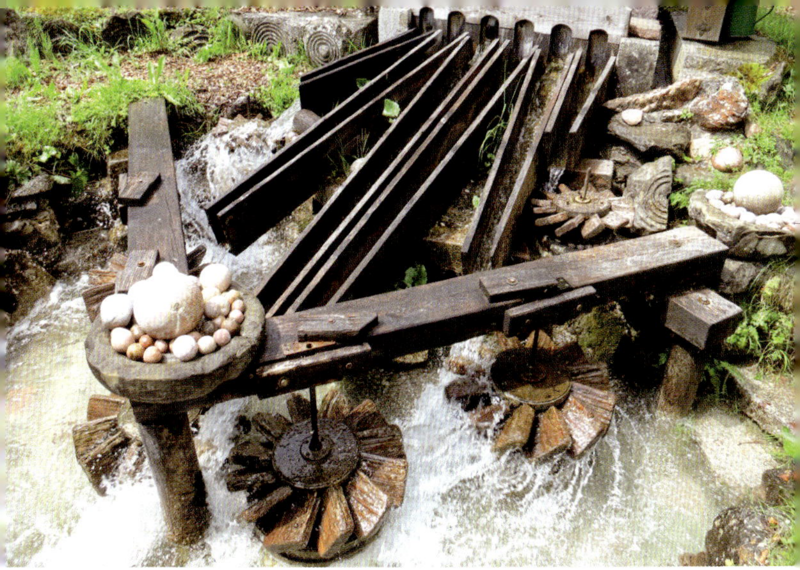

Eine noch funktionierende Kugelmühle befindet sich am Eingang in die Almbachklamm.

mit den Gaben zusammen, die von den zahlreichen Wallfahrern dargebracht werden: Je mehr Pilger, desto reicher die Ausstattung. Auf dem Hochplateau in Ettenberg finden die Kirchgänger aber nicht nur ein prachtvolles Gotteshaus vor, sondern auch genug Platz zum genüsslichen Verweilen. Weil Kirche und Küche, also geistige und körperliche Nahrung ja irgendwie zusammengehören, steht gleich neben der Kirche der Mesnerwirt für die Verköstigung bereit.
Immer am letzten Sonntag im Juli findet in Mariä Heimsuchung das traditionsreiche Annafest statt, das von Messen, Prozessionen und Musikdarbietungen begleitet wird. Geschichtlicher Hintergrund des Festes ist eine Stiftung der erblindeten Witwe Maria Euphrosina Knoblachin aus

Salzburg aus dem Jahr 1746. Als Gegenleistung für das ansehnliche, der Kirche zur Verfügung gestellte Vermögen sollte alljährlich auf „ewige Zeiten“ in der Wallfahrtskirche ein 40-stündiges Gebet abgehalten werden. Als sich die Stiftungssumme wegen diverser Wirtschaftskrisen verringert hatte, wurde auch das bis dahin drei Tage währende Beten entsprechend gekürzt.

## Die Route

Ausgangspunkt ist der große Parkplatz vor der beliebten Almbachklamm. Die meisten Besucher zieht es wohl in die kühle Schlucht, der kürzeste Weg nach Ettenberg aber verläuft rechts vor dem Gasthaus Kugelmühle über die sonnige Hammerstielwand nach Ettenberg hinauf. Besonders im Frühling und Frühsommer durchquert dieser luftige Steig ein wahres botanisches Paradies: Dann blüht und duftet es aus allen Poren, neben unzähligen Maiglöckchen wachsen viele seltene und geschützte Orchideenarten wie Knabenkraut, Waldvögelein oder die „farblose“ Nestwurz, während der Frauenschuh trotz seiner Größe (besser) beinahe unsichtbar bleibt. Weiter oben wachsen Aurikel wie Sterne aus den Felsen, ganz zuletzt strahlt es zur richtigen Zeit enzianblau aus der artenreichen Bergwiese. Dahinter erhebt sich mit Mariä Heimsuchung das Ziel der Runde (832 m). Nun lässt sich gut erahnen, welch erlösende Wirkung das Ensemble nach dem beschwerlichen Anstieg auf die ankommenden Wallfahrer haben musste. Wen wundert’s, dass den

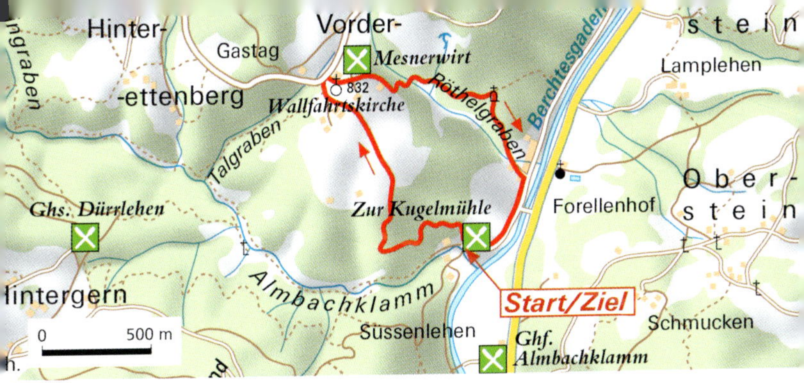


Filmleuten dieser himmlische Ort für die Außenaufnahmen zur Serie „Lena Lorenz“ empfohlen wurde. Auch für die zahlreichen Wallfahrer hatte der Ort eine ganz besondere Bedeutung, wie anhand der wertvollen Votivbilder im Altarraum der Kirche leicht zu erkennen ist. Dort befindet sich ein weiteres Kuriosum, das so gar nicht zur friedlichen Stimmung passt: Rechts neben dem Altar ist der Einschlag eines Bombensplitters zu sehen, der von einer fehlgeleiteten Fliegerbombe aus dem Zweiten Weltkrieg stammt.

Nachdem für das geistige und leibliche Wohl ausreichend gesorgt wurde, geht es an den Abstieg. Nun wird es auch wieder einsamer, denn der Rückweg folgt dem stillen Gatterlweg, der bei der Kreuzigungsgruppe nach links abzweigt. Diese Variante ist vielleicht weniger spektakulär als der Weg über die Hammerstielwand, erfordert aber auch Achtsamkeit und Trittsicherheit. Der Weg endet auf der alten Verbindungsstraße zwischen Marktschellenberg und Kugelmühle, die heutzutage vor allem von den Radlern befahren wird. Entlang der Straße geht es in 10 Minuten rechts abzweigend zurück auf den Parkplatz.

## 19 Über Ettenberg nach Hintergern

T2 • 3,5 Stunden • 8 Kilometer • 550 hm

| | |
|---|---|
| **Charakter** | eine etwas andere, stille Runde zwischen Almbachklamm und Ettenberg, die trotz größerem Gegenanstieg lohnend ist. |
| **Beste Zeit** | Sommer, der Rückweg verläuft auf der Schattseite im Wald. |
| **Weg** | Steige |
| **Ausgangspunkt** | Parkplatz Almbachklamm, Gasthaus Kugelmühle |
| **Anfahrt** | A10, Abfahrt Salzburg Süd. Auf der B160 und der B305 Richtung Berchtesgaden. 3 km nach Marktschellenberg nach rechts zum Parkplatz Almbachklamm<br>**Öffis:** Bus 840 ab Salzburg Hbf. (Engelbert-Weiß-Weg) bis Haltestelle Abzweigung Kugelmühle; 10 Gehminuten zusätzlich. |
| **Gastronomie** | Gasthaus zur Kugelmühle, Kugelmühlweg 18, Tel. +49 (0)8650 461, www.gasthaus-kugelmuehle.de; Mesnerwirt, Vorderettenberg, Tel. +49 (0)8650 245, www.ettenberg.de |
| **Info** | www.marktschellenberg.de |

### Die Theresienklause

Marktschellenberg verdankt sein schmuckes Aussehen und seinen Wohlstand dem Salz, die Wallfahrtskirche Mariä

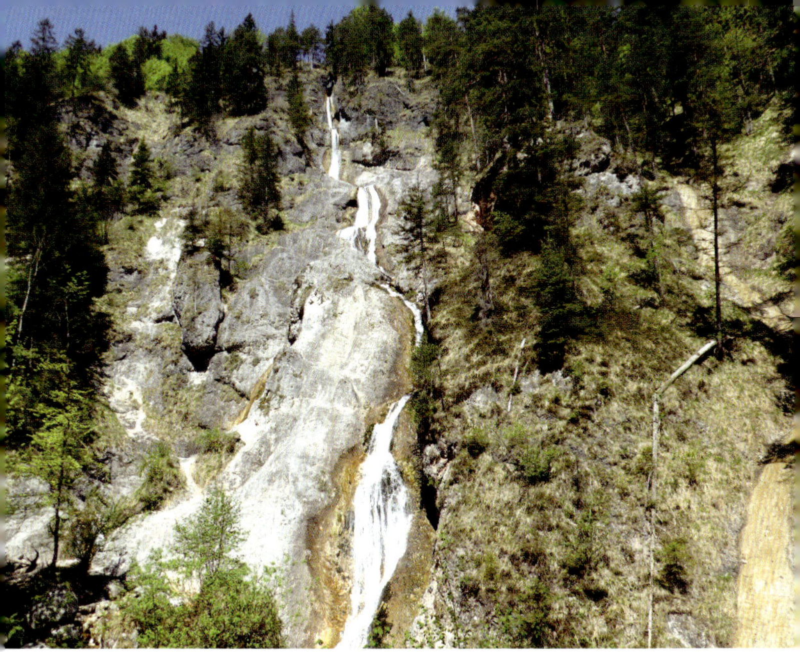

Der Sulzer Wasserfall in der Almbachklamm überwindet einen Höhenunterschied von 115 Metern.

Heimsuchung in Ettenberg der Überlieferung nach einem alten Muttergottesbild, dass auf unerklärliche Weise immer wieder von seinem ursprünglichen Standort auf den Almerberg (=Ettenberg) zurückkehrte. Für die einsetzenden Wallfahrerströme wurde die bescheidene Holzkapelle bereits nach 35 Jahren zu klein, es folgten bauliche Anpassungen bis zum spätbarocken Ausbau in der heutigen Größe.

Wahrscheinlich gab es auch schon in früheren Zeiten einen regen Besucheraustausch mit dem gegenüberliegenden Gerner-Gebiet. Dabei muss aber der tiefe Einschnitt überwunden werden, den der Almbach im Laufe der Jahrtausende geschaffen hat. Der Weg quer durch die Almbachklamm zwischen Ettenberg und Hintergern führt über die mächtige Theresienklause, eine 14 Meter hohe und 17 Meter lange Staumauer am Ende der beeindruckenden Almbachklamm. Dahinter sammelten sich 15 000 $m^3$ Wasser, mit dessen Hilfe die Baumstämme in das Tal gedriftet wurden. Eine erste Klause gab es bereits um 1690, die letzte Holzdrift durch die Klamm fand im Jahr 1964 statt. So wie sich das Bauwerk heute präsentiert, wurde es in den Jahren 1834 bis 1836 von der Salinenverwaltung in Auftrag gegeben.

## Die Route

Ausgangspunkt ist der große Parkplatz am Eingang zur Almbachklamm. Über den Holzsteg geht es zum traditionsreichen Gasthaus Kugelmühle und dort auf der rechten Seite über den markierten Weg „Ettenberg über Hammerstielwand" weiter. Der steile Steig nach Ettenberg gewinnt rasch an Höhe, dann zeichnet sich auch schon die Wallfahrtskirche vor der traumhaften Unterbergkulisse ab. Im Inneren der kleinen Kirche setzt sich die Prachtentfaltung fort, gleich fünf Altäre zeugen von der Beliebtheit und auch vom einstigen Reichtum dieses Pilgerzentrums. Nach diesem ersten Höhepunkt führt der nordseitige Weg gegenüber der Kirche über viele Stufen wieder 200 Höhenmeter tiefer zur Almbachklamm hinab. Der drei Kilometer lange

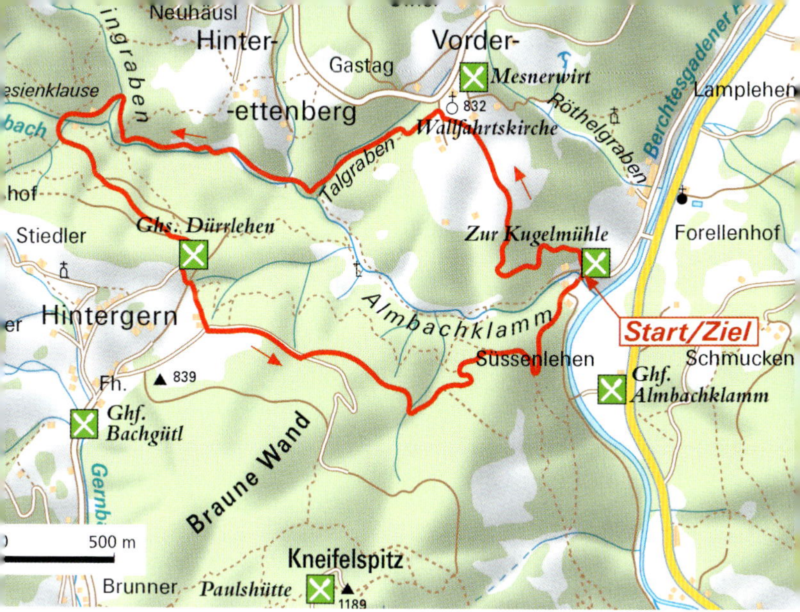


Schluchtenweg wurde 1894 fertiggestellt und wird jedes Jahr mit großem Aufwand saniert. Die schnellste Verbindung retour zur Kugelmühle (45 Minuten, Gebühr) zweigt nach links ab, während die lange Variante über den Bachwaldweg (2 Stunden) mit dem Aufstieg zur Theresienklause in die Gegenrichtung fortgesetzt wird. Von dort müssen noch einmal 100 steile Höhenmeter zurückgelegt werden (Wegschild „Kugelmühle über Bachwaldweg"), bis die Runde bald nach dem exponiert gelegenen Gehöft Braun den höchsten Punkt (850 m) erreicht. Von der breiten Forststraße zweigt der markierte Bachwaldweg nach links ab und führt zum Ende hin wieder durch einen lichten Mischwald zum Parkplatz vor der Kugelmühle zurück.

# 20 Von der Almbachklamm auf die Kneifelspitze

T2 • 4 Stunden • 10 Kilometer • 750 hm

| | |
|---|---|
| **Charakter** | abwechslungsreiche, im Vergleich zum Aufstieg über Maria Gern eher selten begangener Rundwanderweg auf die vielbesuchte Kneifelspitze. Ein kurzer Teil ist unmarkiert und erfordert erhöhte Orientierungsfähigkeit. |
| **Beste Zeit** | Frühling, Sommer |
| **Weg** | großteils schmale Pfade, die Trittsicherheit und manchmal Schwindelfreiheit erfordern |
| **Ausgangspunkt** | Parkplatz Almbachklamm (Kugelmühle) |
| **Anfahrt** | A10 Abfahrt Salzburg Süd, auf der B160 über St. Leonhard nach Marktschellenberg. 3 km weiter Richtung Berchtesgaden, dann nach rechts auf den Parkplatz Almbachklamm abzweigen.<br>**Öffis:** Bus 840 ab Salzburg Hbf. (Engelbert-Weiß-Weg) bis Marktschellenberg, Abzweigung Kugelmühle (10 Gehminuten) |
| **Gastronomie** | Gasthaus zur Kugelmühle, Tel. +49 (0)8650 461, www.gasthaus-kugelmuehle.de;<br>Berggasthof Kneifelspitze (Paulshütte), Tel. +49 (0)8652 62338, www.kneifelspitze-berchtesgaden.de |
| **Info** | www.marktschellenberg.de |

VERLAG ANTON PUSTET

*Lesen* Sie uns kennen.

www.pustet.at


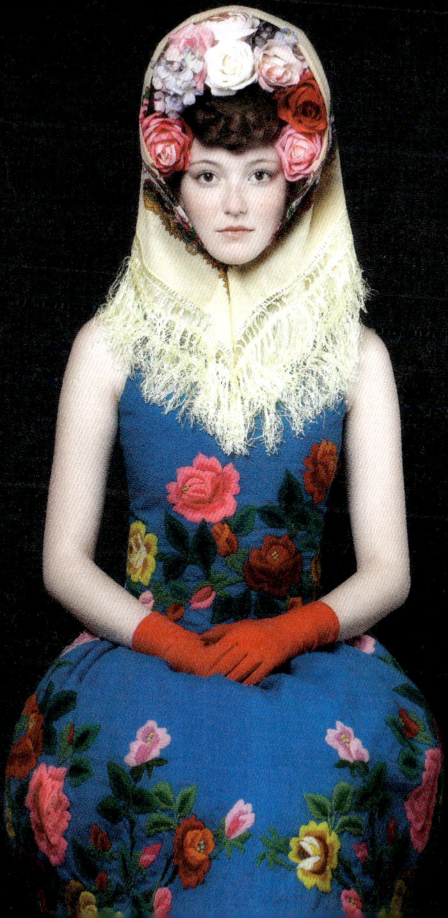

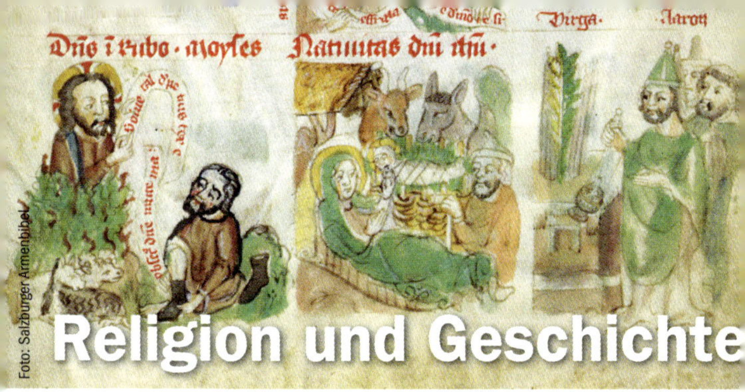

Foto: Salzburger Armenbibel

# Religion und Geschichte

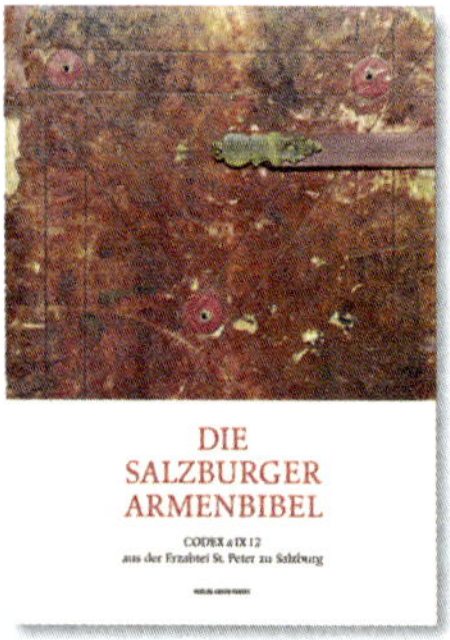


**Die Salzburger Armenbibel**

Unter Armenbibeln versteht man Bilderhandschriften mit erklärendem Text, die als frühe Illustrierte für des Lesens unkundige Laien gedacht waren. Ein prominentes Beispiel ist die Handschrift a IX 12 des Benediktinerstiftes St. Peter in Salzburg, sie umfasst 36 Bildgruppen und wurde vermutlich im 15. Jahrhundert in Salzburg gebunden.

92 S., 23,5 x 32,5 cm, Hardcover mit Bauchbinde und Reliefdruck, 978-3-7025-0977-4, € 49,–

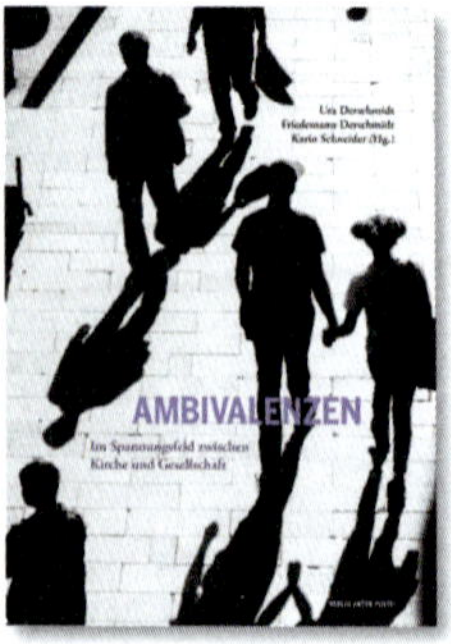


**U. Derschmidt, F. Derschmidt, K. Schneider (Hg.)**
**Ambivalenzen**

*Im Spannungsfeld zwischen Kirche und Gesellschaft*

Die Beiträge in diesem Sammelband befassen sich mit aktuellen Themen in Kirche und Gesellschaft. Unter den Autor*innen: Gotthard Fuchs, Alfred Noll, Regina Polak, David Steindl-Rast, Paul Zulehner u.v.m.

274 S., 17 x 24 cm, Hardcover, 978-3-7025-1021-3, € 28,–

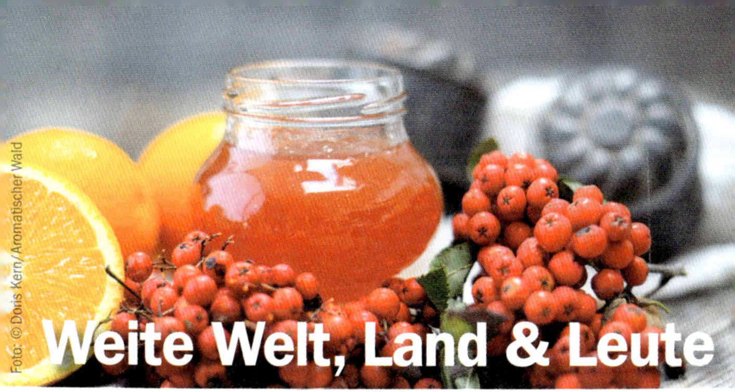

Foto: © Doris Kern/Aromatischer Wald

# Weite Welt, Land & Leute

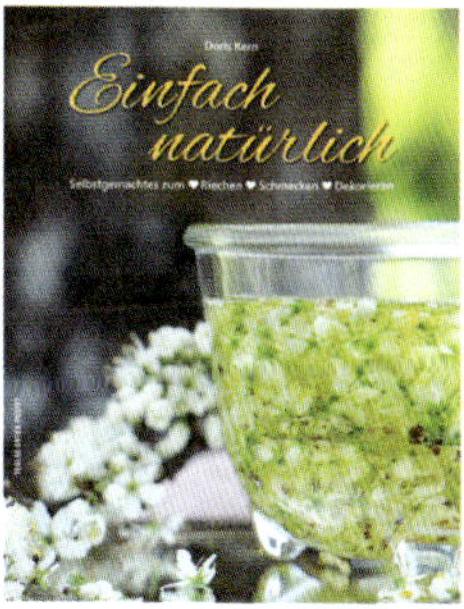


**D. Kern, Einfach natürlich**
In über 200 Rezepten und reich bebildert zeigt Ihnen dieses Buch bei einem Streifzug durch die vier Jahreszeiten, wie Sie selbst Kräuter und Früchte aus Garten, Wald und Wiese zu natürlichen Hausmitteln und Pflegeprodukten für die ganze Familie, aber auch zu attraktiven Deko-Objekten machen können.

3. Aufl., 224 S., 23 x 28 cm, Hardcover, durchgehend farbig bebildert, inklusive herausnehmbarem Poster und Etiketten, 978-3-7025-0997-2, € 35,–

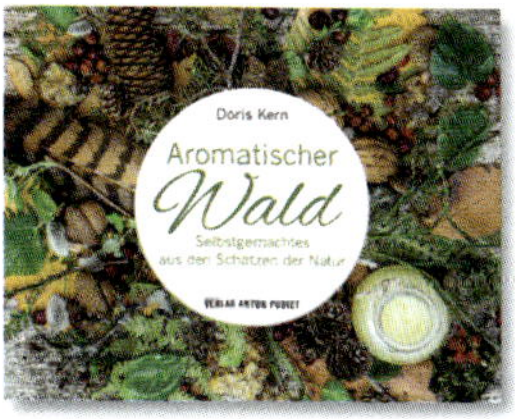


**D. Kern, Aromatischer Wald**
Dieses Buch präsentiert eine Fülle an Ideen, wie wir aus den Früchten heimischer Bäume und aus Waldpflanzen Produkte für unsere Gesundheit und unsere Körperpflege herstellen, aber auch schmackhafte Speisen zubereiten können. Auch die Anleitungen für Dekorationen bringen die Kraft des Waldes in unser Zuhause. Altes Wissen wird dabei neu und kreativ interpretiert.

256 S., 15,7 x 12 cm, Hardcover mit Stanze, durchg. farbig bebildert, 978-3-7025-0989-7, € 22,–

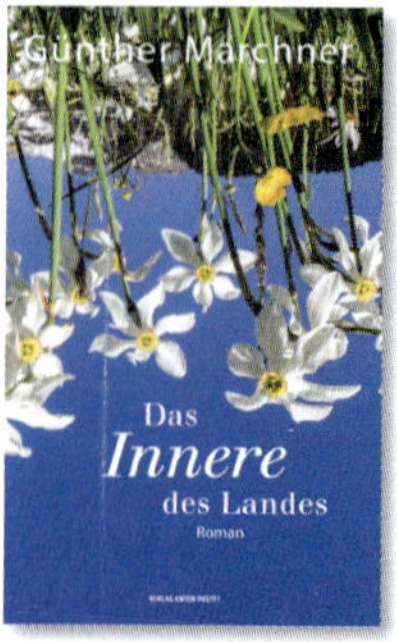


**G. Marchner, Das Innere des Landes**
Auf der Flucht vor dem Drama seiner zerütteten Ehe kommt John zurück in das Land seiner Herkunft, ins Ausserland. Dieses erlebt er zwischen Schöneit und Unheil, Klischee und Realität.

200 S., 13,5 x 21,5 cm, Hardcover, 978-3-7025-1045-9, € 22,–

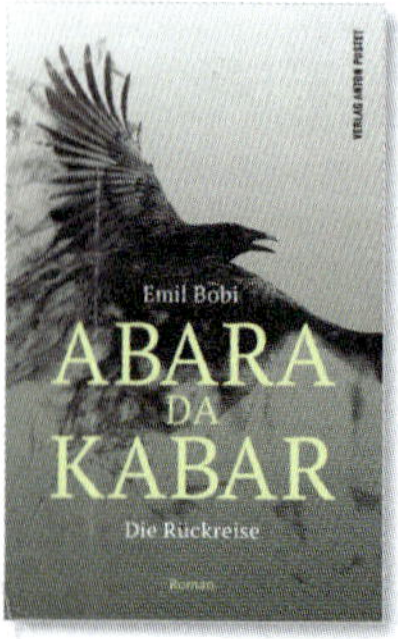


**E. Bobi, Abara Da Kabar** *Die Rückreise*
Der Wiener Journalist Franz Ignaz Baumhackl weiß schon lange, dass die Kluft zwischen Gesagtem und Gemeintem überall dort allgegenwärtig ist, wo Menschen zu kommunizieren versuchen. Die aussichtslose Suche nach den richtigen Worten ist es, die Gespräche platzen und Konflikte eskalieren lässt. Eines Tages erkennt er den wahren Grund. Die Sprache funktioniert nicht. Sie ist defekt.

368 S., 13,5 x 21,5 cm, Hardcover, Lesebändchen, 978-3-7025-1015-2, € 24,–

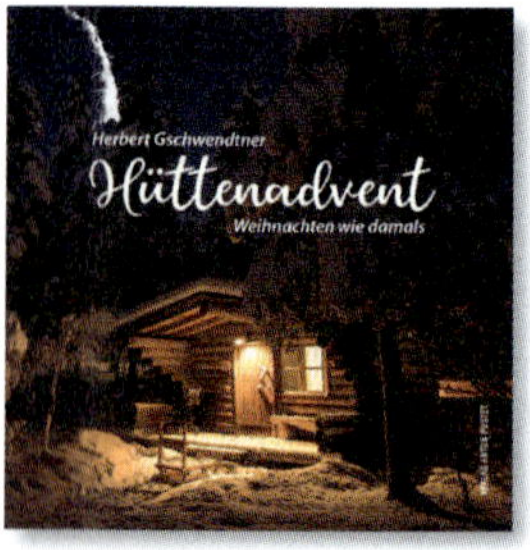


**H. Gschwendtner, Hüttenadvent**
*Weihnachten wie damals*
Die Weihnachtsgedichte und Adventgeschichten von Herbert Gschwendtner laden zum Lesen und Vorlesen ein. Sie bringen uns zurück in die Zeit, als es im Ort noch viele Krämer gab, das Zuckerlglas der Großmutter das höchste Gut war und die Krippenfiguren als Spielzeug herhalten mussten.

132 S., 21 x 21 cm, Hardcover, mit Illustrationen von Eva Auer, 978-3-7025-1037-4, € 22,–

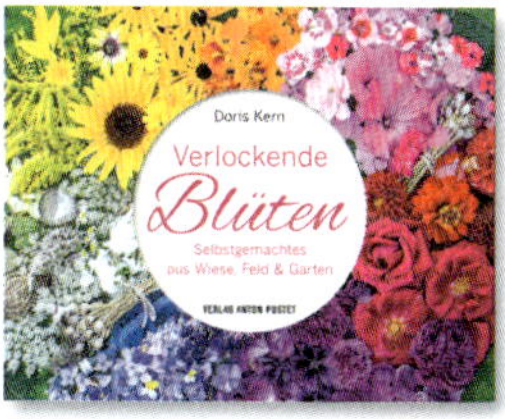


**D. Kern, Verlockende Blüten**
*Selbstgemachtes aus Wiese, Feld & Garten*
In rund 80 Rezepten zeigt die Autorin über alle Jahreszeiten hinweg, was in der bunten Pflanzenpracht so alles steckt. So werden Veilchen zu einem köstlichen Sirup, Kirschblüten Teile einer reichhaltigen Bodybutter oder eines Lippenbalsams. Aus Lindenblüten entsteht stärkender Tee und vieles mehr.

256 S., 15,7 x 12 cm, Hardcover mit Stanze, durchgehend farbig bebildert, 978-3-7025-1000-8,€ 22,–

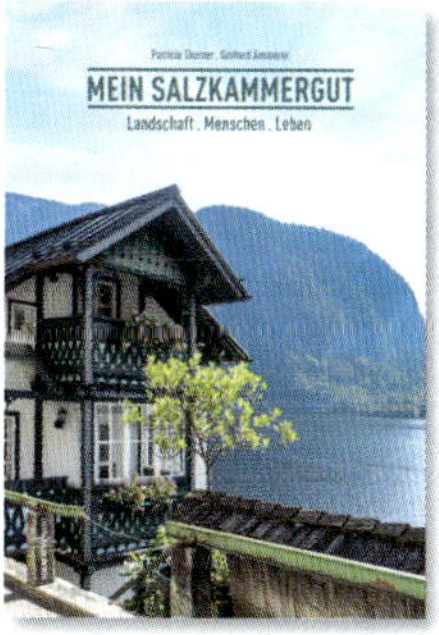


**P. Thurner/G. Ammerer, Mein Salzkammergut**
Ganz unterschiedliche Personen, vom Hersteller der Goiserer Schuhe, Philipp Schwarz, bis zur bekannten Schriftstellerin Barbara Frischmuth, erzählen in diesem Bildband mit wunderschönen Fotografien von ihren Erfahrungen in dieser Region. Das Salzkammergut wird aber auch kulturhistorisch und als sozialer Raum durchleuchtet und beschrieben.

160 S., 21 x 29 cm, Hardcover, durchgehend farbig bebildert, 978-3-7025-0926-2, € 29,–

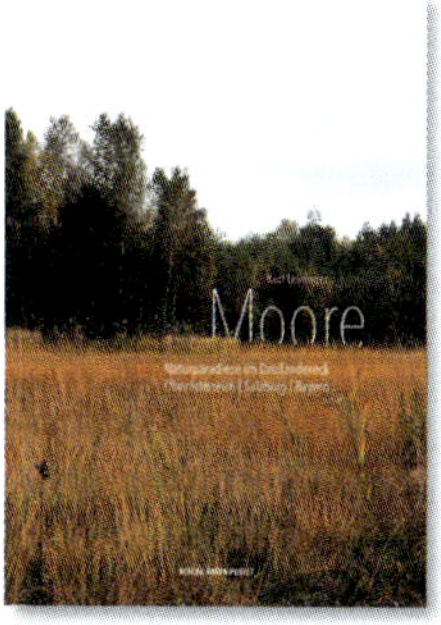


**Kurt W. Leininger, Moore**
Der Autor lässt uns auf den gut erschlossenen Wegen gemütlich durch die idyllischen Natur- und Vogelschutzgebiete wandern, gewährt uns Einblicke in die eisige Vergangenheit sowie in die außergewöhnliche Tier- und Pflanzenwelt. Er berichtet von den Geheimnissen des Moors und erzählt schaurige Geschichten und Sagen. Ein Muss für alle Natur-Fans.

184 S., 17 x 24 cm, Hardcover, durchgehend farbig bebildert, 978-3-7025-0984-2, € 25,–

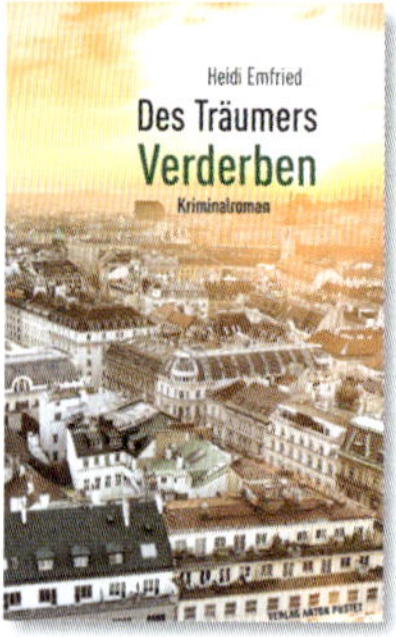


**H. Emfried, Des Träumers Verderben**
Chefinspektor Leo Lang und sein Team begeben sich auf Spurensuche zu Wiener Lokalpolitikern, Technikfreaks und einer Geliebten im Umfeld eines ermordeten Wiener Unternehmers und Industriellen. Der Chefinspektor lernt dabei die Grenzen seines Wirkens kennen.

336 S., 13,5 x 21,5 cm, Softcover, 978-3-7025-0968-2, € 22,–

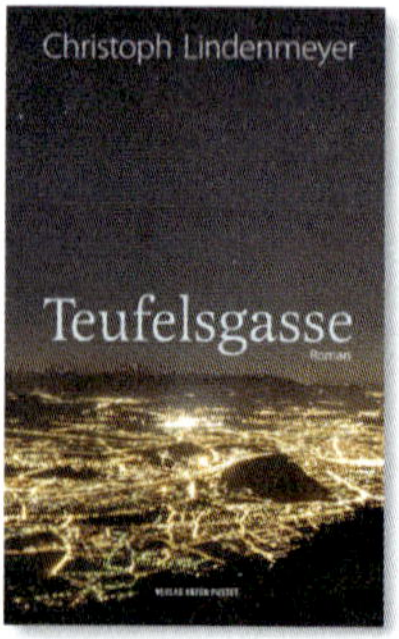


**C. Lindenmeyer, Teufelsgasse**
In der feinfühligen Charakterisierung dreier Männer geht es um den Kontrast zwischen dem Milieu von Massenmedien und jenem von Kleingärtnern. Der Roman skizziert die – innere und aufgezwungene – Veränderung, die die Hauptdarsteller durchmachen und lässt uns erahnen, warum ein Täter zum Täter wird, ein Ermittler zum Ermittler, und warum sich die Spur einer ungeheurerlichen Tat in der Realität verliert …

320 S., 13,5 x 12,5 cm, Softcover 978-3-7025-0999-6, € 22,–

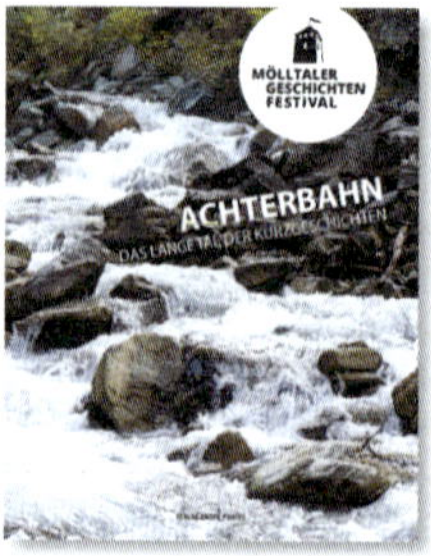


**ProMÖLLTAL, Achterbahn**
*Das lange Tal der Kurzgeschichten*
Als das Mölltaler Geschichten Festival „Achterbahn“ als Thema auswählte, war niemandem klar, wie sehr die Hochschaubahn symbolisieren würde, was wir heute erleben. So sammeln sich nun in diesem Buch Kurzgeschichten von falschen und richtigen Dilemmas, mörderischen Chancen, unglaublichen Eventualitäten und vieles mehr.

176 S., 17 x 21 cm, französische Broschur, s/w Abbildungen, 978-3-7025-1013-8, € 19,95

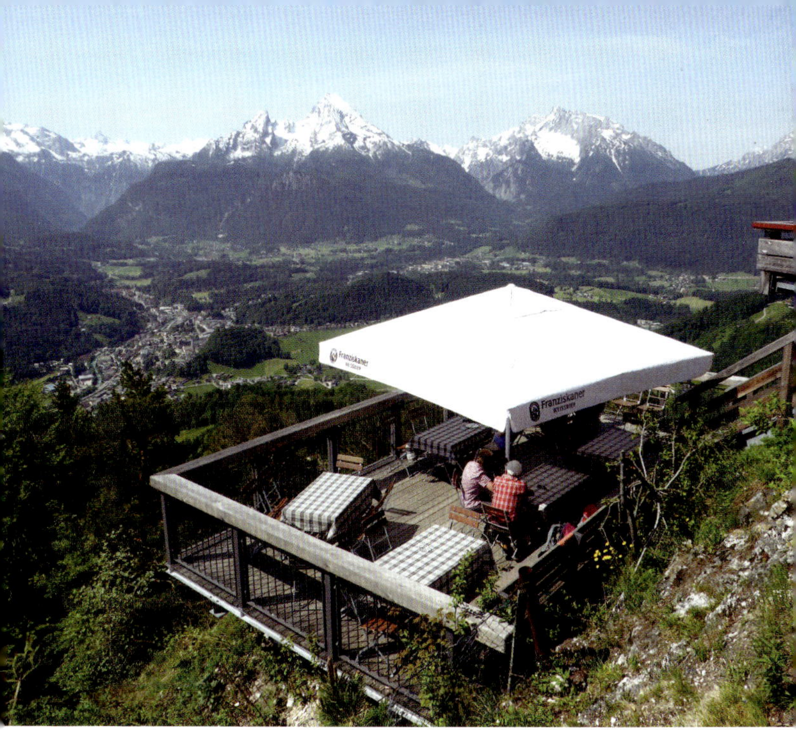

Auf der Kneifelspitze auf Augenhöhe mit dem Watzmann.

## Die Marmorkugelmühle vor der Almbachklamm

Die Kneifelspitze (1189 m) ist ein beliebtes Ausflugsziel, das hauptsächlich von Maria Gern aus anvisiert wird. Eher selten begangen und vom Wegecharakter ganz unterschiedlich ist der Anstieg vom Ausgangspunkt Kugelmühle am Eingang zur Almbachklamm. Für Freunde stiller, nicht alltäglicher Routen ist diese Seite genau richtig. Am höchsten Punkt wartet die bewirtschaftete Paulshütte, am tiefsten Punkt lohnt der Besuch im Gasthof Kugelmühle.

Hier lässt es sich vorzüglich einkehren, überaus spannend ist aber ebenso der Blick auf eine der letzten intakten Kugelmühlen in der Region.
Besonders wichtig war die Qualität der fest fixierten, mit Rillen versehenen Sandsteinscheiben, in denen die unterschiedlich großen Marmorbrocken zu perfekten Kugeln geformt wurden. Die besten Stücke stammten vom Högl nahe Piding auf der anderen Seite des Untersberges. Zur Blütezeit der Marmorkugelerzeugung im ausgehenden 18. Jahrhundert betrug die Jahresproduktion im gesamten Untersbergbereich zwischen 600 und 800 Tonnen, was einer Stückzahl von etwa sieben Millionen Kugeln entsprochen haben dürfte. Die unterschiedlich großen Kugeln wurden als Schiffsballast, als Spielzeug oder auch als Munition verwendet. Die Mahldauer betrug je nach Größe zwischen zwei und acht Tage. Im Jahr 1920 ging die letzte Sendung nach London, im Kiosk neben der Gastwirtschaft gibt es zur Erinnerung aber noch wunderbare Exemplare in allen Größen und zu erschwinglichen Preisen.

## Die Route

Ausgangspunkt ist der Parkplatz am Beginn der Almbachklamm. Auf der Westseite zweigt die angeschriebene Route auf die Kneifelspitze nach rechts ab. Die angegebene Anstiegszeit ist mit 3,5 Stunden großzügig bemessen, knappe zwei Stunden werden auch reichen. Der Weg führt an den letzten Häusern vorbei und gewinnt im lichten Wald

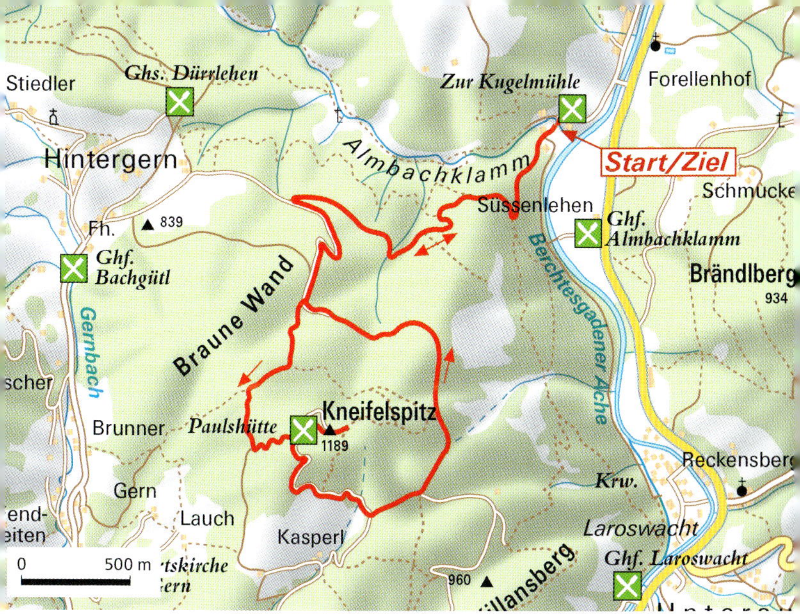


auch gleich ordentlich an Höhe. Im Frühsommer ist dieser Abschnitt, botanisch betrachtet, besonders ergiebig, von den zarten Maiglöckchen bis zu den tiefvioletten Akeleien blüht so allerhand entlang des Steiges. Nach dem steilen Anfangsteil wird der Weg wieder gemütlicher und verläuft schließlich links abzweigend auf einem mäßig ansteigenden Forstweg Richtung Kneifelspitze weiter. Nach 10 Gehminuten führt eine markierte Verbindung nach Hintergern, die wir aber ignorieren. Dafür folgen wir in der nächsten Kurve, 100 Meter später, dem deutlich erkennbaren, aber unmarkierten Steig nach rechts. Eine Links-Abzweigung wird ebenfalls ignoriert, unser Pfad folgt dem Grabenverlauf und erreicht so einen Sattel auf knapp über 1000 Meter Seehöhe. Der schöne Steig verliert wieder

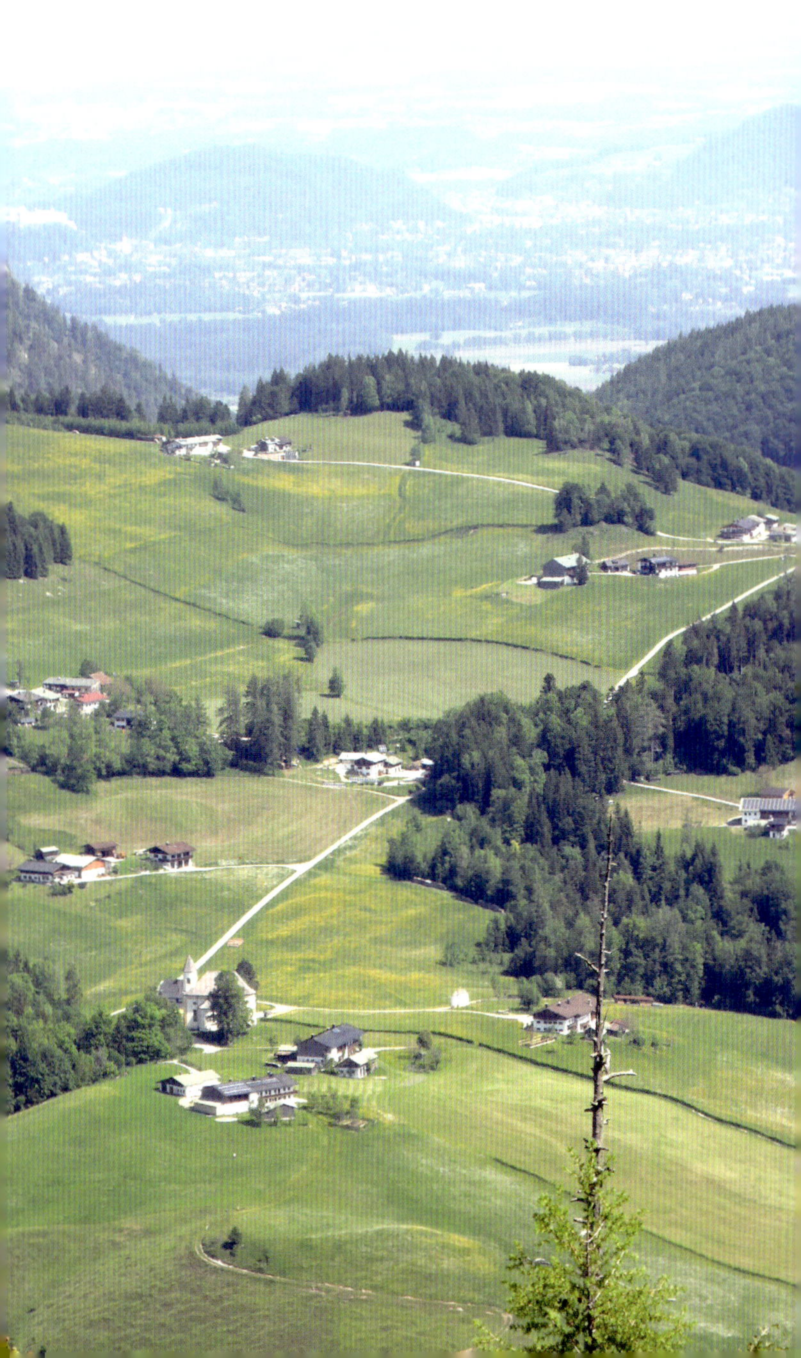

einige Höhenmeter, bleibt aber auf der lichten Westseite. Nach weiteren 10 Minuten mündet der Pfad in die markierte, von Maria Gern heraufkommende Hauptroute ein und folgt dieser über einige steile Kehren auf den Gipfel (1 189 m).

Der Ausblick von der Terrasse der Paulshütte auf Göll, Watzmann oder Hochkalter ist wirklich atemberaubend, nicht weniger beeindruckend ist der angeschriebene „Salzburg-Blick", der sich nach einem fünfminütigen Abstecher Richtung Osten auftut. Der Abstieg folgt über einige Kehren hinweg dem bereits bekannten Weg, bleibt dann aber auf der steilen Zufahrt, bis nach 20 Minuten die angeschriebene Route 18 „Rund um die Kneifelspitze" nach links abzweigt. Auf dem Pfad müssen wir etliche Höhenmeter bis zu einem besonders schönen Aussichtsplatz neben einem Wegkreuz bergan steigen. Ab diesem luftigen Punkt folgen einige steile, mit Drahtseilen und Stufen gesicherte Abstiegsmeter. Der Steig mündet in einen Forstweg ein, der nach rund 20 Gehminuten wieder in die bereits vom Aufstieg bekannte Route übergeht. Entlang dieser geht es an den Ausgangspunkt Parkplatz Almbachklamm retour.

Der Blick von der Kneifelspitze reicht über Ettenberg bis in das Salzburger Becken.

## 21 Spaziergang durch das historische Berchtesgaden

T1 • 1¾ Stunden • 5 Kilometer • 190 hm

| | |
|---|---|
| **Charakter** | interessante Themenwanderung zum Eintauchen und Vertiefen in die abwechslungsreiche Geschichte von Berchtesgaden. Neben den Kulturstätten laden originelle Cafés und Gasthäuser zum Kennenlernen ein. Folder sind bei der Info-Stelle im AlpenCongress erhältlich. |
| **Beste Zeit** | ganzjährig, der Soleleitungssteg ist bei Vereisung im Winter gesperrt. |
| **Weg** | fester Untergrund auf Kies, Asphalt und Holz (Soleleitungsweg) |
| **Ausgangspunkt** | Contipark Tiefgarage Maximilianstraße neben AlpenCongress (gebührenpflichtig) |
| **Anfahrt** | A10, Abfahrt Salzburg Süd, auf der B160 und der B305 nach Berchtesgaden. Kurz nach der ersten Ampel nach rechts in die Brauhausstraße, dann in die Maximilianstraße und weiter bis zur Tiefgarage AlpenCongress.<br>**Öffis:** Bus 840 ab Salzburg Hbf. (Engelbert-Weiß-Weg) bis Berchtesgaden Hbf, dann 15 Minuten zu Fuß oder mit Bus 839 bis Berchtesgaden Zentrum. Oder S 3 ab Sbg. Hbf. bis Bad Reichenhall Hbf., Bus 841 bis Berchtesgaden Zentrum. |
| **Gastronomie** | zahlreiche Einkehrmöglichkeiten entlang der Route. |
| **Info** | www.berchtesgaden.de |

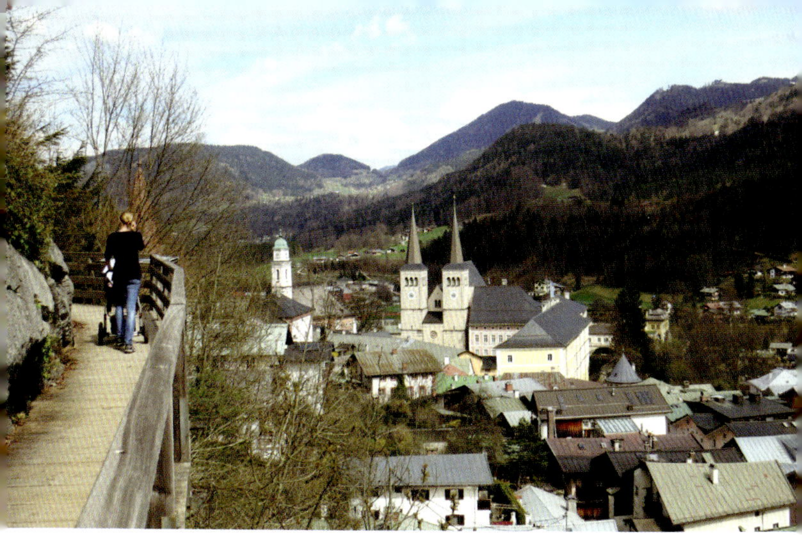

Der Soleleitungsweg über den Dächern von Berchtesgaden.

## Berchtesgaden entwickelt sich

Die historische Entwicklung Berchtesgadens von der ersten urkundlichen Erwähnung im Jahr 1102, als sich die hierher entsandten Mönche noch gar nicht so sicher waren, ob sie in dieser wilden Gebirgsgegend auch wirklich überleben könnten, über den Aufstieg zur Fürstpropstei bis hin zur Sommerresidenz des bayerischen Königshauses ist überaus spannend. Nicht weniger aufregend ist es aber, den zahlreichen Spuren zu folgen, die es aus all diesen Epochen noch zur Genüge gibt. Natürlich spielt auch das Salz eine Hauptrolle: sowohl für die wirtschaftliche Entwicklung in all den Jahrhunderten als auch bei dieser Wanderung in Form des einzigartigen Salinenweges hoch über den Dächern der berühmten Stadt.

### Die Route

Ein günstiger Ausgangspunkt ist das zentrale Kongresszentrum AlpenCongress Berchtesgaden, denn hier steht eine Parkgarage zur Verfügung, und in der Info-Stelle sind Landkarten, Folder und nützliche Tipps erhältlich. Der Weg führt leicht bergauf am Kurgarten und am alten Berchtesgadener Friedhof vorbei. Auf dem im Jahr 1685 angelegten Friedhof liegen viele bekannte Persönlichkeiten, wie etwa der Holzwarenhändler Anton Adner (1705–1822), der mit seiner beliebten „Berchtesgadener War" von Regensburg bis nach Venedig wanderte. Von ihm wird erzählt, dass er noch im Alter von 113 Jahren ohne Hilfe die Türme der Münchner Frauenkirche bestieg. Ob der vermutlich älteste Berchtesgadener aller Zeiten auch in der nahen Franziskanerkirche ein- und ausging, wissen wir nicht, aber es ist anzunehmen, denn um 1695 zogen die Franziskanermönche in die einstige Klosterkirche der Augustiner Chorfrauen ein. Noch heute leben einige Brüder hier in der Gemeinschaft.

Auch in der königlichen Villa, zu der unser Weg über die Maximilianstraße weiterführt, kommen noch hin und wieder Angehörige aus dem Hause Wittelsbach zu Besuch. In Auftrag gegeben wurde das heute unter Denkmalschutz stehende Gebäude von König Maximilian um 1850 als Sommer- und Jagdsitz. Im unterhalb gelegenen Luitpold-Park wurde zu Ehren des Prinzregenten Luitpold (1821–1912) ein Denkmal errichtet, das den Monarchen in voller Jagdmontur bei seiner Lieblingsbeschäftigung zeigt.

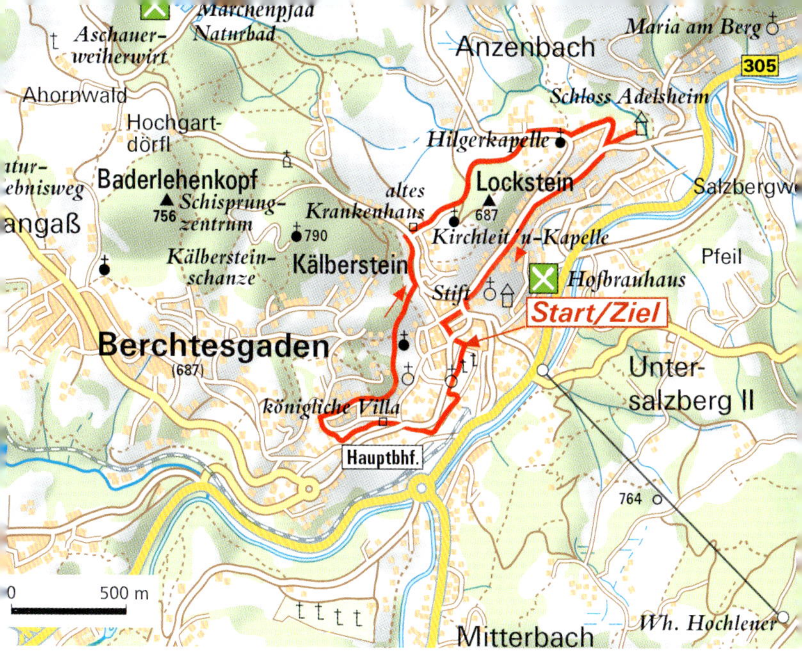


Die weitere Route aber umrundet rechts abzweigend die Königsvilla und folgt am Alpenhotel Kronprinz vorbei dem Schild „Soleleitungsweg“. Dieser Abschnitt über den aufwendig erneuerten, stabil im Fels verankerten Steg ist der eindrucksvollste Teil der ganzen Runde.

Die spektakuläre Wegführung über den Dächern der Stadt verdanken wir dem Erfinder und Ingenieur Georg Friedrich von Reichenbach (1771–1826), der im Auftrag des bayerischen Königs Max I. von 1816 bis 1817 die 29 Kilometer lange Soleleitung vom Salzbergwerk Berchtesgaden über Ramsau bis zur Saline in Reichenhall plante. Dabei musste er mit der von ihm entwickelten Pumpe Höhenunterschiede von bis zu 356 Metern überwinden. Die

Soleleitung wurde erst 1927 stillgelegt und Teile davon dienen nun als beliebter Wanderweg.
Am Ende des atemberaubenden Steges zweigt unser Weg nach links auf den steilen Doktorbergweg ab und erreicht wenig später das Alte Krankenhaus. Das spitzgiebelige Gebäude wurde 1845 erbaut, heute sind hier Privatwohnungen untergebracht. Der östlich anschließende Weinfeldhof war seit 1400 die fürstpröpstliche Meierei, wo damals auch tatsächlich Wein angebaut wurde. Der Weg vom Alten Krankenhaus führt auf der Nordseite des Locksteins unterhalb der markanten Kirchleit'n Kapelle hinüber zum neuen Krankenhaus. Kurz bevor wir dort ankommen, zweigen wir beim Nagellehen nach rechts ab und folgen der Straße ein kurzes Stück zur Hilgerkapelle. Sie steht seit 1725 an der Straßenverengung und lädt damals wie heute durch diese besondere Lage zu einem kurzen Innehalten ein. Bei der anschließenden

Der Marktplatz in Berchtesgaden.

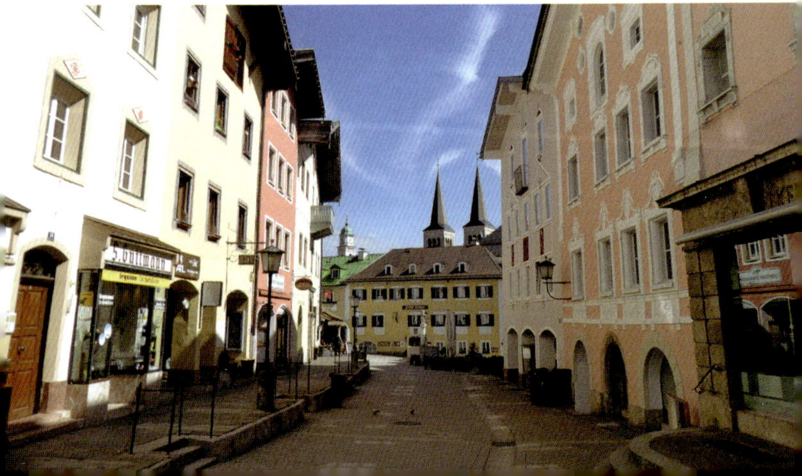

scharfen Kurve verläuft der Weg nun aber geradeaus (Straßenschild „Am Rad") und führt zum Museum Schloss Adelsheim hinab. Das hübsche Renaissance-Schlösschen beherbergt seit 1968 das sehenswerte Heimatmuseum. Entlang der Zufahrt geht es wieder retour und dann durch das städtebaulich besonders interessante Nonntal hinüber zum Rathausplatz. Das heutige Rathaus entstand in den Jahren 1873 bis 1875 anstelle der ehemaligen Schrannenhalle, der Rathausbrunnen wurde anlässlich der 100-jährigen Zugehörigkeit Berchtesgadens zu Bayern errichtet. Sehenswert ist noch der etwas versteckt gegenüber dem Rathaus liegende Berengarplatz, bevor es über einen schmalen Durchgang auf den beeindruckend großen Schlossplatz hinausgeht. Auch hier wurde ein Jubiläumsbrunnen errichtet, diesmal anlässlich der 150-jährigen Zugehörigkeit Berchtesgadens zu Bayern. Im Jahr 1960 wurde der Kronprinz-Rupprecht-Brunnen in Betrieb genommen. Die Stiftskirche ist ein großartiges Denkmal gotischer Baukultur – die Türme wurden zwischen 1856 und 1864 nach einem Blitzschlag im neoromanischen Stil neu aufgebaut. Auch das königliche Schloss, das ursprünglich ein Kloster war, ist überaus besuchenswert. Quer über den Schlossplatz führt die historische Route an den Arkaden vorbei hinüber zum belebten Marktplatz. Auch hier gibt es, angefangen vom 1677 errichteten Marktbrunnen bis hin zum auffallenden Hirschenhaus viel zu entdecken, bevor sich die Runde am Hotel Edelweiß vorbei wieder schließt.

# 22 Lockstein in Berchtesgaden

T1 • 1,5 Stunden • 3,5 Kilometer • 130 hm

| | |
|---|---|
| **Charakter** | stimmungsvolle Stadtrunde, die auch zur Weihnachtszeit sehr beliebt ist. |
| **Beste Zeit** | ganzjährig |
| **Weg** | Asphalt und Kies |
| **Ausgangspunkt** | Parkplatz Watzmanntherme oder Bergwerkstraße links davor. Oder Parkplatz Salzbergwerk (15 Gehminuten entfernt, gebührenpflichtig) |
| **Anfahrt** | A 10, Abfahrt Salzburg Süd, auf der B160 über St. Leonhard und der B305 nach Berchtesgaden. Parkplatz Salzbergwerk, an der Ortseinfahrt rechts oder 1 km weiter zur Watzmanntherme links. Direkt vor dem Parkplatz Watzmanntherme zweigt die weitere Parkmöglichkeit Bergwerkstraße nach links ab. **Öffis:** Bus 840 ab Salzburg Hbf. (Engelbert-Weiß-Weg) bis Berchtesgaden Watzmanntherme |
| **Gastronomie** | in Berchtesgaden |
| **Info** | www.berchtesgaden.de, www.watzmann-therme.de |

## Weihnachtsbrauchtum in Berchtesgaden

Das Ziel der Stadtrundwanderung ist der Lockstein in Berchtesgaden – aber schon der Weg zu diesem prachtvollen Aussichtsplatz hoch über der historischen Altstadt steckt voller Überraschungen. Wie immer bei solch

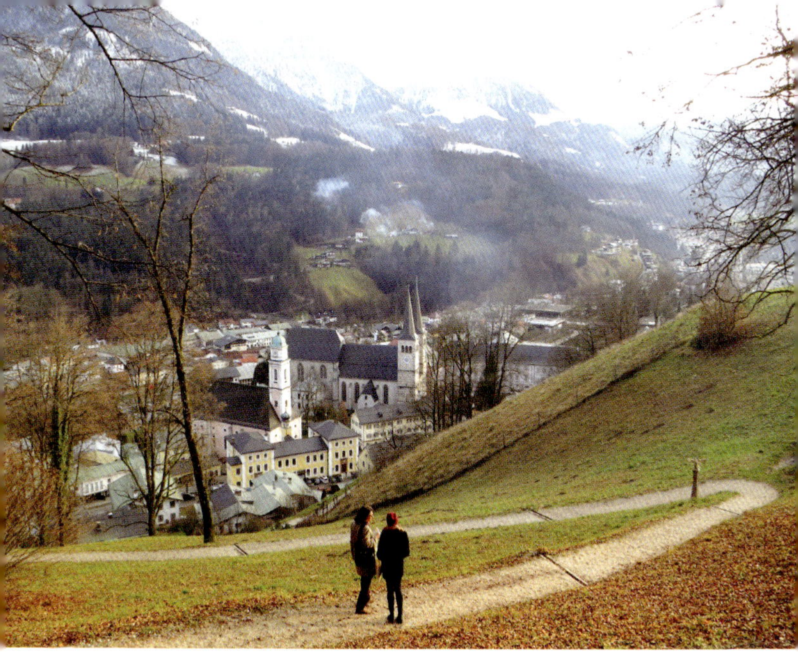

Ein Themenweg führt vom Lockstein in das Zentrum von Berchtesgaden.

besonderen Plätzen in Berchtesgaden spielt neben den prachtvollen Bauten natürlich die umgebende Bergwelt eine optische Hauptrolle. Wie ein schützender Kranz reihen sich die bekanntesten Bergspitzen der Berchtesgadener Alpen rund um die Stadt.

Ein besonderes Erlebnis bietet der knapp 700 Meter hohe Lockstein rund um die Weihnachtszeit. Eine Woche vor dem Heiligen Abend, am 17. Dezember, wird das Christkind um 15 Uhr zum ersten Mal lautstark „eingeschossen“. Bis zum 24. Dezember wiederholt sich dies täglich zur gleichen Uhrzeit. Das eigentliche Weihnachtsschießen

findet am 24. Dezember vor der Christmette statt, von halb zwölf Uhr bis Mitternacht. Punkt 24 Uhr tritt Ruhe ein, nur während der Wandlung sind nochmals sechs einzelne Schüsse zu hören.
Die Watzmanntherme und das Hofbrauhaus sind zwei weitere wichtige Institutionen in Berchtesgaden: Die eine Wohlfühleinrichtung ist gerade einmal 20 Jahre jung, die andere wurde vor rund 400 Jahren von der Fürstpropstei gegründet. Bis zur Eröffnung der eigenen Brauerei wurde das Bier übrigens aus Kaltenhausen bei Hallein bezogen. Auf jeden Fall ist ein Besuch dieser beiden am Weg liegenden Einrichtungen lohnend und je nach Wetterlage eine ideale Ergänzung zur kurzen Lockstein-Runde.

## Die Route

Ausgangspunkt der nicht allzu langen allwettertauglichen Runde in Berchtesgaden ist der große Parkplatz neben der Watzmanntherme, beziehungsweise die Parkplätze entlang der links abzweigenden Bergwerkstraße. Vom Parkplatz Salzbergwerk führt ein viertelstündiger Weg entlang der Ache hierher. Die Ache und die B305 werden gequert, dann geht es zuerst links und dann gleich wieder nach rechts in die Bräuhausstraße. Das namensgebende, stattliche Hofbrauhaus Berchtesgaden folgt wenige Meter später. Aber noch führt unsere Route dieser Verlockung zum Trotz an dieser im Jahre 1645 gegründeten Institution vorbei und zweigt dann beim hauseigenen Parkplatz scharf

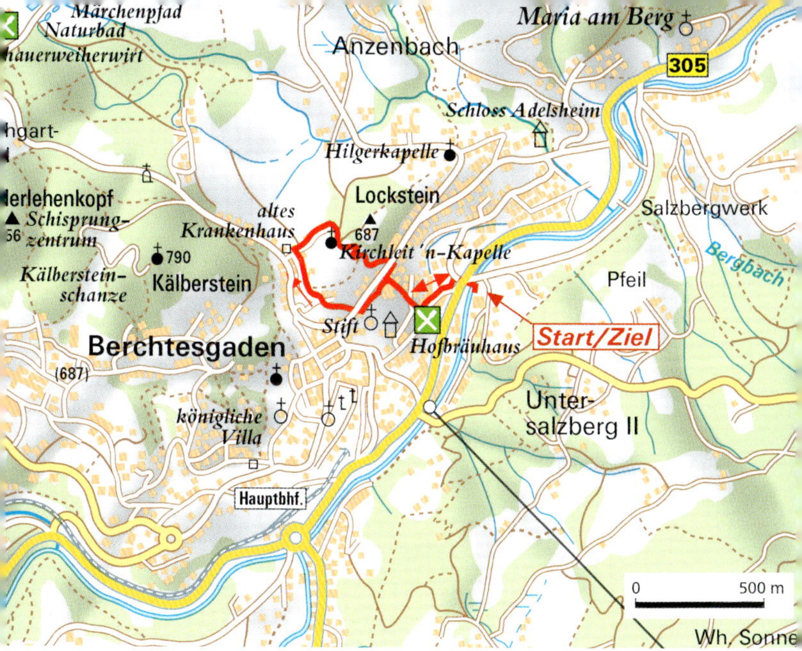


nach rechts ab. Hier beginnt eine steile Treppe, die zur Stiftskirche führt. Der malerische Schlossplatz wird linker Hand gequert und durch die abschließenden Arkadenbögen wieder verlassen. Wenige Meter später zweigt der markierte Weg Richtung „Aschauer Weiher, Lockstein" nach rechts ab. Dem Weinfeldweg und einigen Stufen folgend führt die Runde auf die alte Soleleitungstrasse, die seit 1817 das Salzbergwerk Berchtesgaden mit der Saline Bad Reichenhall verbindet. An einer passenden Stelle ist noch ein 4,20 Meter langes Original-Holzrohr zu sehen. Für die ganze Strecke waren 8000 solcher Lärchenrohre nötig. Nicht zu übersehen ist auch die Kirchleit'n-Kapelle, die seit 2008 auf einer aussichtsreichen Stelle hoch über

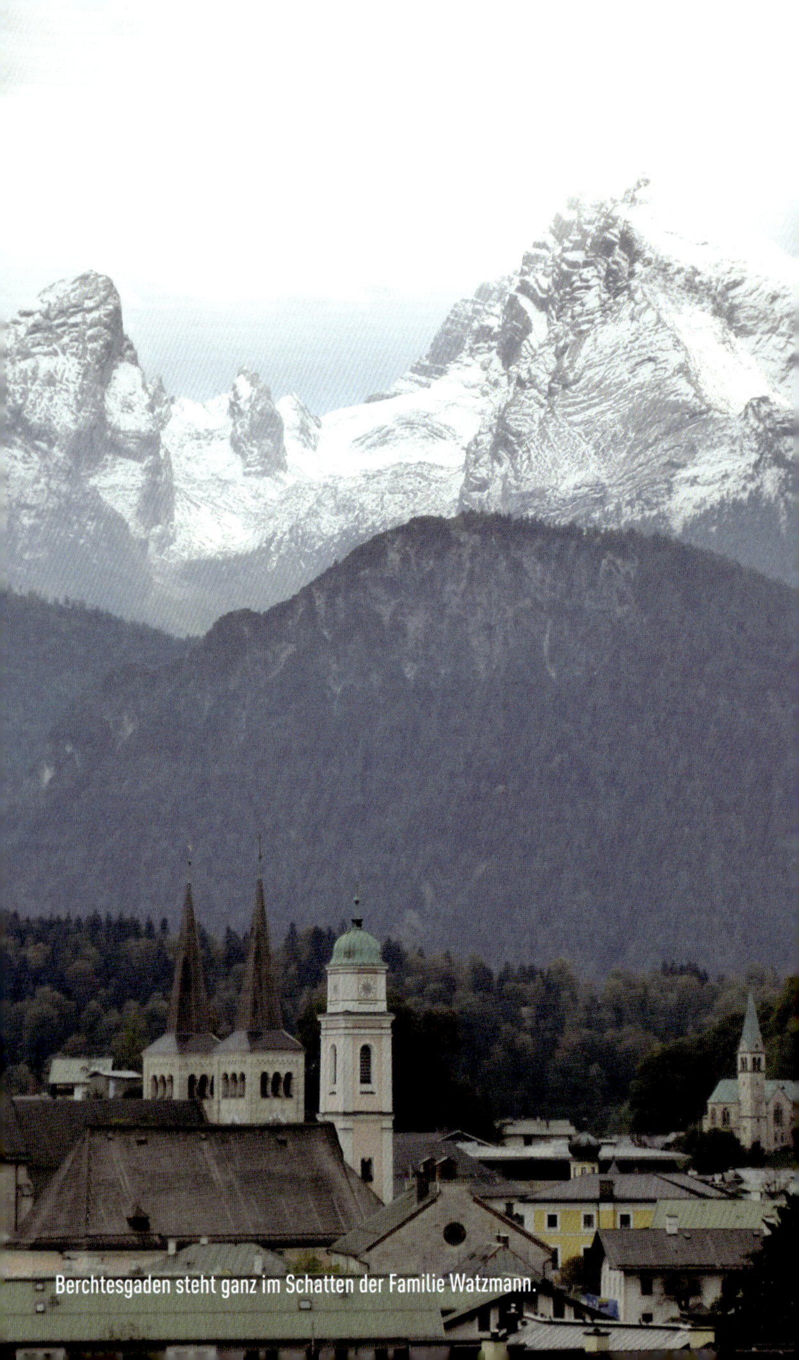

Berchtesgaden steht ganz im Schatten der Familie Watzmann.

Berchtesgaden thront. Das auch als Kapelle der Seligpreisungen bezeichnete Kirchlein wurde auf Initiative des Pfarrers und des Grundbesitzers realisiert und bildet den Abschluss eines Meditationsweges. Eine kurze Stichstraße führt auf den höchsten Punkt am Lockstein (687 m), allerdings wird das dortige, einst sehr beliebte Panoramacafe seit einigen Jahren nicht mehr bewirtschaftet.

Der steile Abstieg zurück nach Berchtesgaden zweigt bei der Kapelle talwärts ab und folgt an vielen Skulpturen vorbei dem „Weg der Seligpreisungen". Auch die Trasse der immerhin bis in das Jahr 1927 in Betrieb gewesenen Soleleitung wird wieder gequert, eine Infotafel verweist auf die erstmals eingesetzte Wassersäulenmaschine. Dabei wird der vorhandene Wasserdruck ausgenutzt, um eine Pumpe anzutreiben. Die Maschine ist doppelwirkend: Durch eine ausgeklügelte Ventilsteuerung wird bei jeder Kolbenbewegung (hoch und nieder) Sole gepumpt, wobei das Druckwasser und die Sole nicht in Berührung kommen.

Wieder im Stadtgebiet, zweigt die Route nach rechts ab und folgt der Nonntalstraße bis zur Stiftskirche. Der letzte Abschnitt orientiert sich wieder an dem bereits bekannten Weg hinab zum Hofbrauhaus. Dabei fällt vielleicht ein kleines, originelles Detail unter einem Hausgiebel auf der rechten Seite auf: ein entzückender, leicht illuminierter Rübenhirsch ist da zu sehen, wie er sich gerade an der einen Zuckerrübe zu viel berauscht …

## 23 Rund um den Kälberstein

T1 • 2 Stunden • 5,5 Kilometer • 220 hm

| | |
|---|---|
| **Charakter** | interessante, allwettertaugliche Themenwanderung an den Rändern der Stadt Berchtesgaden. Ein Viertel der Wegstrecke führt durch Wald. |
| **Beste Zeit** | ganzjährig, im Winter – bis auf den Abschnitt Soleleitungsweg (kann umgangen werden) – meistens durchgehend geräumt. |
| **Weg** | Asphalt und Kies |
| **Ausgangspunkt** | Parkplatz Salzbergwerk (gebührenpflichtig) |
| **Anfahrt** | A10, Abfahrt Salzburg Süd, dann auf der B160 beziehungsweise B305 nach Berchtesgaden zum Parkplatz des Salzbergwerkes, bald nach der Ortseinfahrt rechts.<br>**Öffis:** Bus 840 ab Salzburg Hbf. (Engelbert-Weiß-Weg) bis Haltestelle Watzmanntherme. |
| **Gastronomie** | in Berchtesgaden |
| **Info** | www.berchtesgaden.de |

### Vom Salz zur Schanze

Die wetterfeste Runde um den Kälberstein (786 m) zeigt Berchtesgaden von vielen Seiten: Dazu gehören das historische Zentrum, der einzigartige Soleleitungsweg, das Skisprungzentrum und eine kolossale Landschaft. Den

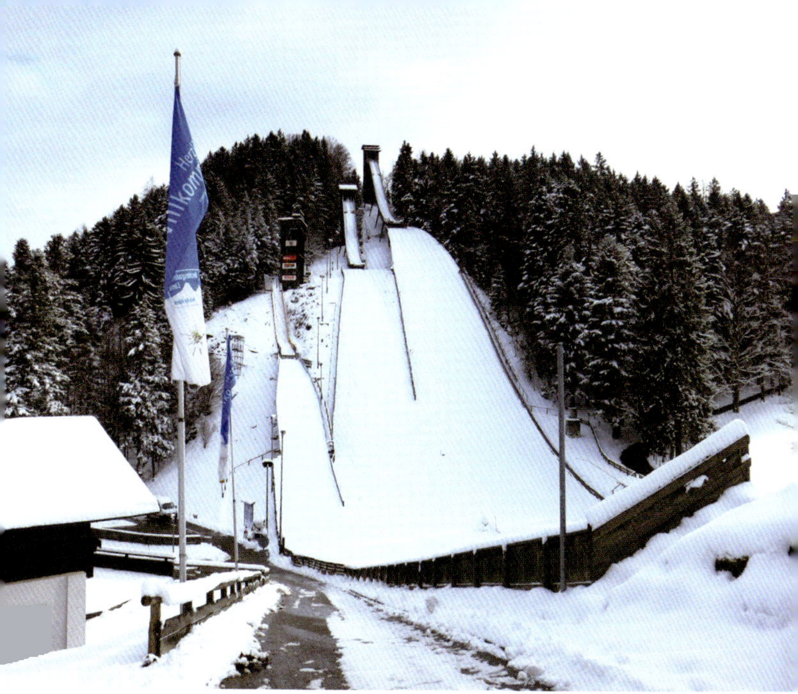

Am Kälberstein stehen drei unterschiedlich große Schanzen zur Auswahl.

besten Überblick eröffnet der Soleleitungsweg, der über den Dächern der Stadt die Felswände quert. Das faszinierende Bauwerk wurde im Jahr 1817 eröffnet und war dann 144 Jahre in Betrieb. Unterhalb der mächtigen, im Jahr 1760 errichteten Kalvarienbergkapelle ist noch ein historischer Stollen zu sehen, in dem auch hölzerne Salinenrohre untergebracht sind. Weniger bekannt als die touristisch genutzte Soleleitung ist die Rolle Berchtesgadens als Skisprungzentrum. Von Minischanzen für den Springernachwuchs bis zur Riesen-Schanze, auf der der Österreicher

Andi Goldberger als erster Athlet im Winter 1995 über 100 Meter sprang, stehen hier auf der Nordseite im Schatten des Kälbersteins mehrere Anlagen zur Auswahl.

## Die Route

Entweder vom gebührenpflichtigen Salzbergwerke-Parkplatz bergauf über die Salzburger Straße oder von der Bushaltestelle Watzmanntherme am Hofbrauhaus vorbei und beim Parkplatz steil treppaufwärts auf den Schlossplatz geht es mitten hinein in das alte Ortszentrum von Berchtesgaden. Das stattliche Gebäude auf der linken Seite war bis zur Säkularisation im Jahre 1803 das Chorherrenstift der Fürstpropstei und wurde nach dem damit verbundenen Ende der pröpstlichen Herrschaft 1818 zum königlichen Schloss der Wittelsbacher umgebaut (heute Museum, ganzjährig geöffnet). Unser Weg führt quer über den Schlossplatz und den anschließenden Marktplatz und zweigt vor dem Bier-Adam, der anscheinend ältesten Biergastwirtschaft im Berchtesgadener Land, zuerst nach rechts in das Lacknergäßchen und dann nach links in den Fürstensteinweg ab. Dieser führt hinauf zur exponierten Kalvarienbergkapelle und folgt nun dem luftigen Soleleitungsweg. Mit Sicht auf die evangelische Kirche und die königliche Villa führt der Steg am Felsen entlang und folgt dann der Straße zum Hotel Kronprinz. Hier geht es rechts bergauf, dann nach links entlang der Zwingerstraße Richtung Aschauerweiherbad. Dem Wegschild Aschauerweiherbad folgt die

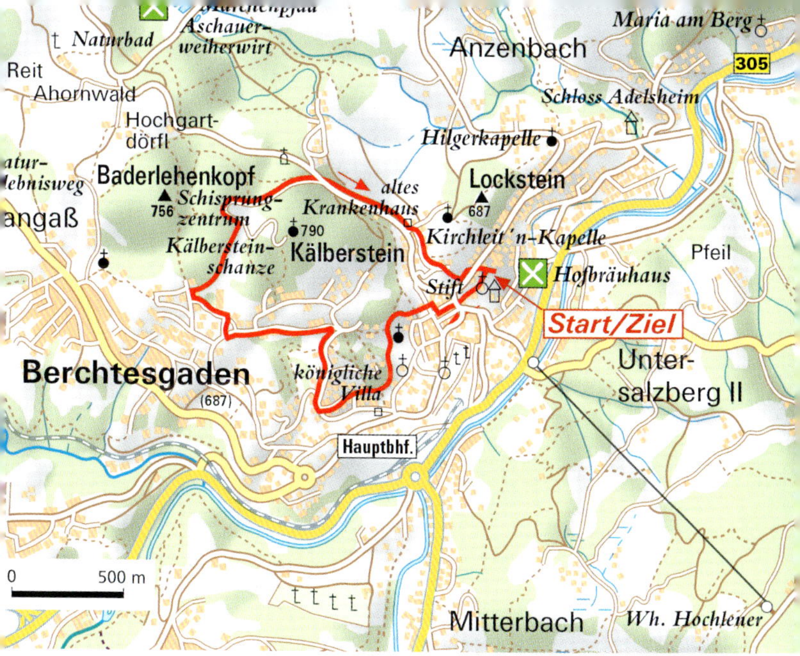


ständig bergwärts führende Route bis zum Skisprungzentrum Kälberstein. Von dort geht es auf der nach rechts abzweigenden Route 13 „Rund um den Kälberstein" weiter. Zunächst noch kühl und schattig, dann aber zunehmend aussichtsreicher, trifft die Route auf den Weinfeldweg, ein untrüglicher Hinweis auf eine stärkere Sonneneinstrahlung. Das auffallende spitzgiebelige Gebäude am Beginn des Weges ist das ehemalige Kranken- und Siechenhaus. Der Weinfeldweg führt in das historische Zentrum hinab – und damit schließt sich am Schlossplatz die interessante Rundwanderung.

## 24 Gerner (Gerer) Höhenweg

T1 • 2¼ Stunden • 6,5 Kilometer • 250 hm

| | |
|---|---|
| **Charakter** | landschaftlich großartige, dem Grabenverlauf Richtung Untersberg folgende Rundwanderung |
| **Beste Zeit** | Frühling bis Herbst |
| **Weg** | Asphalt und Schotter. Einige wenige, kurze, steilere Abschnitte. |
| **Ausgangspunkt** | Maria Gern, Parkplätze unterhalb der Kirche. |
| **Anfahrt** | A10, Abfahrt Salzburg Süd. Auf der B160 und der B305 nach Berchtesgaden. Kurz nach dem Ortsanfang gegenüber dem Salzbergwerk nach rechts Richtung Maria Gern abzweigen. Zwei Parkplätze nach 1,5 km unterhalb der Kirche Maria Gern. **Öffis:** Bus 840 ab Salzburg Hbf. (Engelbert-Weiß-Weg) bis Haltestelle Berchtesgaden Salzbergwerk, dann mit Bus 837 bis Maria Gern. |
| **Gastronomie** | Gasthaus Maria Gern, Tel. +49 (0)8652 3440, www.mariagern.de; Gaststätte Café Bachgütl, Tel. +49 (0)8652 3486 |
| **Info** | www.berchtesgaden.de |

### Die Wallfahrtskirche Maria Gern und die Künstler

Am Beginn der Rundwanderung steht die barocke Kirche Maria Gern, am Wendepunkt des Gerner Höhenweges

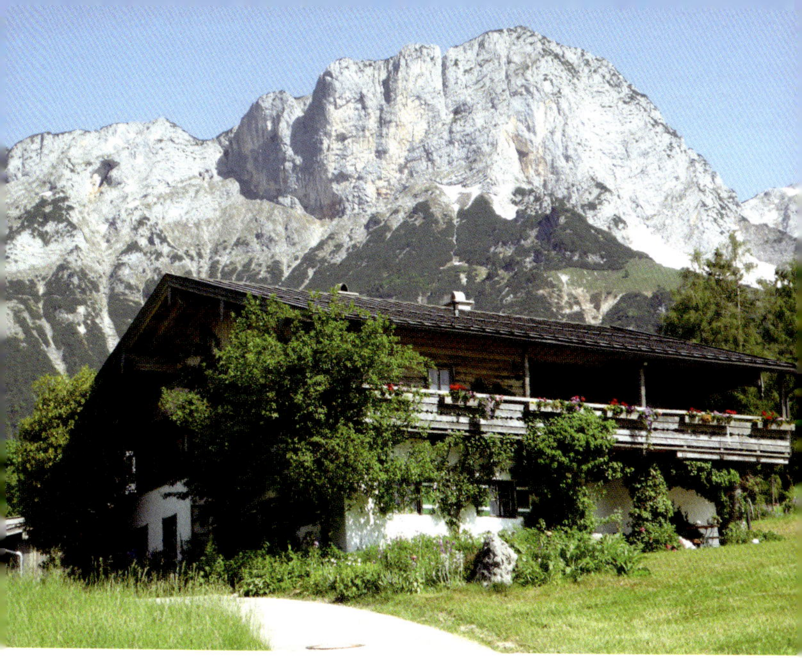

Das Untersberglehen.

treffen wir beim Untersberglehen auf die Kunstwerke der Keramikerin Rita Schumacher. So verschieden die beiden Plätze auch sind, so gibt es doch zwischen ihnen verblüffende Gemeinsamkeiten. Da wie dort geht es um ein Gesamtkunstwerk. In der barocken Formensprache der Kirche Maria Gern fließen alle künstlerischen Gattungen ineinander, um letztendlich die göttliche Herrlichkeit zu unterstreichen. Architektur, Malerei, Bildhauerei und Ornamentik stehen dabei bewusst in Beziehung zueinander. Das Lichtspiel der Kirchenfenster ist nicht dem Zufall überlassen, und auch das scheinbar chaotische Wirrwarr an

der Decke aus Pflanzen, Gefäßen, Bändern und Fabelwesen sowie einer Heerschar von 50 Putti hat ein Ziel: Vor den Augen des Besuchers wird der Himmel in die Kirche geholt.
Wer nun eine Gehstunde entfernt im strahlenden Sonnenschein vor dem Untersberglehen der Keramikerin Rita Schumacher steht, wird sich an dem gebotenen Farben-, Formen- und Blütenreichtum ebenfalls nicht sattsehen können. Der Garten, das Haus, die Töpferwaren und der Untersberg im Hintergrund bilden ein wahres Gesamtkunstwerk. Die kleinen Details, wie etwa die blau bemalten Blumenkugeln oder die kleinen Keramik-Vögel, die so lebendig wirken, als ob sie jeden Moment davonfliegen könnten, gehören genauso dazu wie die Künstlerin selbst, die am Tischlein vor ihrer Werkstatt arbeitet. Die blau gehaltenen, fein gemalten bäuerlichen Muster auf weißem Steinzeug sind das unverkennbare Markenzeichen ihrer Werke. Rita Schumacher ist hier im Bergbauernhof vor dem Untersberg aufgewachsen, nach längeren Aufenthalten an vielen anderen Orten ist sie wieder an diesen ganz besonderen Platz zurückgekehrt und beschenkt die Besucher mit ihren zahlreichen Begabungen.

## Die Route

Am Ausgangspunkt in Maria Gern wartet mit der berühmten Wallfahrtskirche schon der erste Höhepunkt. Nach dem Blick in das Kircheninnere, in deren Zentrum natürlich die

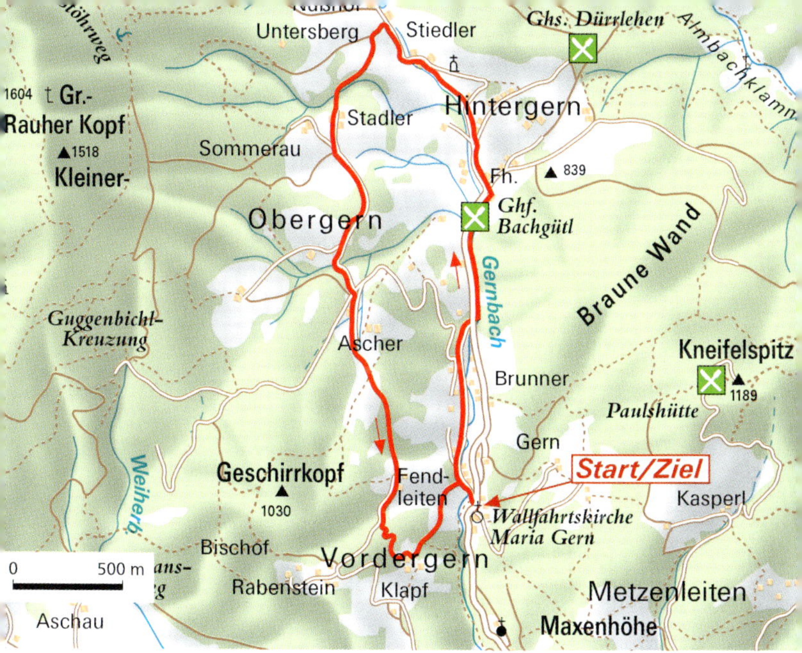


Mariendarstellung über dem Hochaltar steht, geht es allerdings wieder einige Schritte grabenabwärts. Hier stehen noch weitere Parkplätze zur Verfügung. Unsere Route folgt am Gernbach entlang dem mäßig ansteigenden Klammweg – dabei wird bald erkennbar, dass der Name zu Recht so gewählt wurde. Nach der Verengung wird das Gelände aber bald wieder weiter und lichter. Das Gasthaus Bachgütl ist ein nostalgischer Ort, in dem es auch heute noch, wie zur Hochblüte des Wandertourismus, Bergsteigerproviant zu kaufen gibt. Das alte Hinweisschild hängt wie eh und je über dem Geschäftseingang, aber mittlerweile stapeln sich neben der obligaten Landjägerwurst auch trendige Dosengetränke, die auf der weiteren Route Flügel verleihen. Allzu

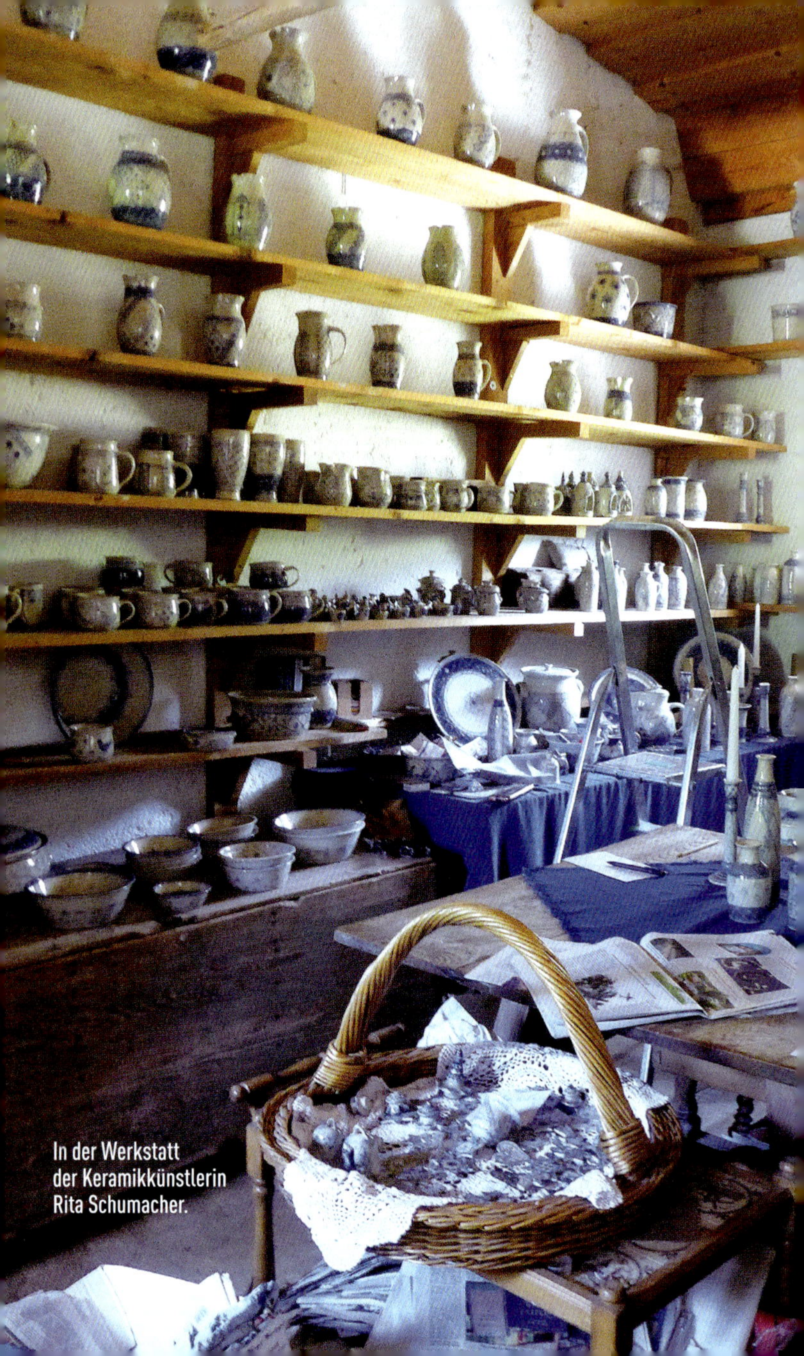

In der Werkstatt
der Keramikkünstlerin
Rita Schumacher.

weit in den Talschluss dauert der Weg aber nicht mehr, bei der nächsten Gabelung, bald nach der malerischen Kapelle, zweigt der Weg nach links ab. Beinahe am Ende der steilen Zufahrt (Untersbergweg) lenkt das Haus der Töpfermeisterin Rita Schumacher die Blicke auf sich. Der prachtvolle Blumengarten wetteifert mit den fantasievollen Keramiken, die wie zufällig im Blütenmeer, auf den Fenstersimsen oder auf den Stufen postiert sind. Oft sitzt die Künstlerin mitten in ihrem kleinen Paradies vor dem Verkaufsraum und modelliert ihre neuesten Kreationen.
Die Richtung „Maria Gern über den Gerner Höhenweg" zweigt nach links auf den Wiesenpfad ab und führt an einem Lamagehege entlang in den Wald. Vorübergehend wird der Weg etwas steiler, aber schon beim folgenden Hof, dem höchsten Punkt der Runde (950 m), beginnt wieder eine bequeme Zufahrt, der wir 1,2 Kilometer bis zum friedlichen Ascherlehen folgen. Der letzte Teil des Gerner Höhenweges führt durch den Wald und zweigt beim nächsten Hof nach links ab. Die Wallfahrtskirche Maria Gern auf der anderen Grabenseite wird bald sichtbar, ein besonders schöner Anblick ergibt sich wenig später vom liebevoll arrangierten Hof Fendleiten aus, der beinahe vis-à-vis der Kirche in steiler Hanglage errichtet wurde. Von einer gänzlich unaufgeregten Hühnerschar beobachtet, geht es an den besten Eiablageplätzen vorbei hinab zur Hofzufahrt und entlang dieser zum Parkplatz bei Maria Gern retour.

# 25 Marxenhöhe

T1 • 2 Stunden • 6 Kilometer • 300 hm

| | |
|---|---|
| **Charakter** | weniger bekannte, teils sonnige, teils bewaldete Runde zu einem romantischen Aussichtsort über dem Berchtesgadener Becken. |
| **Beste Zeit** | Frühling bis Herbst |
| **Weg** | Zufahrtswege (Asphalt) und Kies |
| **Ausgangspunkt** | Parkplatz Salzbergwerk (gebührenpflichtig) |
| **Anfahrt** | A 10, Abfahrt Salzburg Süd, über St. Leonhard Richtung Berchtesgaden bis zur Abzweigung Maria Gern am Ortsbeginn von Berchtesgaden. Links befindet sich der Parkplatz Salzbergwerk. **Öffis:** Bus 840 ab Salzburg Hbf. (Engelbert-Weiß-Weg) bis Berchtesgaden Salzbergwerk. |
| **Gastronomie** | Gasthaus Maria Gern, Kirchplatz 3, Tel. +49 (0)8652 3440, www.mariagern.de |
| **Info** | www.berchtesgaden.de |

## Stille Orte um Maria Gern

Die sanfte Marxenhöhe (825 m) ist eine kaum auffallende, locker bewaldete Kuppe, die ein nettes Alternativziel zur stets gut besuchten Kneifelspitze (1 189 m) im Hintergrund sein kann. Zwar gibt es keine Einkehrmöglichkeit und es fehlt nach dem strengen und schadensreichen

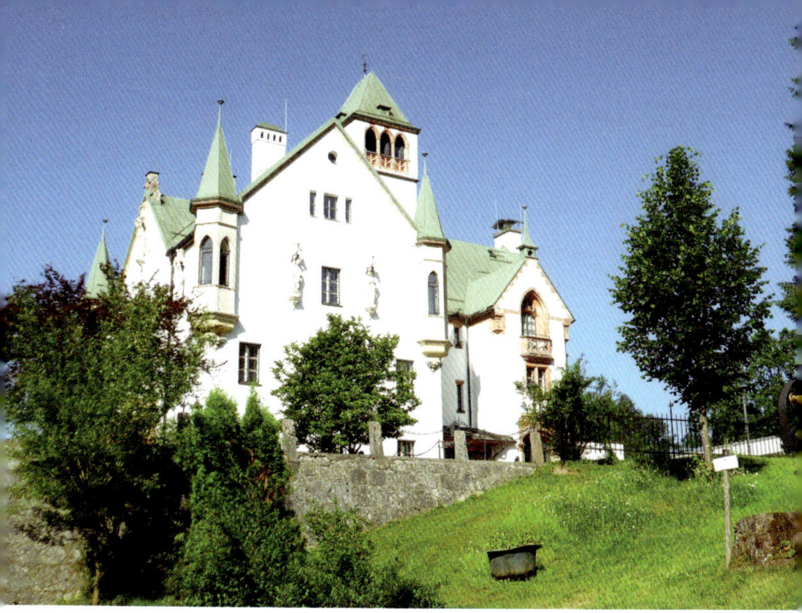

Die Villa Alpenruhe am Metzenleitenweg war das Landhaus der Prinzessin Mathilde von Waldenburg.

Winter 2018/2019 auch die bisherige Hauptattraktion, die Marxen-Hutschn, aber die großartige Aussicht verleiht auch ohne Hilfsmittel beinahe Flügel. Vielleicht findet sich ja doch wieder ein geeigneter Baum, der die handgefertigte Spezialschaukel sicher durch die Jahreszeiten trägt. Die stabile Kiefer, auf der die legendäre Marxen-Hutschn befestigt war, hat den katastrophalen Holzbruch in der Region jedenfalls nicht überstanden.

Dafür steht die wunderbare Wallfahrtskirche Maria Gern wie seit Jahrhunderten an ihrem angestammten Platz. Allerdings wurde sie wegen der ständig steigenden Pilgerströme im Jahr 1709 anstelle der vorhandenen kleinen Kapelle neu erbaut. Die malerische Wallfahrtskirche ist der weitere Höhepunkt auf dieser schönen Runde abseits der Hauptwege. Strahlender Mittelpunkt in der Kirche ist natürlich die Madonnenfigur mit dem Jesuskind über dem Hochaltar, die je nach Anlass mit verschiedenen Barockgewändern bekleidet wird. Aber auch andere Details wie das schmiedeeiserne Gitter oder die barocke Krippe links neben dem Eingang sind kleine Meisterwerke.

## Die Route

Der Ausgangspunkt für die Wanderung auf die Marxenhöhe ist der gebührenpflichtige Parkplatz Salzbergwerk an der nördlichen Ortseinfahrt von Berchtesgaden (Abzweigung Maria Gern). Etwa 150 Meter geht es entlang der bergauf führenden Salzburger Straße, dann zweigt der angeschriebene Weg 17a Marxenhöhe nach rechts in den Metzenleitenweg ab. Dieser sonnigen Zufahrt folgen wir einen Kilometer bis zur Abzweigung des Weges 17a nach links. Der steile Wirtschaftsweg führt durch einen schönen Wald zu einer Weggabelung. Rechts ist die Kneifelspitze angeschrieben, unser Weg aber verläuft kurzzeitig ohne Markierung nach links zum Hof Marxen und quert dann den Südhang hinüber zur Abzweigung Marxenhöhe. Nach dem aussichtsreichen, 10-minütigen Abstecher zur Marxenhöhe geht es das kurze Stück wieder auf der gleichen Strecke retour, danach führt der Waldweg 18a in einer knappen

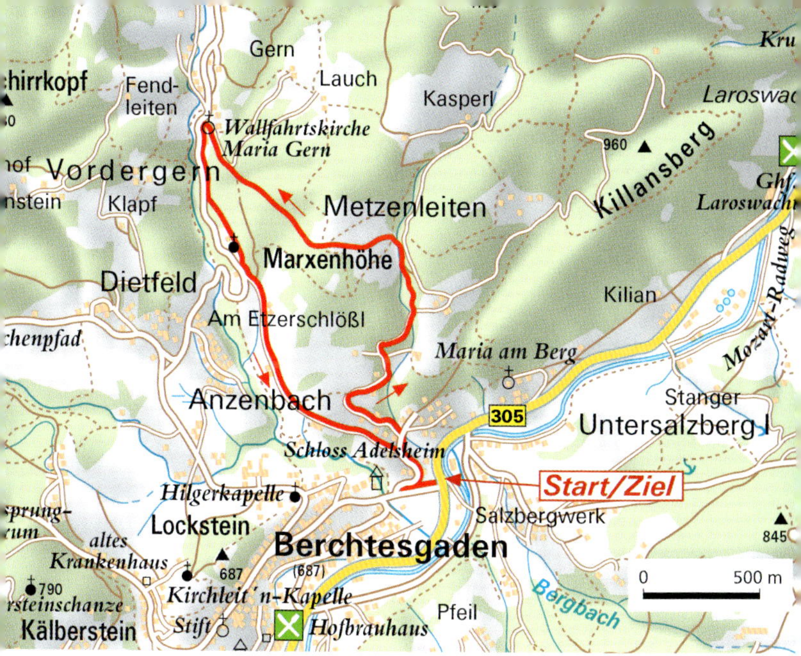


halben Stunde zur Wallfahrtskirche Maria Gern weiter. Für den Abstieg bieten sich ganz nach Lust und Wegverhältnissen drei Möglichkeiten an: die am wenigsten attraktive, aber bei Schnee und Eis vielleicht doch brauchbare Variante folgt dem Zufahrtsweg (Gerner Straße), die Sommervariante zweigt von der Straße nach einigen Metern nach rechts in die kühle Klamm ab, und die angenehmste Route verläuft schon kurz nach der Kirche Richtung Schablweg auf den Gehweg nach links. Die Varianten Klammsteig und Straße münden dann links abzweigend ebenfalls in den Schablweg ein, der nach einem Kilometer auf den Metzenleitweg trifft. Der letzte kurze Abschnitt retour zum Parkplatz folgt der bereits bekannten Route.

# 26 Berchtesgadener Hochthron von Hintergern

T2 • 4 Stunden (Anstieg) • 7,5 Kilometer • 1 250 hm

| | |
|---|---|
| **Charakter** | sehr attraktiver, sonnseitiger Anstieg mit einem steilen Mittelstück. |
| **Beste Zeit** | Frühsommer bis Herbst |
| **Weg** | Kieswege und Steige |
| **Ausgangspunkt** | letzter Wanderparkplatz in Hintergern |
| **Anfahrt** | A10, Abfahrt Salzburg Süd, auf B160 und B305 weiter nach Berchtesgaden. Gegenüber Salzbergwerk nach rechts Richtung Maria Gern abzweigen. An der Wallfahrtskirche vorbei noch 1,5 km in den Talschluss auf den letzten Parkplatz vor dem Fahrverbot.<br>**Öffis:** Bus 840 ab Salzburg Hbf. (Engelbert-Weiß-Weg) bis Haltestelle Berchtesgaden Salzbergwerk, dann mit Bus 837 bis Berchtesgaden Hintergern. |
| **Gastronomie** | Stöhrhaus, Tel. +49 (0)8652 7233, www.stoehrhaus.de |
| **Info** | www.berchtesgaden.de |

## Das Stöhrhaus am Berchtesgadener Hochthron

Auf den Berchtesgadener Hochthron (1972 m), den höchsten Gipfel im gesamten Untersbergmassiv, führen mehrere Anstiege. Am kürzesten, aber vielleicht auch am attraktivsten ist die Route vom Ausgangspunkt Hintergern.

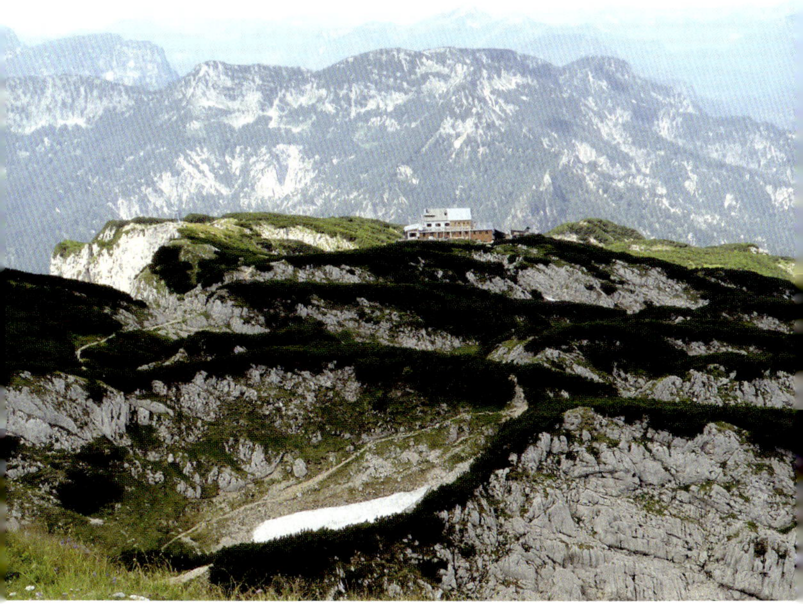

Das Stöhrhaus, vom Berchtesgadener Hochthron aus gesehen.

Der Weg ist sowohl in landschaftlicher als auch in botanischer Hinsicht überaus abwechslungsreich. Nur der kurze Abschnitt zwischen der Talstation der Materialseilbahn und dem Punkt „Gatterl“ ist steil und erfordert erhöhte Achtsamkeit.

Ein Glücksfall für die Gipfelbesteigung ist das Stöhrhaus, keine halbe Stunde unterhalb des höchsten Punktes. Benannt ist das Schutzhaus nach Kommerzienrat Paul Rudolf Eduard Stöhr (1846–1928), einem Textilunternehmer aus dem thüringischen Eisenach, der im Jahr 1896 den Bau eines Unterkunftshauses auf dem Untersberg anregte und dafür auch gleich 6000 Mark beisteuerte. Die Baugenehmigung wurde kurz darauf durch seine königliche Hoheit Prinz Luitpold erteilt, der ja ebenfalls stark mit Berchtesgaden verbunden war. Das Haus wurde nach dreijähriger Bauzeit am 23. Juni 1901 eröffnet. Noch zwei Jahre länger dauerte die Errichtung des Stöhr-Reitweges, der zudem Kosten in der Höhe von 16000 Mark verursachte. Auch dabei erwies sich der Wohltäter Stöhr als großzügiger Mäzen, zum Dank wurden Hütte und Weg nach ihm benannt. Der Zweite Weltkrieg brachte einen Einschnitt in die friedliche Nutzung, denn ab 1939 besetzte die Flugwache das Haus. Das unbeschreibliche Chaos nach 1945 konnte rasch beseitigt werden, und bereits zwei Jahre später, im Jahr 1947, übernachteten knapp 4000 Bergsteiger in der Hütte. Dieser absolute Übernachtungsrekord zeigt wohl auch die große Sehnsucht nach geordneten und friedlichen Verhältnissen. In jüngster Zeit wurde die Hütte mit großem Aufwand auf den aktuellsten Umweltstandard und Komfort gebracht. Den Besuchern stehen nun bei Bedarf 59 Übernachtungsplätze und dazu eine weitum gerühmte Hüttenküche auf sprichwörtlich höchstem Niveau (1894 m) zur Verfügung.

## Die Route

Von der letzten Parkmöglichkeit an der Untersbergstraße in Hintergern führt der markierte Weg 417 zunächst noch entlang der steilen Zufahrt zu den oberhalb, wunderschön sonnig gelegenen Höfen. Der breite und bequem angelegte

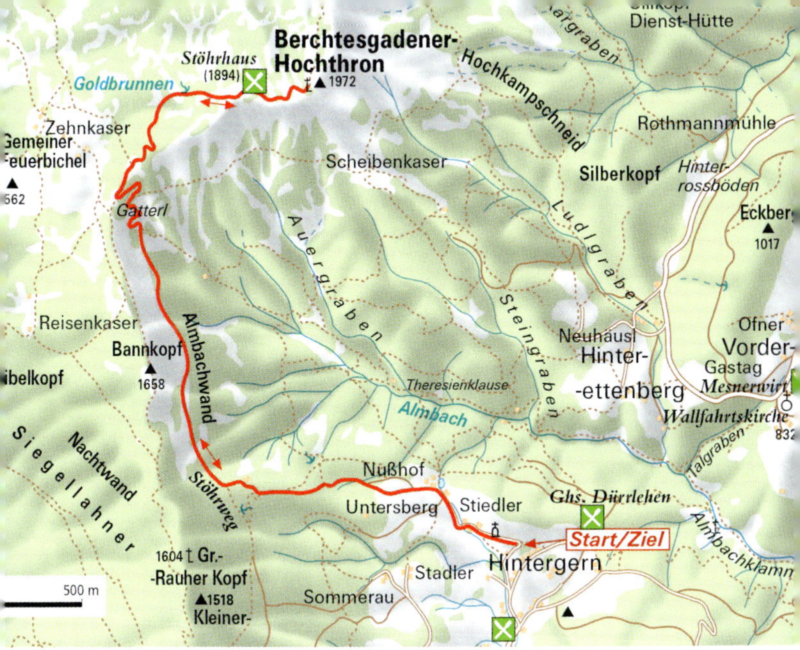


Weg 417 zweigt westwärts nach links ab, durchquert den Wald und trifft knapp über 1 300 Meter Seehöhe nach insgesamt eineinviertel Stunden Gehzeit auf den Stöhrweg. Rechts abzweigend geht es bis zur Talstation der Materialseilbahn eineinhalb Kilometer noch recht sanft ansteigend dahin, danach aber beginnt ein steiler Pfad, der in vielen Kehren durch das südseitige Kar bergwärts führt. Das Ende der schweißtreibenden Durststrecke markiert das „Leiterl", auch „Gatterl" genannt, auf jeden Fall ist beides zutreffend. Nach der Steilstufe breitet sich angenehmes Weidegelände aus, und der Weg verzweigt sich: Nach links geht es über den Reisenkaser nach Winkl hinab, in die Gegenrichtung nach rechts (NO) führt der Anstieg in einer halben Stunde

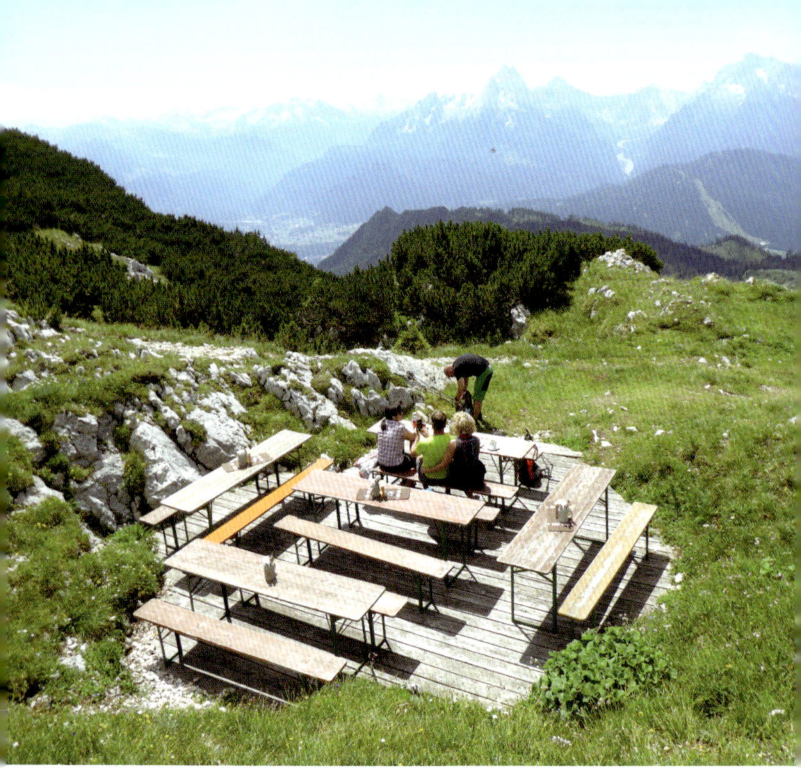

Die aussichtsreiche Terrasse gehört zum Stöhrhaus.

zum Stöhrhaus (1894 m) weiter. In den Rasenbereichen zwischen den Latschen lassen sich einige botanische Kostbarkeiten entdecken, wie Trollblume, Meisterwurz oder der Punktierte Enzian (Gentiana punctata) – und sogar der seltene Ostalpenenzian. Für Freunde ausgefallener Wege ist vielleicht der versteckte Dolinen-Einstieg unterhalb der Schutzhütte interessant, der über eine kurze Eisenleiter in das imposante Mittagsloch führt. Dabei handelt es sich um eine Riesendoline, die sich nach dem schmalen Einstieg hallenartig erweitert. Der sehr anspruchsvolle Steig führt nach dem Dolinen-Durchgang entlang der Südwand Richtung Scheibenkaser weiter. Wesentlich einfacher ist der letzte, teils über Graspolster verlaufende, knapp halbstündige Abschnitt vom Stöhrhaus auf den Berchtesgadener Hochthron. Von diesem höchsten Punkt am Untersberg eröffnet sich ein traumhafter Blick auf die Berchtesgadener Alpen. Der Rückweg folgt dem Anstieg.

Das Stöhrhaus nach seiner Fertigstellung im Jahr 1901.

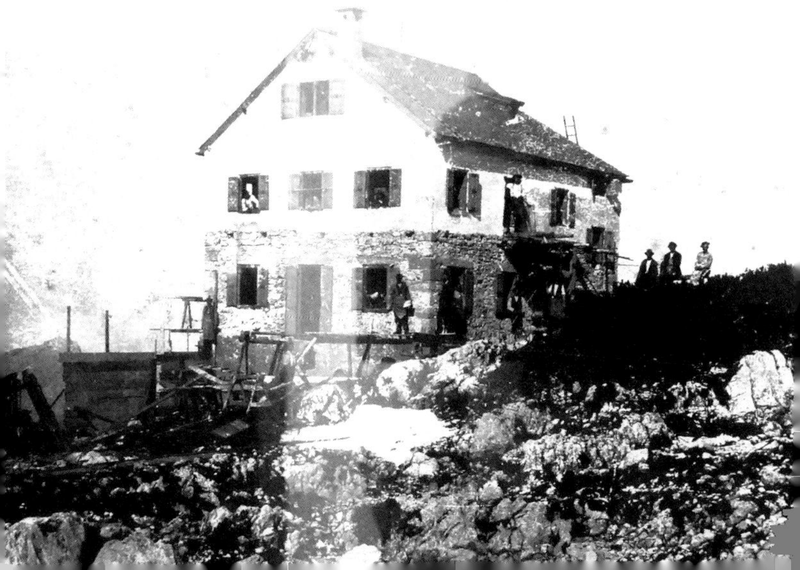

# 27 Rauher Kopf von Hintergern

T4 • 4,5–5 Stunden • 13 Kilometer • 1 050 hm

| | |
|---|---|
| **Charakter** | imposante, aussichtsreiche Rundtour, die zwischen den Punkten Gatterl, Rauher Kopf und Stöhrweg auf den teils unmarkierten Steigen eine gute Orientierungsfähigkeit, Trittsicherheit und Schwindelfreiheit erfordert. |
| **Beste Zeit** | Sommer, Herbst |
| **Weg** | großteils Steige, mit leichten Kletterstellen |
| **Ausgangspunkt** | letzter Wanderparkplatz in Hintergern, Untersbergweg. |
| **Anfahrt** | A10, Abfahrt Salzburg Süd, weiter auf B160 und B305 nach Berchtesgaden. Gegenüber Salzbergwerk nach rechts Richtung Maria Gern abzweigen. An der Wallfahrtskirche vorbei noch 1,5 km in den Talschluss, auf dem Untersbergweg zum letzten Parkplatz vor dem Fahrverbot.<br>**Öffis:** Bus 840 ab Salzburg Hbf. (Engelbert-Weiß-Weg) bis Haltestelle Berchtesgaden Salzbergwerk, dann mit Bus 837 bis Berchtesgaden Hintergern. |
| **Gastronomie** | Gasthof Dürrlehen in Hintergern (liegt nicht direkt am Weg), Tel. +49 (0)8652 3473, www.duerrlehen.de |
| **Info** | www.berchtesgaden.de |

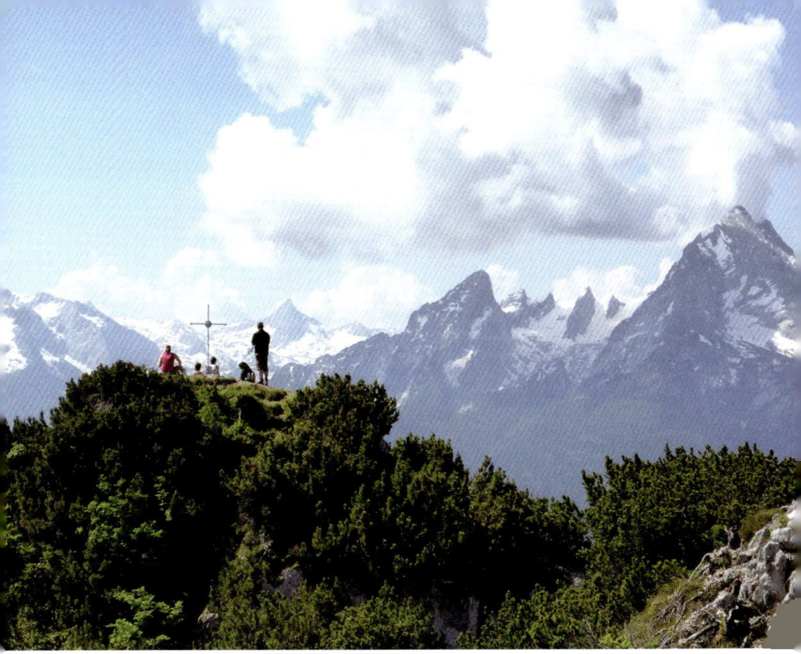

Der Rauhe Kopf bietet seinen Besuchern wenig Platz, aber viel Aussicht.

## Der Rauhe Kopf und das europäische Navigationssystem Galileo

Der Dalai Lama bezeichnete den Untersberg als Herz-Chakra Europas, für andere wiederum ist der Berg ein Kraftort mit direkter Verbindung zum Uluru/Ayers Rock, dem Herz Australiens. In der Tat befindet sich am Rauhen Kopf an einem recht unerwarteten Ort unweit des höchsten Punktes ein seltsam anmutender, mit Antennen versehener Metallcontainer mit den besten Verbindungen in die Tiefen des Weltalls. Dieser Behälter ist zusammen mit ursprünglich acht anderen Stationen ein Teil des „GATE“

genannten Testprogramms, das auf Berggipfeln rund um Berchtesgaden installiert wurde, um das europäische Navigationssystem Galileo auf eventuelle Schwächen hin zu überprüfen. Während sich also das Signal vom Rauhen Kopf aus seinen Weg in das Weltall sucht, kraxeln wir an der Metallkiste vorbei in die Gegenrichtung und sind mit gesenktem Blick bestrebt, den schmalen Steig in das Tal nicht aus den Augen zu verlieren. Bis das Navigationssystem Galileo dann tatsächlich zentimetergenaue Angaben machen kann, wird es noch etwas dauern.

## Die Route

Der Ausgangspunkt der langen und anspruchsvollen Rundwanderung über den Rauhen Kopf (1 604 m) ist der letzte Wanderparkplatz am Untersbergweg in Hintergern. Entlang der steilen Zufahrt geht es dem Schild „Störhaus Weg 410/417" folgend in Richtung der letzten Höfe. In einem der schönsten und ältesten Gebäude, dem Untersberglehen, ist die Töpferei Schumacher untergebracht und genau hier, vor dem blühenden Garten mit den vielen, charakteristisch weiß-blau bemalten Keramikwaren, zweigt der Weg nach links ab. Wenig später gabeln sich die Pfade erneut: Nach links verläuft der Gerner Höhenweg, unser Weg aber folgt der Richtung Stöhrhaus durch das Holzgatter nach rechts. Der Steig führt entlang einer Baumreihe in den Wald, trifft dann 200 steile Höhenmeter weiter oberhalb auf eine gefasste Quelle und mündet

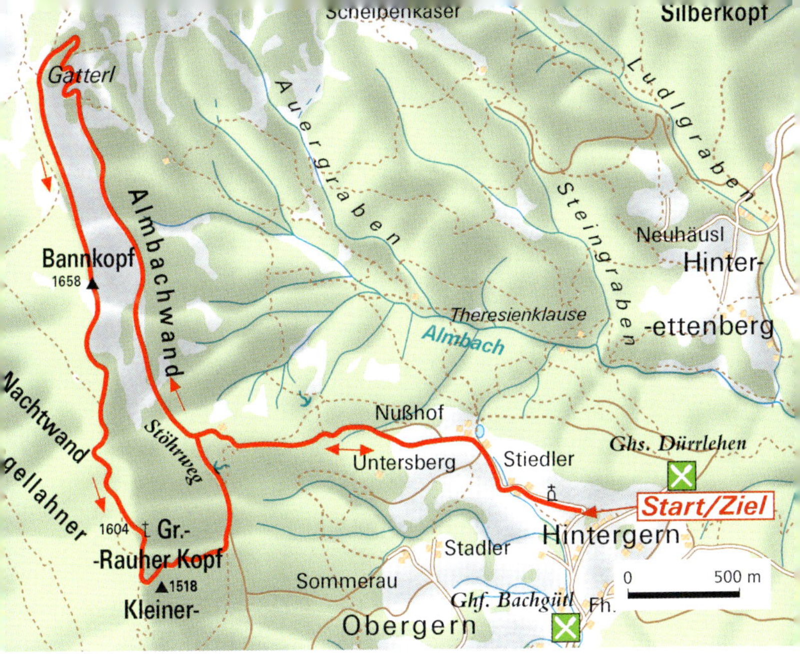


wenig später nach rechts in den Stöhrweg ein, der von Bischofswiesen heraufkommt. Über eineinhalb Kilometer verläuft der breite Weg nun mäßig ansteigend zur Talstation der Materialseilbahn auf das Stöhrhaus. Der gemütliche Weg geht dann bald in einen sehr steilen Abschnitt über, der in vielen schweißtreibenden Kehren zum „Gatterl" (1 602 m) hinaufführt.

Von diesem Wegeknotenpunkt im Sattel wandern wir linker Hand über den Almboden 200 Meter abwärts, folgen dann aber nicht dem Weg 464 weiter nach Winkl, sondern zweigen auf den in den Wald führenden, unmarkierten Pfad ab. Der Weg ist zu Beginn nicht immer gut erkennbar, führt aber konstant auf der rechten, westlichen

Kammseite entlang. Manchmal sind auch einige rote Markierungen zu sehen. Der Weidezaun, der nach einer knappen halben Stunde überschritten wird, läutet einen neuen, erheblich anspruchsvolleren Streckenabschnitt ein, der dafür aber eindeutig erkennbar ist. Nun dominieren schmale Latschengassen, die sich über den wild gezackten Gratverlauf immer in südlicher Richtung hinziehen und den Rauhen Kopf als höchsten Punkt anpeilen. Dieser Abschnitt (Schwierigkeit I und II, das heißt Schwindelfreiheit und Einsatz von Händen sind nötig) erfordert besondere

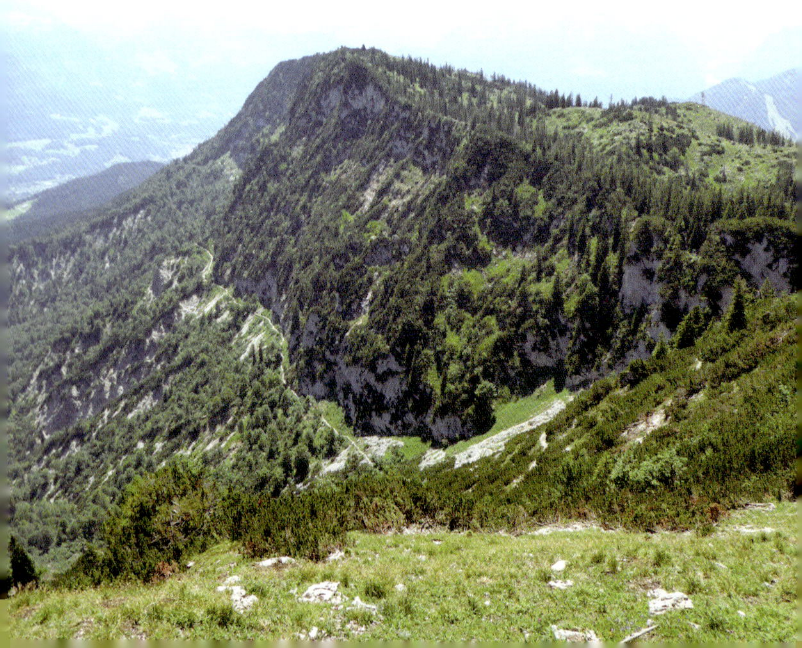

Aufmerksamkeit und auch alpines Können. Im steilsten Teil ist ein Drahtseil angebracht.

Der markierte und besser gesicherte Abstieg vom unerhört aussichtsreichen Rauhen Kopf folgt auch weiterhin dem felsigen Kammverlauf Richtung Süden. Nach einigen Abstiegsmetern taucht ganz unerwartet eine Sendestation auf, die zum GATE genannten europäischen Satelliten-Navigationssystem Galileo gehört. Nach 20 Minuten, in einer markanten Einsattelung, zweigt der markierte Weg 467 Richtung Bischofswiesen nach rechts ab, unsere Route aber folgt dem unmarkierten Steig nach links, der durch das steile Waldgelände auf den knapp 200 Höhenmeter unterhalb verlaufenden Stöhrweg trifft. Nach links abzweigend wandern wir auf diesem noch einmal 100 Höhenmeter bergauf, bis dann wieder jener Punkt erreicht ist, an dem es nach rechts zur Kaltwasser-Quelle hinab geht. Die Erfrischung ist bestimmt sehr willkommen, bevor die lange Runde am Keramikhof Untersberglehen vorbei in Hintergern endet.

Über den Kamm oberhalb der Almbachwand führt der Steig auf den Rauhen Kopf.

# 28 Berchtesgadener Stollenweg

T1 • 2 Stunden • 6,5 Kilometer • 220 hm

| | |
|---|---|
| **Charakter** | interessante, schattseitige Rundwanderung, die auf historischen Wegen des einstigen Salzbergbaus verläuft und auch einige Stollen durchquert. |
| **Beste Zeit** | gut geeignet für heiße Sommertage, da die Strecke zur Hälfte durch den kühlen Bergwald verläuft. |
| **Weg** | Kies, wenig Asphalt |
| **Ausgangspunkt** | Parkplatz Salzbergwerk (gebührenpflichtig). |
| **Anfahrt** | A10, Abfahrt Salzburg Süd, auf der B160 zum Grenzübergang Hangenden Stein in Grödig-St.Leonhard und weiter auf der B305 Richtung Berchtesgaden. Am nördlichen Ortsanfang befindet sich rechts der Parkplatz der Salzbergwerke. **Öffis:** Bus 840 ab Salzburg Hbf. (Engelbert-Weiß-Weg) bis Berchtesgaden Salzbergwerk |
| **Gastronomie** | Gasthaus Reichenbach beim Bergwerk, Tel. +49 (0)8652 6559-872, www.salzbergwerk.de; Gasthaus Laroswacht, Tel. +49 (0)8652 2539, www.gasthaus-laroswacht.de |
| **Info** | www.salzbergwerk.de, www.berchtesgaden.de |

### Berchtesgaden von oben und von innen

Die Wanderung hoch über dem Tal zwischen Berchtesgaden und Unterau trifft auf besonders viele Zeugen aus

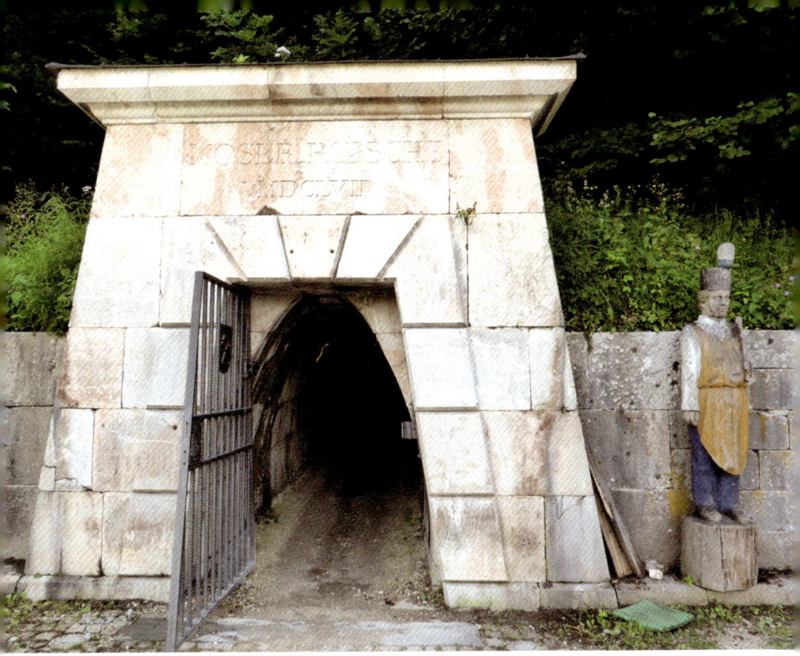

Der Eingang in die 105 Meter lange Moserrösche.

der Geschichte des Salzbergwerkes. Der augenfälligste Teil kommt gleich zu Beginn mit dem Besuchermagneten Salzbergwerk: Für den Gang ins Berginnere sollte man sich etwas Zeit und warme Sachen mitnehmen, denn die Temperatur hat konstante 12 °C und die interessante Führung dauert eine Stunde. Aber auch die nordseitige, waldreiche Wanderung ist eher eine kühle Angelegenheit und daher bestens geeignet für heißes Sommerwetter. Zusätzlich führen die Wege noch dazu durch stillgelegte Stollen, die sich gerade noch aufrecht und ohne Taschenlampe durchqueren lassen. Empfehlenswert ist ein Zusatzlicht aber trotzdem.

Gleich der erste Stollen, die 105 Meter lange Moserrösche, entführt die Besucher in komplizierte geologische Gegebenheiten. Als Rösche werden im Bergbau tunnelartige Bauwerke bezeichnet. Das Gestein selbst ist relativ junger Konglomerat, der nach dem Abschmelzen der Gletscher am Ende der letzten Eiszeit vor etwa 10000 Jahren als 10 bis 15 Meter tiefer Moränenwall übrigblieb. Als Moränen werden die Ablagerungen von Gesteinsschutt bezeichnet, die der fließende Gletscherstrom mitführt und aufhäuft. Wie man im Stollen gut erkennen kann, besteht die Moräne aus dicht gelagertem, unterschiedlich großem Lockergestein. Durch die dabei mitgeführten, hauptsächlichen Gesteinsarten Kalk und Dolomit eignet sich der so entstandene Konglomerat auch sehr gut als Baustoff. Das im Berg darunterliegende Salz aber entstand schon vor rund 250 Millionen Jahren in einer Zeit, als alle Erdteile noch in einer großen Landmasse vereint waren. Durch die Kontinentalverschiebung wurden die Salzlagerstätten, das sogenannte Haselgebirge, vom ursprünglichen Platz in der Nähe des Äquators hierher verfrachtet.

## Die Route

Von der großen Parkfläche beim Salzbergwerk geht es zunächst zu den Bergwerksgebäuden, die sich unübersehbar auf der gegenüberliegenden Straßen- und Flussseite befinden. Dort führt unsere, mit „Rundweg" angeschriebene Route vor dem Café auf die Dachterrasse des bergseitigen

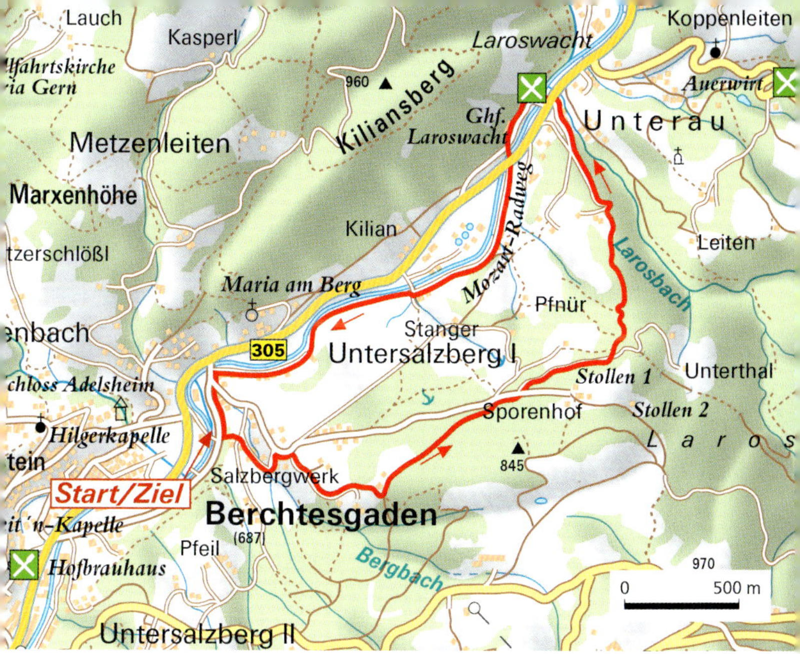


Gebäudes. An überdimensionalen Salzkristall-Modellen vorbei verläuft der Weg über einige Stufen direkt zum Moserrösche-Stolleneingang. Im Inneren des beleuchteten Durchgangs warten weitere interessante Erläuterungen über den Salzbergbau, auf der anderen Stollenseite empfängt uns dann auf der rechten Seite der Frauenbergstadel, in dem das hochwertige Steinsalz für das Vieh gelagert wurde. Außerdem beginnt im Stadel mit dem im Jahr 1559 angeschlagenen Frauenbergstollen der zweitälteste Zugang zu den Berchtesgadener Salzlagerstätten.

Der Weg zweigt vor dem Stadel nach rechts ab und folgt nun am malerischen Neuhäusl vorbei dem gut beschilderten SalzAlpenSteig. In diesem Gebäude wurde am 30.

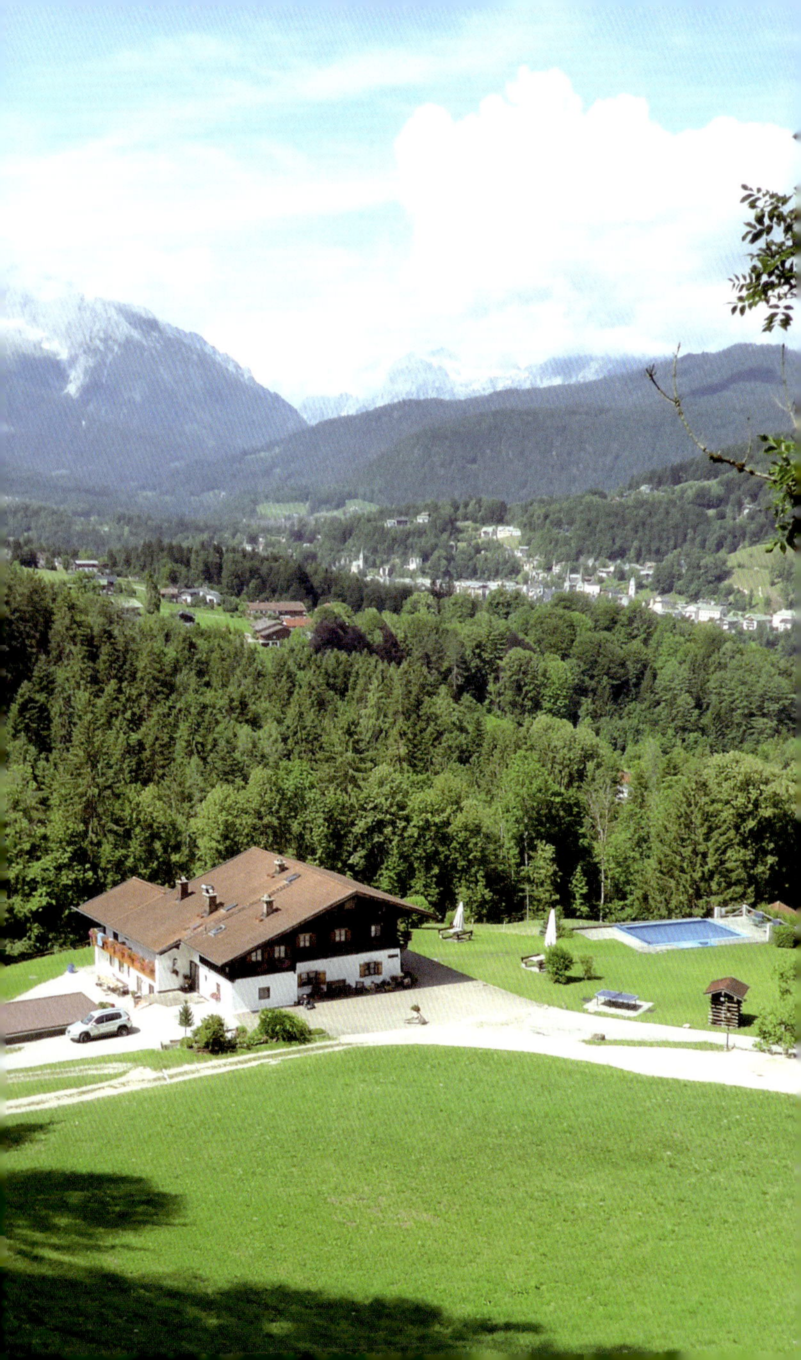

März 1849 Anton Metzenleitner, der spätere Abt Rupert III. der Benediktinerabtei Scheyern, als Sohn eines Bergarbeiters geboren. Bei einer Kreuzung bieten sich zwei Möglichkeiten an: Landschaftlich und vom Weg her attraktiver ist die rechts abzweigende Variante (Mieslötzweg) zur Mausbichl-Kapelle. Die Mausbichl-Kapelle, die ehemalige Hofkapelle des Mausbichl-Lehens, geht vermutlich bis in das 17. Jahrhundert zurück. Ihre jetzige Gestalt erhielt sie im Jahre 1736. Das Innere zieren eine filigrane, fein gearbeitete Madonna und darüber ein Bild, das die Krönung Mariens zeigt. An diesem besonders schönen Aussichts- und Entspannungsort ist beinahe der höchste Punkt erreicht, nun geht es nur mehr ganz leicht ansteigend auf dem nach links abzweigenden Weg 8 weiter. Nach eineinhalb zumeist schattigen Kilometern trifft der breite Waldweg auf eine Gabelung. Geradeaus führt der Pfad 8 nach Oberau, dem wir noch 120, bzw. 150 Meter bis zu den beiden Stollendurchgängen folgen. Wieder retour bei der Abzweigung geht es auf der steil talwärtsführenden Route 8a nach Unterau weiter. Am Campingplatz vorbei verläuft der Weg über die Allweggasse zur Bundesstraße, überquert diese und folgt nun dem schönen Uferweg entlang der Ache zurück Richtung Berchtesgaden. Nach zwei weiteren stimmungsvollen Kilometern ist der Ausgangspunkt wieder erreicht.

Der Blick von der Mausbichl-Kapelle
auf das Kederlehen und Berchtesgaden.

## 29 Rundweg Maria am Berg

T1 • 1¾ Stunden • 5,5 Kilometer • 50 hm

| | |
|---|---|
| **Charakter** | netter, sonniger Spaziergang für jede Wetterlage. Kinderwagentauglich. |
| **Beste Zeit** | ganzjährig |
| **Weg** | fester Kies, kürzere Abschnitte auf Asphalt |
| **Ausgangspunkt** | Parkplatz Salzbergwerk Berchtesgaden (gebührenpflichtig) |
| **Anfahrt** | A10, Abfahrt Salzburg Süd, auf der B160 zum Grenzübergang Hangenden Stein in Grödig-St.Leonhard und weiter auf der B305 Richtung Berchtesgaden. Am nördlichen Ortsanfang befindet sich rechts der Parkplatz der Salzbergwerke.<br>**Öffis:** Bus 840 ab Salzburg Hbf. (Engelbert-Weiß-Weg) bis Berchtesgaden Salzbergwerk |
| **Gastronomie** | Gasthaus Laroswacht, Tel. +49 (0)8652 2539, www.gasthaus-laroswacht.de;<br>Restaurant Hotel Seimler, +49 (0)8652 6050, www.hotelseimler.de |
| **Info** | www.berchtesgaden.de |

### Maria am Berg

Es ist schon ein Glücksfall, wenn zufällig Mesnerin Soferl Pfnür unseren Weg kreuzt und dann nicht nur das Tor zur Kirche Maria am Berg aufsperrt, sondern auch gleich

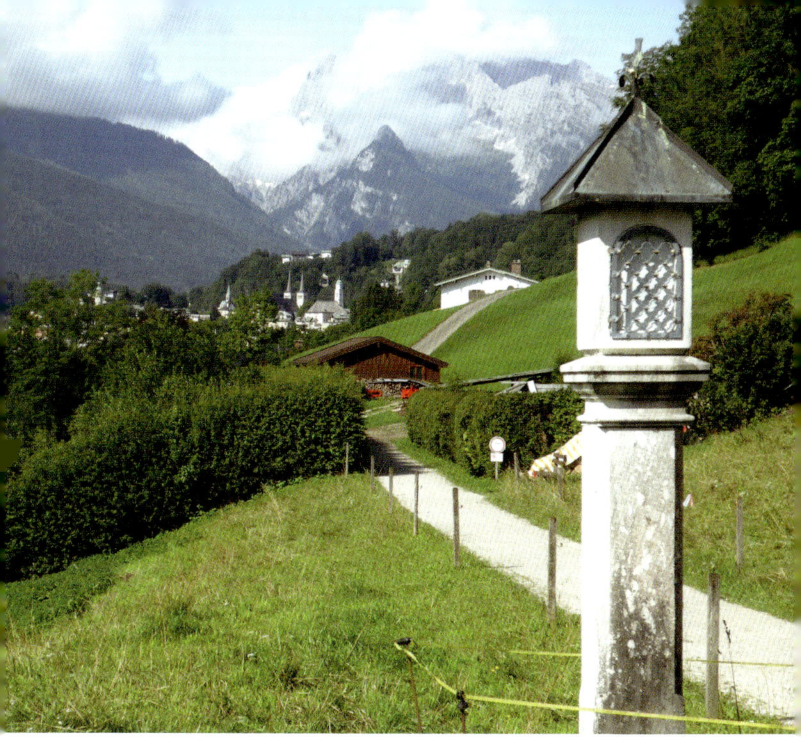

Das Kiliansmarterl am Weg Richtung Berchtesgaden stammt aus der zweiten Hälfte des 18. Jahrhunderts.

mit solch einer Lebendigkeit von „ihrer“ Kirche zu erzählen beginnt, dass die Anstrengung des Aufstiegs über die 160 Stufen sofort vergessen sind. Auf steiler Anhöhe errichtet, die erst erschlossen und geebnet werden musste, waren die Vorausplanungen für den Bau äußerst schwierig. Aber der unbändige Wille der Eheleute Brandner, der Besitzer der unterhalb gelegenen Jugendherberge Seimler, machte das Vorhaben möglich, und das noch dazu in der unsicheren Zeit zwischen 1929 und 1932. Aber der Glaube versetzt bekanntlich Berge und so stehen wir heute staunend in dieser nach den liturgischen Vorgaben durchdacht geplanten Kirche, die sogar von einer Grußbotschaft des Papstes gesegnet wurde. Viele der barocken Figuren und vor allem auch das große Kreuz hatte der 1942 verstorbene Bauherr Franz Brandner als Erbteil von seinem Heimgut Fritzenlehen mitgenommen, um seine Kirche damit auszustatten. Die künstlerisch wertvollen Figuren deuten darauf hin, dass am Fritzenlehen über Generationen hindurch talentierte Schnitzer und Kunstinteressierte lebten. Im Jahr 1992 wurde die ursprünglich auf Privatinitiative erbaute Kirche durch letztwillige Verfügung von Sophie Brandner, der Witwe von Franz Brandner, dem Erzbischöflichen Stuhl München und Freising übergeben.

## Die Route

Vom gebührenpflichtigen Salzbergwerk-Parkplatz an der nördlichen Ortseinfahrt von Berchtesgaden geht es über die Bundesstraße 305 und die Berchtesgadener Ache zu den Bergwerksgebäuden schräg gegenüber. Der Weg 7 zweigt vor den Stolleneingängen nach links ab und folgt zuerst der Bergwerkstraße und dann dem Verlauf der Ache. Nach 2,5 Kilometern trifft der beruhigend schöne Uferweg auf die B305, unterquert diese und führt dann über die Berchtesgadener Ache zum Traditionsgasthaus Laroswacht. Entlang der Zufahrt wandern wir noch rund

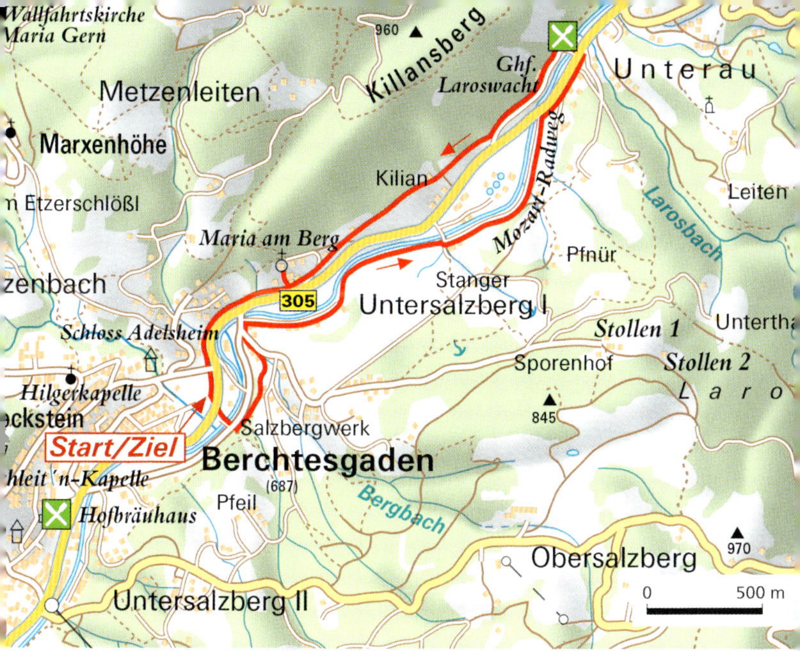


100 Meter südwärts, dann zweigt der leicht aufwärts führende Gehweg Richtung Berchtesgaden nach rechts ab. Der Verkehrslärm ist zwar noch hörbar, aber die immer eindrucksvolleren Ausblicke auf den Watzmann und die Silhouette von Berchtesgaden kompensieren den Geräuschteppich einigermaßen. Bevor es wieder hinab zur Hauptstraße und an dieser entlang zum Parkplatz geht, folgt mit dem Abstecher zur Kirche Maria am Berg der eigentliche Höhepunkt dieser kleinen, allwettertauglichen Runde. Kurz vor dem Alpensporthotel Seimler beginnt der steile Treppenaufgang zu diesem wahrlich himmlisch schönen Ort.

# 30 Von Unterau nach Oberau

T1 • 2,5 Stunden • 7,5 Kilometer • 300 hm

| | |
|---|---|
| **Charakter** | kulturhistorisch interessante Rundwanderung durch alte Stollengänge. Steiler, waldreicher Auf- und Abstieg. |
| **Beste Zeit** | heiße Sommertage, da großteils im kühlen Wald. |
| **Weg** | großteils breite Kieswege, aber auch schmale Wurzelpfade |
| **Ausgangspunkt** | Zufahrt Laroswacht |
| **Anfahrt** | A 10, Abfahrt Salzburg Süd, auf der B 160 über den Grenzübergang Hangenden Stein und auf der B 305 Richtung Berchtesgaden. Im Ortsteil Unterau befinden sich an der rechts abzweigenden Zufahrt zum Gasthaus Laroswacht einige Parkmöglichkeiten. **Öffis:** Bus 840 ab Salzburg Hbf. (Engelbert-Weiß-Weg) bis Unterau bei Berchtesgaden. |
| **Gastronomie** | Gasthaus Laroswacht, Tel. +49 (0)8652 2539, www.gasthaus-laroswacht.de |
| **Info** | www.berchtesgaden.de |

## Kleine Entdeckungen zwischen Unterau und Oberau

Der nordseitige, schattige Verbindungsweg von Unterau nach Oberau gewinnt gleich einmal ordentlich an Höhe. Nach dieser schweißtreibenden Anfangsphase folgt dann

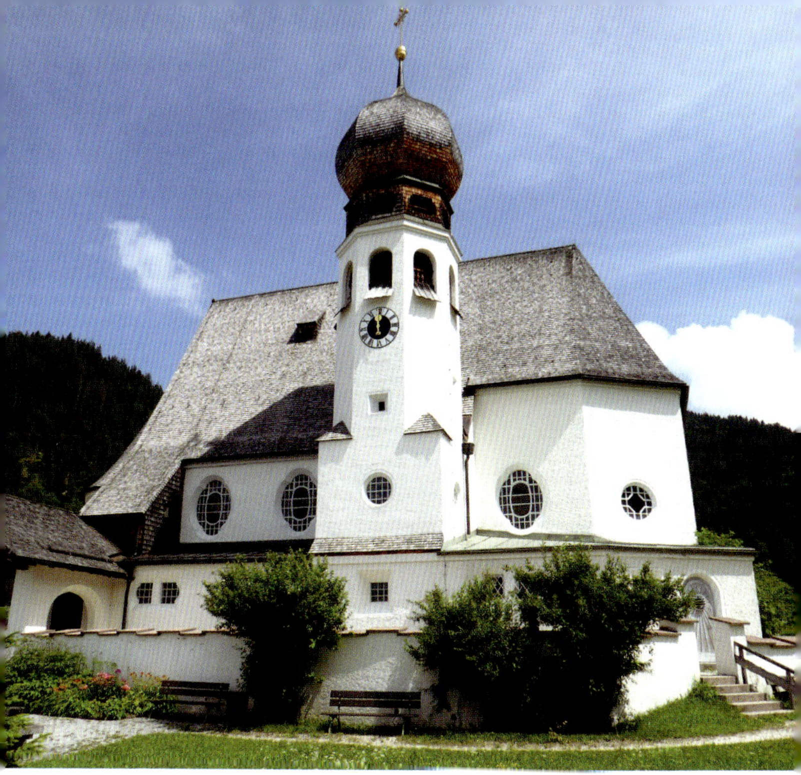

Die Pfarrkirche zur Heiligen Familie in Oberau ist der Wendepunkt der Wanderung.

zum Verschnaufen eine längere Querung, die sich am Stollenweg orientiert. Ganz eben geht es zwar auch nicht dahin, die Höhepunkte dieses Wegabschnittes sind aber ohne Zweifel die historischen Bergstollen, die sich notfalls gerade noch ohne Taschenlampe durchqueren lassen. Über einige gut gesicherte Gräben und an herrlich gelegenen Bauernhöfen vorbei führt der urige Weg schließlich in den sonnigen Ort Oberau. Auch der Abstieg trifft wieder auf interessante Kultur- und Wirtschaftsdenkmäler: Zuerst folgt die im 18. Jahrhundert erbaute Zellergrabenkapelle mit ihrem barocken Satteldach und dem Kranzgesims im Giebel, über dem sich ein Medaillon mit der Darstellung der *Patrona Bavariae* befindet. Die Gottesmutter Maria genießt als Bayerns Schutzheilige besondere Verehrung. Wenig später stehen wir dann vor der ehemaligen Mühle und Bäckerei von Maria und Franz Pfnür. Die Fassadenmalerei mit den Heiligenfiguren ist schon leicht verblasst, aber der im Jahre 1954 angebrachte Sinnspruch ist noch gut lesbar: „Maria ist des Bäckers Schutz, Barbara des Hauses Trutz".

## Die Route

Vom Gasthaus Laroswacht geht es entlang der nördlichen Zufahrt über die Berchtesgadener Ache. Schräg gegenüber der Brücke, auf der gegenüberliegenden Straßenseite, zweigt der Zubringer (Weg 8a) zum Stollenweg über das Allweglehen ab. Der erste Abschnitt bis zum Campingplatz folgt der Zufahrt Allweggasse, dann geht die befestigte Route 8a links abzweigend in einen steilen Waldweg über. Dieser trifft nach einer halben Stunde auf den Stollenweg 8 und zweigt hier nach links ab. Die meisten Höhenmeter sind erledigt, dafür beginnt nun eine spektakuläre Querung durch zwei hintereinander folgende, mannshohe Stollen, von denen der zweite immerhin so lange ist, dass das Licht am Ende des Tunnels nur mehr sehr schwach erkennbar ist. Zur Erholung und zur

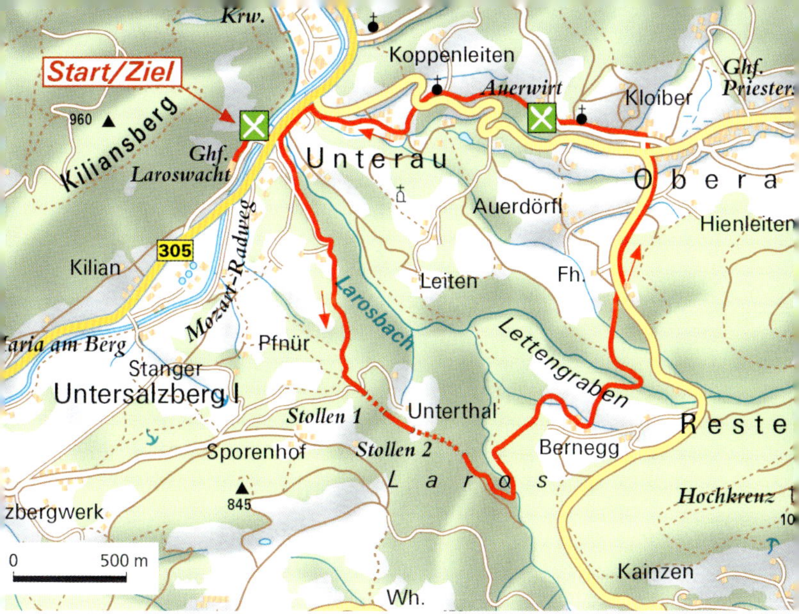


Gewöhnung an das Tageslicht folgt bis zum Larosbach ein breiter Forstweg, dann geht es hinauf zum Brüggenlehen und dort links abzweigend über einen Wiesenpfad hinab in den Lettengraben. Über einige Stufen verläuft der Weg 8 zur Rossfeldstraße und folgt dieser einen halben Kilometer talwärts nach Oberau. Die malerische Kirche und der angrenzende Auerwirt sind ein schöner Anhaltspunkt für den weiteren Wegverlauf, von dort führt die Route 32 in 40 Minuten an der Zellergrabenkapelle vorbei nach Unterau. Der Abstieg durch den kühlen Zellgraben endet bei der Straßenkreuzung an der B 305, der Ausgangspunkt Laroswacht ist links abzweigend in wenigen Minuten erreicht.

# 31 Auer Konventionsweg

T1 • 3 Stunden • 9 Kilometer • 450 hm

| | |
|---|---|
| **Charakter** | abwechslungsreicher Themenweg mit dem Schwerpunkt Salzbergbau, der grenzüberschreitend durch eine herrliche Kulturlandschaft führt. |
| **Beste Zeit** | Frühling bis Herbst |
| **Weg** | vor allem breite Kies- und Asphaltwege. Am Lercheck Waldpfad. |
| **Ausgangspunkt** | Oberau, Informationsstelle |
| **Anfahrt** | Über Bad Dürrnberg (A10 Abfahrt Hallein) oder Marktschellenberg (A10 Abfahrt Salzburg Süd Richtung Berchtesgaden) nach Oberau. Parkplätze neben der Info-Stelle.<br>**Öffis:** Bus 840 ab Salzburg Hbf. (Engelbert-Weiß-Weg) bis Unterau, Bus 848 bis Oberau |
| **Gastronomie** | Hotel Neuhäusl, Tel. +49 (0)8652 9400, www.neuhaeusl.de;<br>Hotel Kranzbichlhof, Tel. + 43 (0)6245 737720, www.kranzbichlhof.net;<br>Gasthof Auerwirt, Tel. +49 (0)8652 2052, www.auerwirt.de |
| **Info** | www.berchtesgaden.de |

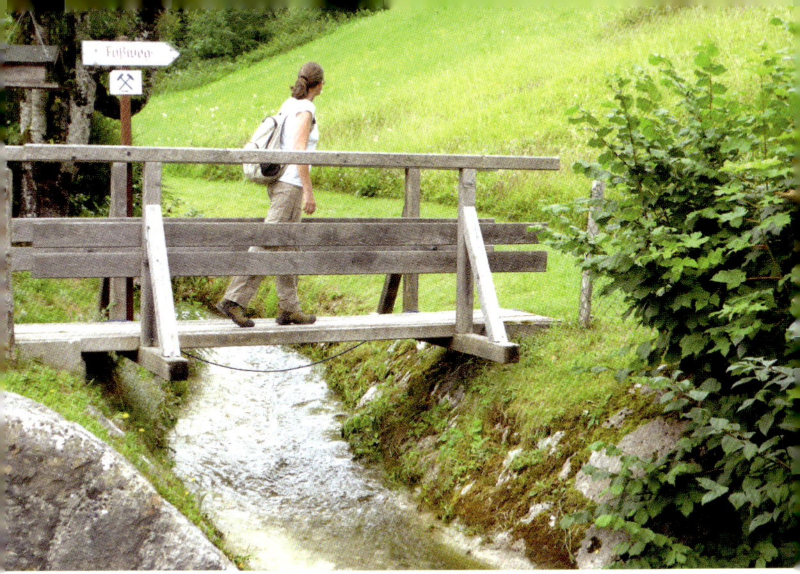


Die gekreuzten Bergwerksgeräte Schlägel und Eisen geben die Wegrichtung vor.

## Die Salinenkonvention

Der wirtschaftliche und kulturelle Wohlstand der benachbarten Gebiete Reichenhall, Berchtesgaden und Salzburg basiert zum großen Teil auf den reichen Salzvorkommen in der Region, die ab dem 12. Jahrhundert von den Landesherren genutzt wurden. Einerseits war das „weiße Gold" ein Segen, andererseits auch Anlass für viele Streitereien zwischen den Besitzern. Es wurde mit militärischen und diplomatischen Mitteln um die Vorherrschaft gekämpft, es entstanden aber auch schon sehr bald bahnbrechende Regelwerke, um Rechtssicherheit zu erlangen. Der Salzburger Erzbischof Eberhard II. traf im 13. Jahrhundert mit den Wittelsbachern solch eine Vereinbarung, die sechs

Jahrhunderte später als Basis für die berühmte Salinenkonvention von 1829 dienen sollte. Darin wurde hauptsächlich geregelt, dass die Dürrnberger Salzstollen auf bayerisches Gebiet vordringen durften, wofür die Bayern Holzrechte auf österreichischem Boden erhielten. Die Salinenkonvention wurde kurz vor ihrem Auslaufen im Jahr 1957 verlängert, und obwohl der Dürrnberger Bergbau 1989 eingestellt wurde, bewirtschaften noch heute bayerische Forstleute 11 158 Hektar Wald im Gebiet zwischen Leogang und Unken, die offiziell als Saalforste, früher auch Salforste, bezeichnet werden.
Die Salinenkonvention aus dem Jahre 1829 garantierte durch die darin festgehaltenen Schichtenrechte aber auch 90 Lehen auf bayerischer Seite eine anteilsmäßige Arbeit im Dürrnberger Bergbaubetrieb. Dieses Recht auf Arbeit war nicht an eine Person, sondern an den Bauernhof gebunden. Der Auer Konventionsweg führt zu vielen dieser Höfe, aber auch zu alten Stollen und gleich zu Beginn zu einer Konventionssäge, in der das Holz für den Bergbau geschnitten wurde.

## Die Route

Der Ausgangspunkt des Auer Konventionsweges ist das neue Verkehrsamt Oberau. Hier gibt es auch Folder zum Weg und etwas unterhalb befindet sich in einem Schaukasten ein großer Übersichtsplan. Der mit den gekreuzten Bergwerksgeräten Schlägel und Eisen gekennzeichnete

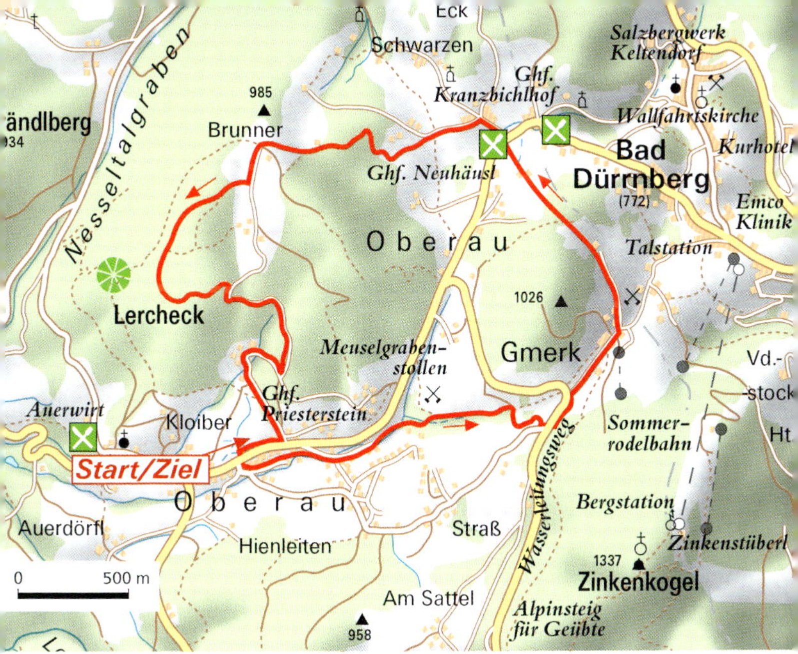


Weg führt abwärts zum Schusterhäusl (gegenüber Bushaltestelle), biegt dort in den Schulweg, dann nach links in den Weißensteinerweg und schließlich in die „Mühlauer Freie" ein. Auf der rechten Seite steht auch heute noch das Sägewerk „Saghäusl", eine ehemalige Konventionssäge, in der das nötige Holz für den Bergbau bereitgestellt wurde. Weiter geht es bis zum Feuerwehrhaus und dort nach rechts zur Renothenmühle. Der 200 Meter lange Mühlauer Wasserstollen sollte die Auer Salzlagerstätten vor Feuchtigkeit schützen. Entlang der Rodelbahn geht es 600 Meter bergauf. Etwas versteckt neben einem Stadel befindet sich der im Jahre 1570 eröffnete Meuselgrabenstollen. Weiterhin bergwärts treffen wir wieder auf den Weißensteinerweg,

nun 200 Meter nach links, dann entlang der Rossfeldstraße 200 Meter abwärts bis zur Abzweigung Gmerk (rechts) neben der Bushaltestelle.
Im Ortsteil Gmerk führt der Konventionsweg nach links zum Heinrichslehen am Ende der Zufahrtstraße. Die Route quert auf eine stimmungsvolle Waldlichtung hinaus, über die sich ganz unbemerkt am rechten Rand die Grenze zwischen Bayern und Österreich zieht. Anschließend verläuft der Weg über eine kurze Steilstufe durch den schönen Wald und über die Wiese hinab zum Gasthaus Neuhäusl. Interessant ist hier ein kleiner Abstecher zu dem unterhalb vom Parkplatz gelegenen „Gänstratten-Leonhards-Tagschurf". Auch dieser Stollen wurde bereits 1570

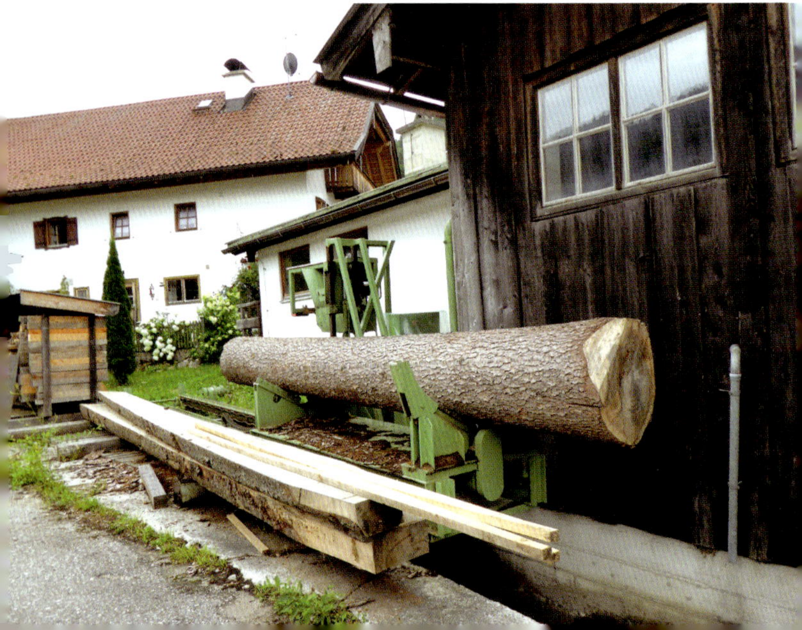

angeschlagen. Wieder auf der Straße retour geht es kurz Richtung Staatsgrenze, dann aber vor dieser über den Zufahrtsweg nach links Richtung Lercheck. Vorbei am Kail- und am Steinbichllehen führt der Konventionsweg weiter bergauf in den Wald bis zur Abzweigung Lercheckerwand. Nach wenigen Gehminuten wartet dort eine Rastbank, aber auch herrliche Ausblicke auf den Untersberg und die Stadt Salzburg laden dort zum Verweilen ein.

Wieder retour auf dem Hauptweg verläuft unsere Route nun durch den stellenweise etwas steileren Wald in südwestlicher Richtung hinab auf die Zufahrt (Lerchecker-weg) Richtung Oberau. Kurz vor dem Ort macht die Route bei Bedarf noch eine Extraschleife nach rechts auf den Auer Rundweg und führt über die Stoffelkapelle und die Kirche an den Ausgangspunkt retour. Vor der in der zweiten Hälfte des 19. Jahrhunderts erbauten Stoffelkapelle besteht noch die Möglichkeit zu einem insgesamt eher enttäuschenden, 15-minütigen Abstecher zum Prinz-Karl-Theodor Stollen von 1822. Der halb verschüttete Stolleneingang liegt genau unter der viel befahrenen Verbindungsstraße zwischen Unterau und Oberau.

Die ehemalige Konventionssäge in Oberau.

# 32 Auer Rundweg

T1 • 1 Stunde • 2 Kilometer • 70 hm

| | |
|---|---|
| **Charakter** | kurze, unkomplizierte Ortsumrundung für jede Wetterlage |
| **Beste Zeit** | ganzjährig, außer bei hoher Schneelage |
| **Weg** | Asphalt, Kies |
| **Ausgangspunkt** | Parkplatz vor der Kirche und Auerwirt in Oberau |
| **Anfahrt** | A10, Abfahrt Salzburg Süd. Auf der B160 und B305 Richtung Berchtesgaden bis Unterau, dort Abzweigung links nach Oberau. Nach 3 km links auf den Parkplatz neben der Kirche.<br>**Öffis:** Bus 840 ab Salzburg Hbf. (Engelbert-Weiß-Weg) bis Unterau, von dort Bus 848 bis Oberau |
| **Gastronomie** | Gasthof Auerwirt, Tel. + 49 (0)8652 2052, www.auerwirt.de |
| **Info** | www.berchtesgaden-oberau.com |

### Zur Geschichte von Oberau

Die kleine Siedlung Oberau an der Roßfeldstraße kann auf eine große Vergangenheit zurückblicken. Vermutlich bereits ab dem Ende des 14. Jahrhunderts war Oberau der zweite Gnotschaftsbezirk der „Urgnotschaft" Au im Berchtesgadener Land. Gnotschaft ist eine ausschließlich in der Region Berchtesgadener Land gebräuchliche

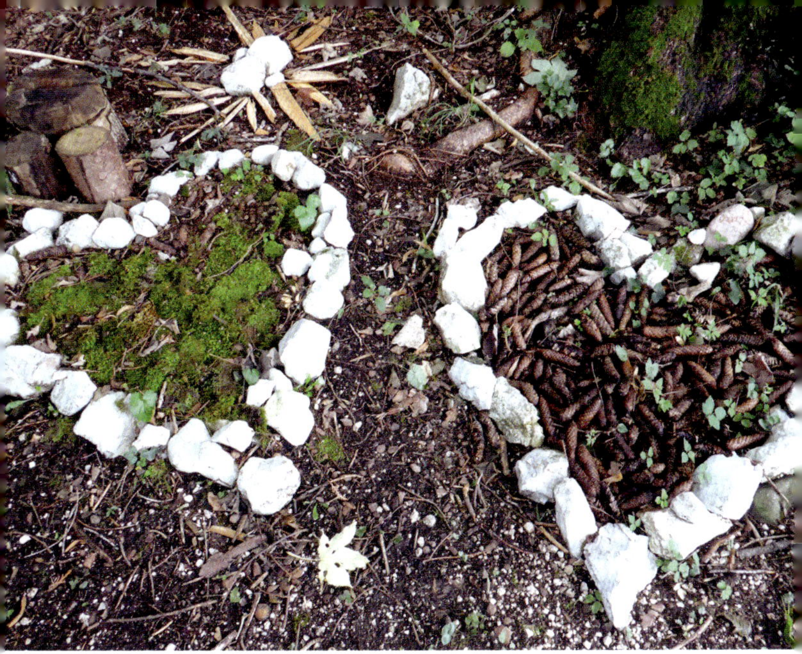

Ein herziges Kunstwerk am Rand des Auer Rundweges.

Bezeichnung für einen Ortsteil, der aus bäuerlichen Zusammenschlüssen hervorgegangen ist. Nach der Übernahme ihrer Aufgaben durch die Gemeindeverwaltungen werden seit Mitte des 20. Jahrhunderts keine Gnotschafter mehr gewählt und der Name „Gnotschaft“ steht nur noch für eine Ortsteilbezeichnung. Seit dem 1. Januar 1972 ist Oberau ein Ortsteil des Marktes Berchtesgaden. Der überschaubare Siedlungsraum auf 750 Meter Seehöhe eignet sich recht gut für eine kleine und ebenso überschaubare Ortsumrundung (Schild Auer Rundweg 31a). Dabei führt der allwettertaugliche, knapp einstündige

Weg an etlichen Besonderheiten vorbei, die unsere Aufmerksamkeit verdienen.

### Die Route

Ausgangspunkt ist der Parkplatz vor der Kirche. Das denkmalgeschützte Gotteshaus „Zur Heiligen Familie" wurde 1908 eingeweiht, den Altar stiftete der dem Berchtesgadener Land immer stark verbundene Prinzregent Luitpold von Bayern. Gleich rechts nebenan befindet sich das Kloiberlehen, dessen Geschichte eng mit dem Bergbau verbunden ist, wie das die an der Eingangstür angebrachten Werkzeuge Schlägel und Eisen nachdrücklich demonstrieren. Sie waren im historischen Bergbau die wichtigste Gerätschaften: Der Schlägel war ein gewichtiger Fausthammer (Fäustel) für die Grobarbeiten, mit dem Eisen und seinen verschiedenen Aufsätzen konnte das Gestein feiner bearbeitet werden. Diese Spitzeisen wurden schneller stumpf, daher hatte der Bergmann stets mehrere Aufsätze zum Auswechseln dabei. Auch das Kainlehen gegenüber kann auf eine lange Geschichte zurückblicken. Das massiv gebaute, zweigeschossige Gebäude stammt aus dem Jahre 1611. Wir queren die Roßfeldstraße und folgen ihr kurz bergauf, um dann gleich wieder nach links in den Sonnenbichlweg abzuzweigen (Schild Auer Rundweg 31a). Auf dieser Zufahrtstraße geht es noch einige Meter steil bergan, dann verläuft der markierte Weg 31a aber auch schon wieder nach links talwärts. Mit schönem Blick auf den Ort

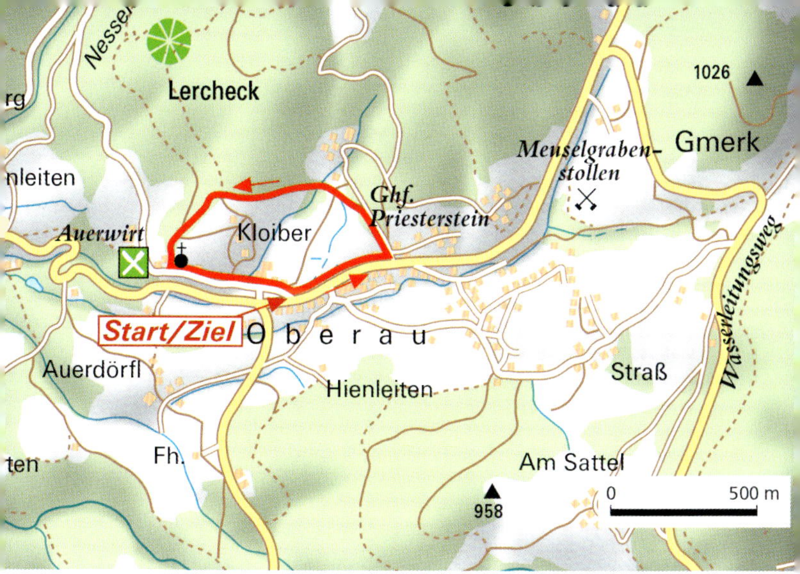


und die Berchtesgadener Alpen geht es am Wiesen- und Waldrand entlang. Nette Rastmöglichkeiten tun sich auf, bevor die Route zuerst in eine Hofzufahrt und dann links abzweigend in die Lindenstraße einmündet. An der Stoffelkapelle und am einladenden Auerwirt vorbei schließt sich die kurze Ortsumrundung wenige Minuten später auf dem großen Parkplatz vor der Kirche.

# 33 Erlebniswege rund um den Aschauerweiher

T1 • 1–1¼ Stunde (pro Weg) • 2,5 (Märchenpfad) und 2,8 (Naturerlebnisweg) Kilometer • jeweils 70 hm

| | |
|---|---|
| **Charakter** | zwei packende Themenwege, die das Prädikat „besonders wertvoll" verdienen. |
| **Beste Zeit** | April bis November |
| **Weg** | breite Kieswege |
| **Ausgangspunkt** | Parkplatz Aschauerweiherbad, Bischofswiesen. |
| **Anfahrt** | A10, Abfahrt Salzburg Süd und auf B160 und B305 weiter nach Berchtesgaden. Am Ortsanfang gegenüber Salzbergwerk nach rechts Richtung Aschauerweiher. Zentraler Parkplatz nach 2,7 km rechts. **Öffis:** mit Bahn S 4 oder Bus 840 (Engelbert-Weiß-Weg) ab Salzburg Hbf. bis Berchtesgaden Bhf. Dann mit dem Rufbus Berchtesgaden zum Aschauerweiherbad. Täglich von 7 bis 22 Uhr, telefonische Anmeldung 8 bis 21 Uhr. Die Bestellung des Rufbusses muss spätestens 2 Stunden vor der gewünschten Abfahrtszeit erfolgen, Telefon +49 (0)8652 964822. |
| **Gastronomie** | Aschauerweiherwirt, Tel.+49 (0)171 2312 881, www.gaststaette-aschauerweiherwirt.de |
| **Info** | www.bischofswiesen.de |

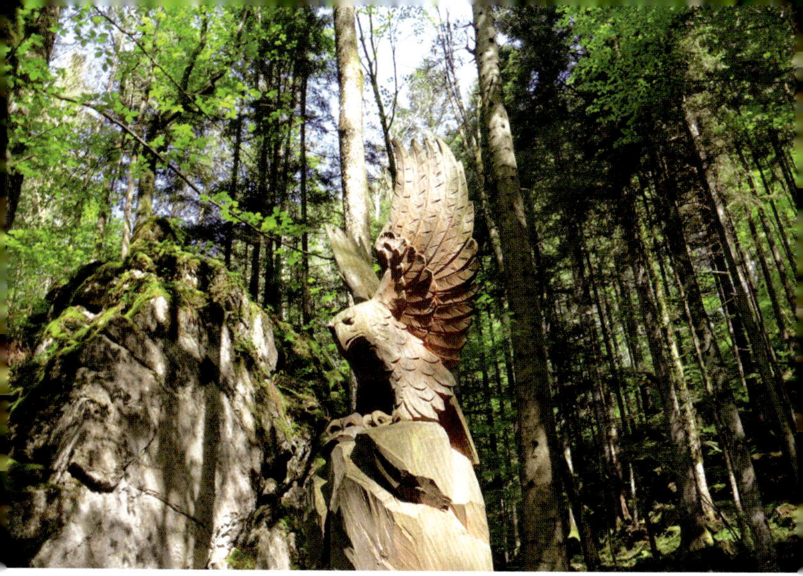

Der verwegene Steinadler ist eine von zahlreichen Figuren am Märchenpfad.

## Die märchenhafte Natur von Bischofswiesen

Der ideale Zeitpunkt für die kurzen Wanderwege rund um den Aschauerweiher ist wahrscheinlich ein angenehm warmer Sommertag, denn der anschließende Besuch der paradiesischen Badelandschaft gehört einfach dazu. Schon bei der Umrundung des Areals fällt der große Blütenreichtum auf, der aber nicht nur schön zum Anschauen ist, sondern auch ganz praktische Vorzüge hat: Das Naturbad Aschauerweiher kommt nämlich ganz ohne Chemikalien aus, die Reinigung des Wassers wird von speziellen Pflanzen im Uferbereich übernommen. Die prachtvolle Schwertlilie gehört zu den auffallendsten Wasserpolizisten, recht unscheinbar, aber nicht weniger

effektiv ist hingegen die kleine Wasserlinse. Gemeinsam mit weiteren Pflanzen sorgen sie für saubere, chemiefreie Verhältnisse im Becken. Auch die Erwärmung geht auf natürlichem Wege vor sich, dafür steht ja schließlich die Kraft der Sonne zur Verfügung. Zur Philosophie der Nutzung natürlicher Ressourcen passt der neu konzipierte Naturerlebnisweg auf der anderen Straßenseite ganz wunderbar dazu. Der Themenweg lenkt das Interesse behutsam und unaufdringlich auf den achtsamen Umgang mit der Natur. Viele Details fallen uns beim raschen Vorübergehen gar nicht mehr auf, da sind die Hinweise auf den ökologischen Wert der Magerwiese oder der Waldrandvegetation ausgesprochen nützlich.
Der Märchenpfad wiederum eröffnet andere Perspektiven, aber auch dabei ist mit den verwendeten Materialen und dank kreativer Einfälle ein überzeugendes Ergebnis entstanden. Da kann es schon vorkommen, dass sich der ganz gewöhnliche Baum zu einem märchenhaften Wesen verwandelt. Der listige Wolf, der da etwas hölzern aus dem Gebüsch hervorschaut, stellt für die Landwirte am Aschauerweiher keine Gefahr dar, wohl aber für das arglose Rotkäppchen. Ob sich der Frosch nach dem innigen Kuss wirklich in einen Prinzen verwandelt, müssen die Vorbeikommenden schon selbst ausprobieren. Große und kleine Kinder werden jedenfalls verzaubert sein.

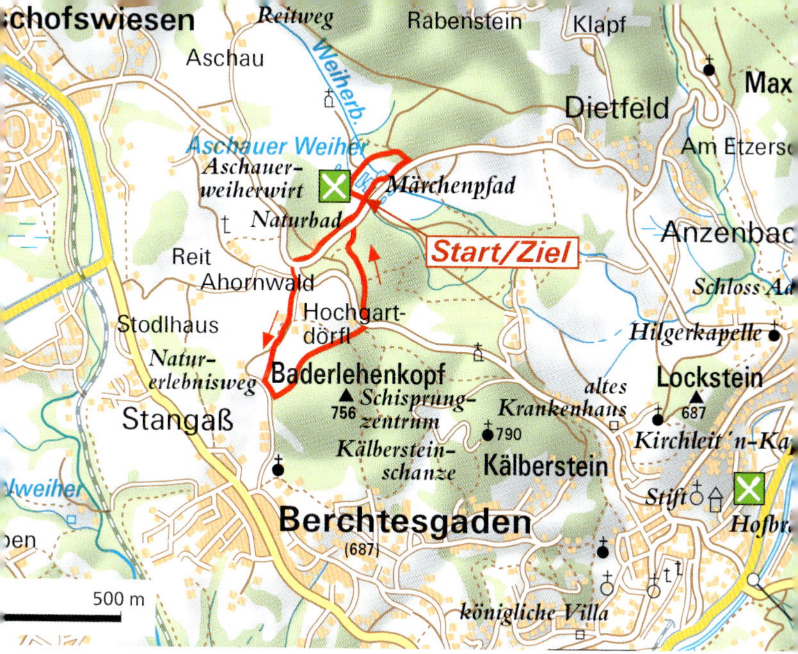


## Der Naturerlebnisweg

Ausgangspunkt ist der große Parkplatz beim Aschauerweiherbad. Eine Übersichtstafel erklärt den Wegverlauf, der sich noch kurz an der nach rechts aufwärts verlaufenden Straße orientiert und dann diese quert. Das angrenzende, unscheinbare Ahornwäldchen ist ein wertvoller, dreifach genutzter Naturraum: Im Frühling grast das Weidevieh, im Sommer wird das Heu eingefahren, und der Herbst bringt das Laub, das als Einstreu im Stall verwendet wird. So profitieren alle durch die behutsame Nutzung. Auch die Mager- und die Feuchtwiesen, an denen der Weg anschließend Richtung Hochgartdörfl vorbeiführt, sind auf sorgsame Behandlung angewiesen. Zum Dank für den Verzicht

auf stickstoffreiche Düngung und intensive Mahd erblühen die Wiesen in einer unglaublichen Vielfalt. Magerwiesen gehören zu den artenreichsten Biotopen überhaupt. Für die Bienen und Schmetterlinge eröffnet sich mit Wiesensalbei, Johanniskraut und Margerite zudem ein wahres Futterparadies. Eine wichtige Rolle spielen die Landwirte, die sich auf diesen für die Natur so segensreichen Rhythmus einlassen. In Zeiten der Erntemaximierung keine Selbstverständlichkeit!
Zu den bunten Feucht- und Magerwiesen gesellt sich ein geradezu umwerfender Fernblick auf Watzmann und Hochkalter. Direkt schade, dass der Weg schon wieder scharf nach links abzweigt, aber nun wird der Fokus auf den nicht weniger faszinierenden Lebensraum am Waldrand gelenkt. Durch den Bergmischwald geht es wieder zur Aschauerweiherstraße und entlang dieser nach rechts bis zum Parkplatz Dietfeld. Hier nun nach links und am Aschauerweiher vorbei, dem natürlich auch eine eigene Station gewidmet ist, wieder retour auf den Parkplatz.

## Der Märchenpfad

Der knapp zweieinhalb Kilometer lange, kinderwagentaugliche Märchenpfad entführt die großen und kleinen Besucher in die sagenhafte Welt der bekanntesten heimischen Märchen. Auf den Spuren von Aschenputtel, Dornröschen & Co sammeln die Kinder auf dem Märchenpfad wichtige Informationen, die zur Lösung eines Rätsels beitragen. Dazu gibt es an der Info-Tafel am Naturbad-Gebäude einen Flyer mit Übersichtskarte sowie mit den Fragen zu den einzelnen Stationen. Wenn die Lösung stimmt, wartet ein kleines Geschenk in der Tourist-Info Bischofswiesen – aber die wohl schönste Belohnung an einem sonnigen Sommertag ist sicherlich der anschließende Besuch im Aschauerweiherbad.

Ausgangspunkt ist der große Parkplatz am Aschauerweiher. Zunächst führt der Weg an der blumenreichen Nordwestseite des Badegeländes und an einer erfrischenden Kneippanlage vorbei. Schon tauchen die märchenhaften Figuren aus allen Ecken und Baumstämmen auf. Sie alle sind kleine Kunstwerke aus massivem Holz, der Schnitzer muss ein wahrer Meister sein. Aber auch die Platzierung der Märchenfiguren ist klug gewählt. Immer wieder entdeckt man neue Überraschungen, wie etwa den entzückenden Wolf, der sein Rotkäppchen zum Fressen gern hat. Der Frosch wartet noch auf einen Kuss und schon geht es am Waldrand entlang zurück an den Ausgangspunkt. Beim Parkplatz Dietfeld begrüßt uns noch eine Miniaturausgabe der „Steinernen Agnes", die im gegenüberliegenden Lattengebirge eine wahrlich herausragende Erscheinung ist (1305 m). Vielleicht kein schlechter Tipp für einen Besuch bei dieser bizarren, 15 Meter hohen Steinfigur, die durch allmähliche Verwitterung entstanden ist. Der Ausgangspunkt für diese zweistündige geologische Exkursion ist der Wanderparkplatz südlich von Hallthurm.

# 34 Zur Kastensteinerwand Alm

T1 • 2,5 Stunden • 7 Kilometer • 200 hm

| | |
|---|---|
| **Charakter** | bis auf den halbstündigen, sehr steilen Blitzweg eine gemütliche Wanderung, die zwar großteils im Schatten verläuft, aber dann auch wieder überraschend aussichtsreich ist. |
| **Beste Zeit** | Frühling bis Herbst |
| **Weg** | Kies, Waldsteig, Asphalt |
| **Ausgangspunkt** | Parkplatz Aschauerweiherbad, Bischofswiesen. |
| **Anfahrt** | A10, Abfahrt Salzburg Süd und auf B160 und B305 weiter nach Berchtesgaden. Am Ortsanfang gegenüber Salzbergwerk nach rechts Richtung Aschauerweiher. Zentraler Parkplatz nach 2,7 km rechts. **Öffis:** mit Bahn S 4 oder Bus 840 ab Salzburg Hbf. (Engelbert-Weiß-Weg) bis Berchtesgaden Bhf. Dann mit dem Rufbus Berchtesgaden zum Aschauerweiherbad (siehe Tour 33). |
| **Gastronomie** | Kastensteinerwand Alm, Tel. +49 (0)8652 9774600, www.kastensteinerwand-alm.de |
| **Info** | www.bischofswiesen.de |

## Wie Bischofswiesen zu seinem Namen kam

Speziell an heißen Sommertagen hat die Rundwanderung zur Kastensteinerwand Alm (750 m) einen günstigen Ausgangspunkt, denn das Naturbad Aschauerweiher könnte

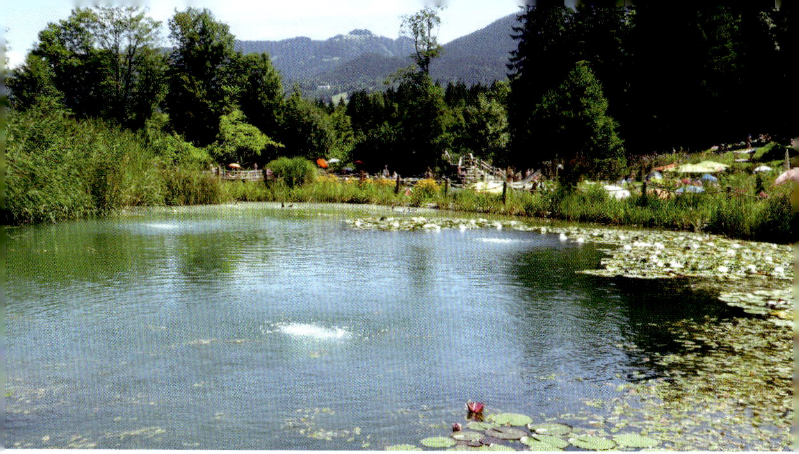

Am Anfang und am Ende der Wanderung steht das Naturbad Aschauerweiher. Im Bild die Anlage zur Wasserreinigung.

dann der kühle Abschluss einer nicht allzu anstrengenden Tour sein. Auf jeden Fall macht der erste Abschnitt entlang der malerischen Naturbadeanlage schon gehörig Appetit. Aber auch der permanente Prachtblick auf die Familie Watzmann im Westen könnte anregend wirken. Ein guter Ort für den leiblichen Hunger ist dann das gastronomische Ziel der Runde, die gastfreundliche Kastensteinerwand Alm. Als Belohnung für die Augen eröffnen sich etwas oberhalb von einer Aussichtsplattform großartige Panoramablicke. Auf der Kanzel hat die Gemeinde sogar einen eigenen Unterstand für verschiedene musikalische Darbietungen, wie etwa das Alphornblasen, zimmern lassen. Bei den meisten Veranstaltungen ist dann auch das legendäre „Wandei-Lied" zu hören, das von der großen Wertschätzung der Einheimischen für die Kastensteinerwand zeugt. „S'Wandei" ist nämlich

sozusagen der Kosename für die steile, von Wald umgebene Felswand hinter dem Bischofswiesener Ortszentrum.
Am Weg dorthin kommen wir auch an den Wiesen vorbei, die dem Ort den Namen gaben. Grundherr einiger Weideflächen war ursprünglich das Erzbistum Salzburg. Am 8. Mai 1155 kam es nun zum Gütertausch zwischen dem Salzburger Erzbischof Eberhard I. und dem Propst des Klosterstifts Berchtesgaden, Heinrich I. Die Salzburger erhielten für das „pratum Bisvolfeswisen“ (Bischofswiese) einen in Landersdorf bei Oberwölbling im Mostviertel (Niederösterreich) gelegenen Hof. Die Berchtesgadener verfügten ihrerseits nun über einen geschlossenen Landbesitz und einen neuen Gebietsnamen: Bischofswiesen, die Wiesen des Bischofs aus Salzburg. Ein im Jahr 1990 errichteter Brunnen in der Ortsmitte erinnert an diesen historischen Gütertausch.

## Die Route

Vom Parkplatz vor dem Aschauerweiher verläuft der angeschriebene Weg Richtung Bischofswiesen entlang der äußerst attraktiven, blumenreichen „Kläranlage“, die das Wasser des Naturbadeteichs auf natürlichem Weg reinigt. Wenig später trifft der Weg auf eine Kneippanlage. Aber auch die weitere Strecke ist erfrischend, folgt sie doch links abzweigend dem schattigen Maximilians-Reitweg. Unter mächtigen Ahornriesen geht es an einem kleinen Wasserfall vorbei, der sich etwas versteckt über die Wand ergießt, deren trockener Teil aber auch für die Kletterer interessant

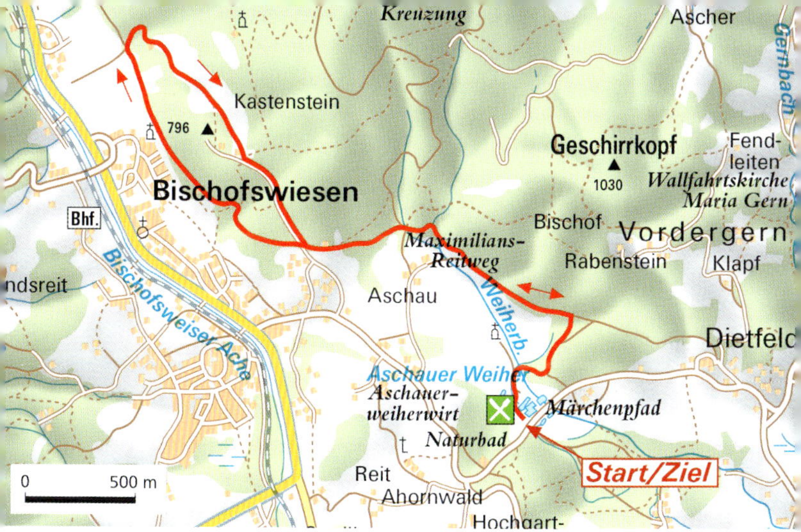


ist. Allmählich verliert der Maximilians-Reitweg an Höhe, eine erste Abzweigung zur Kastensteinerwand Alm bleibt aber noch unberücksichtigt. Erst die Abzweigung „Kastensteinerwand über Blitzweg" ist dann der richtige Abbiegepunkt. Nun ist für kurze Zeit der gemütliche Teil vorbei, der steile Blitzweg führt über mehr als zehn Kehren blitzschnell bergauf. Wenig später folgt dann als Belohnung für die Sinne die verwegene Aussichtskanzel und für den hungrigen Magen die einladenden Köstlichkeiten der Kastensteinerwand Alm. Aber auch von der Gastronomie-Terrasse ist die Aussicht auf Watzmann & Co grandios.

Der Rückweg folgt für 20 Minuten der nicht sehr stark befahrenen Zufahrt und zweigt dann nach links wieder auf den querenden Maximilians-Reitweg ein. Entlang dieser schon bekannten Strecke führt der Weg zurück zum Aschauerweiher.

# 35 Rauher Kopf von Winkl über Reisenkaser

T4 • 5 Stunden • 13,5 Kilometer • 1 100 hm

| | |
|---|---|
| **Charakter** | zeitweise anspruchsvolle Alpintour, die zwischen Reisenkaser und Rauhem Kopf kaum markiert ist. Gutes Orientierungsvermögen, Trittsicherheit und Schwindelfreiheit sind nötig. |
| **Beste Zeit** | Sommer bis Herbst |
| **Weg** | Steige über Felsen und Wurzeln |
| **Ausgangspunkt** | Parkplatz bei der Sportanlage Winkl-Bischofswiesen |
| **Anfahrt** | auf der A1 über die Grenze Walserberg. Bei der ersten Ausfahrt auf der B20 nach Bad Reichenhall und dort von der Umfahrung Richtung Bischofswiesen, Bayerisch Gmain abzweigen. Nach 8 km entlang der B20, kurz vor Winkl, nach links zur „Sportanlage Winkl-Bischofswiesen". **Öffis:** mit S 2 ab Salzburg Hbf. (verkehrt ab Freilassing als S 4) bis Bhf. Bischofswiesen. 15 Minuten (800 m) Gehzeit entlang Radweg Richtung Hallthurm. |
| **Gastronomie** | Kastensteinerwand Alm, Tel. +49 (0)8652 9774600, www.kastensteinerwand-alm.de |
| **Info** | www.bischofswiesen.de |

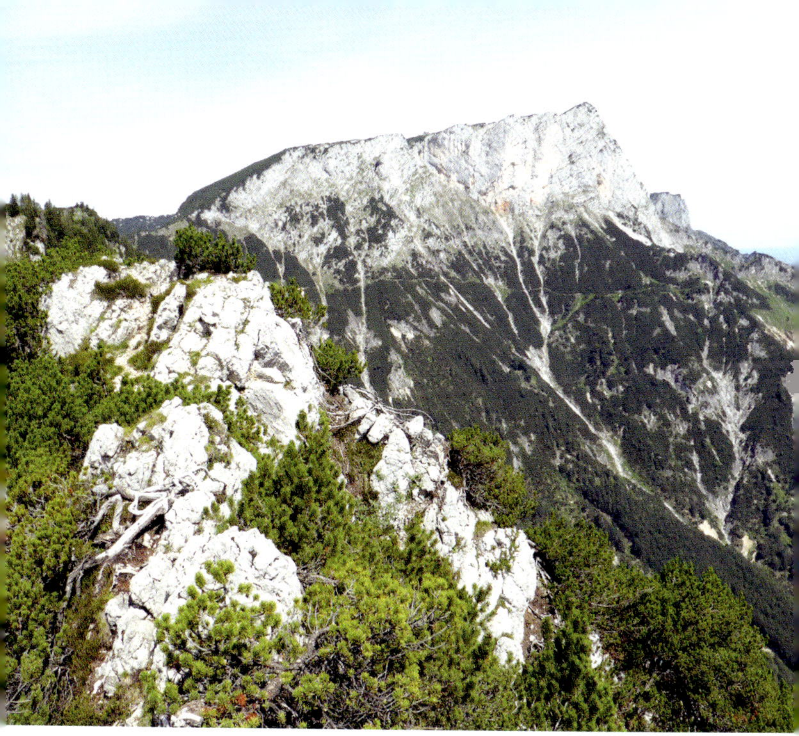

Der schmale Gratverlauf führt auf den Rauhen Kopf.
Im Hintergrund rechts der Berchtesgadener Hochthron.

## Von der Nordseite auf den Rauhen Kopf

Vom Tal aus betrachtet, fällt zwar der langgezogene Felskamm auf, der vom Untersbergmassiv Richtung Süden verläuft, aber die abschließenden Erhebungen, der Kleine und der Große Rauhe Kopf, machen einen ziemlich unscheinbaren Eindruck. Dabei ist der Panoramablick vom Großen Rauhen Kopf (1604 m) dann alles andere als unspektakulär, ja eigentlich ist er einzigartig, denn von keinem anderen Punkt aus setzt sich der Untersberg selbst so beeindruckend in Szene. Der klare Eyecatcher ist aber ohne Frage die südwärts in der Gegenrichtung gelegene Familie Watzmann. Der Rauhe Kopf ist kein massentauglicher Gipfel, aber für den teils recht anspruchsvollen Anstieg ist die Frequenz dann doch wieder beachtlich. Die hier vorgeschlagene Route über den Reisenkaser ist allerdings eine äußerst einsame, auch schwierigere Variante, die ein gutes Orientierungsvermögen und eine ebensolche Trittsicherheit voraussetzt. Sie folgt zuerst den Spuren der Almtiere, die auf dem zunächst noch recht breiten Südkamm überraschend fruchtbare Weiden vorfinden, und verläuft dann auf dem schmal zulaufenden Felsgrat weiter.

## Die Route

Ausgangspunkt ist der Parkplatz bei der Sportanlage zwischen Bischofswiesen und Winkl. Eine kurze Verbindung über den Wiesenweg (Weg 5) führt am Sportplatz vorbei hinauf zum Maximilians-Reitweg und folgt diesem links abzweigend Richtung Winkl. Nach einem 20-minütigen Flachstück zweigt in der Siedlung Winkl der Weg 464 Richtung Stöhrhaus nach rechts ab. Nun wird es auch allmählich steiler. Zu Beginn noch ein breiter Wirtschaftsweg, geht die Route dann in einen schmalen Pfad über und erreicht nach einer Stunde den Nierntalsattel. Der dunkle Nadelwald wird zusehends lichter, und damit öffnen sich auch immer mehr Aussichtspunkte. Ein besonders schöner

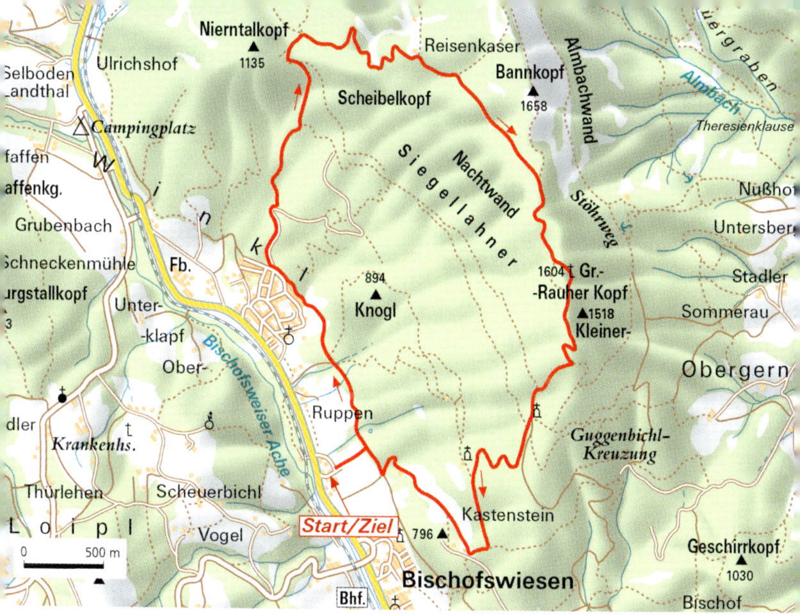


Rastplatz mit einem umwerfenden Panorama ist dann bald rechter Hand das nur wenige Meter vom Weg entfernte Reißenköpfl (1 481 m). Seit 1984 wird das Gipfelchen von einem kleinen Kreuz geziert. Wenig später treffen wir auf eine Lichtung, auf der die Reisenkaser-Diensthütte und ein Wegweiser stehen.

Genau bei diesen gelben Wegschildern zweigt ein unmarkierter Wiesenweg nach rechts (SO) ab, dem es zu folgen gilt. Der einigermaßen gut erkennbare Viehsteig führt oberhalb der Nachtwand zu einigen einsamen Weideplätzen und endet dann nach einem Kilometer bei der schönsten Wiese. Geradeaus versperren Latschen den weiteren Weg, unsere Route quert aber schräg links zum Kamm hinauf, trifft dort auf einen stärker ausgetretenen, sogar mit einigen alten Markierungspunkten versehenen Steig und folgt diesem nach rechts. Nach einem Zaundurchlass wird der Kamm schmäler und der Wegverlauf dadurch immer spektakulärer. Mit einigen kleineren Gegenanstiegen rückt der Rauhe Kopf zusehends näher, beinahe ganz zum Schluss folgt dann aber doch noch der schwierigste, zum Glück drahtseilversicherte Teil.

Der Abstieg vom Gipfel, der zwar wenig Platz, aber eine großartige Aussicht bietet, orientiert sich auch weiterhin

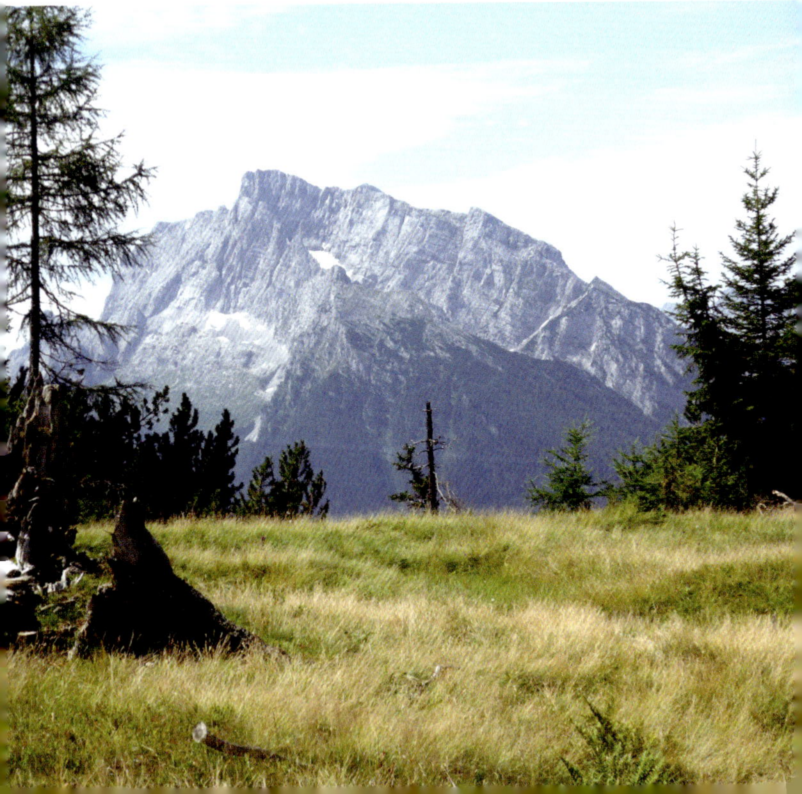

am felsigen Gratverlauf. Ganz unerwartet steht dann am Nachbargipfel eine temporäre GATE-Sendestation, die das europäische Satelliten-Navigations-Projekt Galileo unterstützt. Unsere Blicke aber richten sich eher bodenwärts, denn der Weg bleibt bis zum „Blauen Kastl“ herausfordernd. Dort auf knapp über 1000 Meter Seehöhe sorgt die im blauen Schrein platzierte Marienstatue für besinnliche und unweit davon eine Quelle für erfrischende Momente. Die weitere Route folgt ganz kurz der breiten Forststraße nach links und zweigt dann nach rechts auf den Pfad ab. Nach einer halben Stunde ist der Parkplatz unterhalb der Kastensteinerwand Alm erreicht. Noch einmal geht es rechts abzweigend 50 Höhenmeter bergauf, dafür liegen auch bald die beliebte Alm und ein prachtvoller Aussichtspunkt am Weg. Dann aber führt der Weg an der namensgebenden „Wiese des Bischofs“ (=Bischofswiesen) vorbei steil bergab und trifft eine halbe Stunde später auf den Maximilians-Reitweg. Rechts abzweigend geht es auf diesem einige Minuten entlang, bevor sich die außergewöhnliche Runde wieder über den Wiesenweg Richtung Sportplatz schließt.

Der Hochkalter, vom Kammweg auf den Rauhen Kopf aus gesehen.

# 36 Rauher Kopf vom Aschauerweiher

T4 • 7–8 Stunden • 16 Kilometer • 1 150 hm

| | |
|---|---|
| **Charakter** | waldreicher Anstieg mit einem überaus aussichtsreichen Gipfelpunkt. Landschaftlich eindrucksvolle Kammquerung, die gute konditionelle und wandertechnische Grundlagen erfordert (kurze Stellen I und II, Schwindelfreiheit und Einsatz von Händen nötig). |
| **Beste Zeit** | Sommer, Herbst |
| **Weg** | Wald- und Felssteige sowie Forststraßen. |
| **Ausgangspunkt** | Parkplatz beim Naturbad Aschauerweiher, Bischofswiesen |
| **Anfahrt** | A10, Abfahrt Salzburg Süd und weiter nach Berchtesgaden. Am Ortsanfang, gegenüber Salzbergwerk, nach rechts Richtung Aschauerweiher. Nach 3 km Parkplatz auf der rechten Seite.<br>**Öffis:** ab Salzburg Hbf. mit Bus 840 (Engelbert-Weiß-Weg) oder Bahn S 2, umsteigen Freilassing Berchtesgadener Land Bahn BLB S 4 bis Bhf. Berchtesgaden. In der Badesaison mit dem Rufbus zum Naturbad Aschauerweiher. Tel. +49 (0)8652 964822, Bestellung mind. 2 Stunden vor der gewünschten Abfahrtszeit. |
| **Gastronomie** | Aschauerweiherwirt, Aschauerweiherstraße 85, Bischofswiesen, Tel. +49 (0)171 2312 881, www.gaststaette-aschauerweiherwirt.de |
| **Info** | www.bischofswiesen.de |

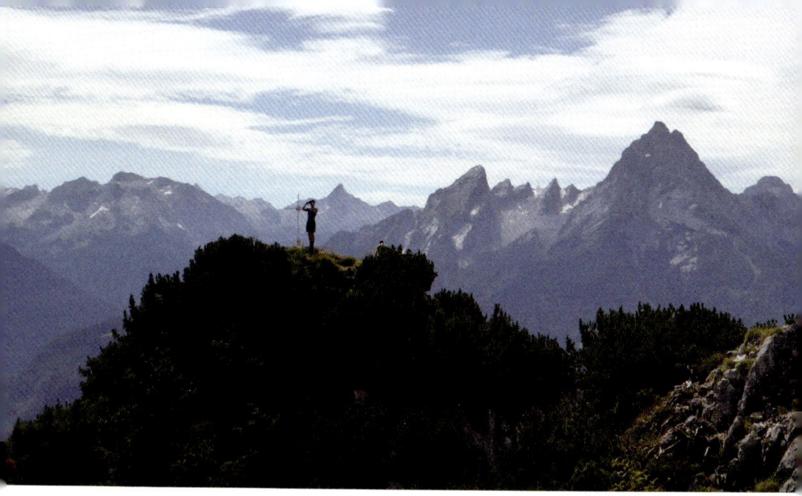

Der Rauhe Kopf mit der Schönfeldspitze direkt dahinter.

## Die Vogelwelt am Rauhen Kopf

Der Anstieg auf den Rauhen Kopf (1 604 m) verläuft zum größten Teil im kühlen Wald, ist also eher aussichtsarm. Umso überwältigender ist dann der Panoramablick vom schmalen Felsgipfel, der natürlich von den bekanntesten und formschönsten Gipfeln der Berchtesgadener Alpen, allen voran der Watzmanngruppe, geprägt wird. Wer sich für die anspruchsvolle Überschreitung oberhalb der Almbachwand Richtung Gatterl entschieden hat, kann die Fernblicke noch länger genießen, aber auch der von Latschenbewuchs begleitete Gratweg erfordert erhöhte Achtsamkeit.

Die meist schwer durchdringbaren Latschenzonen am südlichen Untersberg-Ausläufer sind ein guter Lebensraum für verschiedene Vögel. Die reichhaltige Struktur bietet den gefiederten Alpenspezialisten ausreichend Schutz und

Nahrung. Besonders wohl fühlen sich die Heckenbraunelle, die Ringdrossel, die Klappergrasmücke, der winzig kleine Zaunkönig und der aus Sibirien stammende, seit der Eiszeit bei uns heimische Birkenzeisig. Von der Anzahl her überschaubar, aber durch die Flügelspannweite von knapp drei Metern pro Individuum einfach unübersehbar, ziehen auch die majestätischen Gänsegeier mit Vorliebe ihre weiten Schleifen über dem Untersberg. Die riesigen Aasfresser gehören zur Hellbrunner Kolonie, die im gleichnamigen Zoo in Anif seit 1961 ganzjährig beheimatet ist, manchmal aber auch von den wildlebenden Gänsegeiern aus dem Balkan besucht wird. Durch die Kennzeichnung (Flügelmarke, Ring) der kroatischen Exemplare ist der Nachweis für diesen interessanten Kulturaustausch gelungen. Andere Vögel, für die der Untersberg eine gute Lebensgrundlage mit perfekten Nistmöglichkeiten bietet, sind die Alpendohlen, die Kolkraben und die Steinadler. Sie alle nützen die Wände und die Windströmungen, und die findigen Dohlen noch dazu die Anwesenheit der Menschen. Die Wanderer sind von den Flugakrobaten begeistert, und wenn sich die Gelegenheit ergibt, lassen sich die furchtlosen Dohlen dafür dann auch durchaus mit der Hand füttern.

## Die Route

Ausgangspunkt der anspruchsvollen Rundwanderung ist der große Parkplatz beim Naturbad Aschauerweiher. An der Westseite der Parkfläche beginnt der markierte Weg

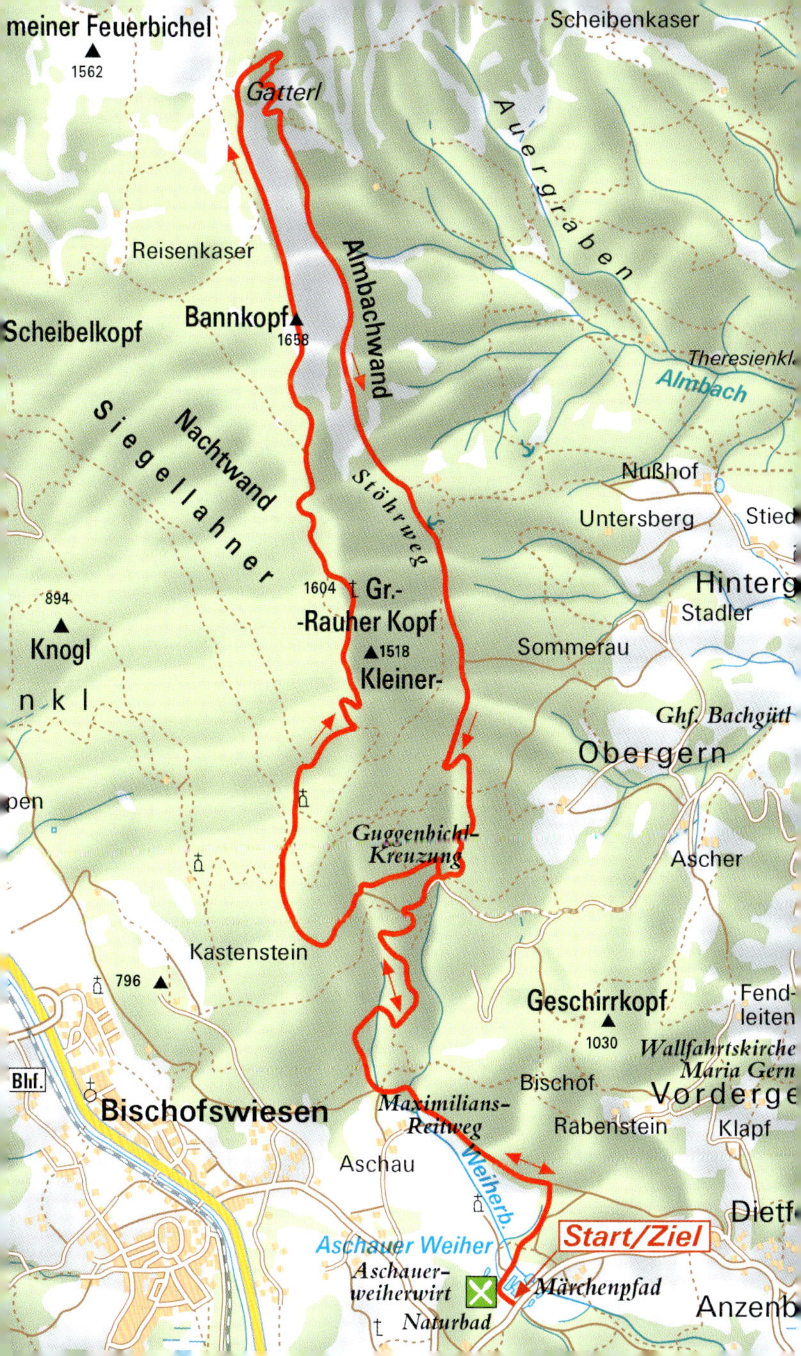
meiner Feuerbichel
1562
Scheibenkaser
Gatterl
Auergraben
Reisenkaser
Almbachwand
Bannkopf
1658
Scheibelkopf
Theresienkl
Almbach
Siegellahner
Nachtwand
Stöhrweg
Nußhof
Untersberg
Stied
894
1604
Gr.-
-Rauher Kopf
Hinterg
Stadler
Knogl
1518
Kleiner-
Sommerau
n k l
Ghf. Bachgütl
Obergern
pen
Guggenbichl-
Kreuzung
Ascher
Kastenstein
796
Geschirrkopf
Fend-
leiten
1030
Wallfahrtskirche
Maria Gern
Bhf.
Bischof
Vorderge
Bischofswiesen
Maximilians-
Reitweg
Rabenstein
Klapf
Aschau
Weiherb.
Dietf
Aschauer Weiher
Start/Ziel
Aschauer-
weiherwirt
Märchenpfad
Anzenb
Naturbad

auf den Rauhen Kopf, der am Naturbad vorbeiführt und vielleicht ja nach einer langen Acht-Stunden-Wanderung im belebenden Nass enden wird. Auch die weitere, nach links abzweigende Route auf den Maximillians-Reitweg ist ein wahrer Genuss für alle Sinne. Unter uralten Ahornriesen geht es mit schönen Blicken auf Watzmann & Co am Wiesenwaldrand entlang, bis der markierte Weg nach 30 Minuten nach rechts abzweigt. Der gemütliche Eingehteil ist hier vorbei, der folgende Weg gewinnt rasch an Höhe und mündet nach einer halben Stunde in einen Forstweg ein. Es folgt wieder ein beschaulicher, halbstündiger Abschnitt, der beim „Blauen Kastl" endet. Dort im blauen Schrein befindet sich eine Mariendarstellung, gegen den Durst hilft die etwas unterhalb gelegene, letzte Wasserstelle. Der hier nach rechts abzweigende Weg 467 führt mit zunehmender Steilheit durch den angenehm kühlen Wald in eine markante Einsattelung. Rechts (S) befindet sich der Kleine Rauhe Kopf (1 518 m), unsere markierte Route aber folgt dem sehr steilen, teils felsigen Kammverlauf nach links (N). Die Aussicht wird immer umfangreicher, kurz vor dem Gipfel sorgt aber noch die moderne Technik für Erstaunen, denn hier befindet sich eine der Bodenstationen, die für den praxisnahen Probebetrieb des neu installierten europäischen Navigationssystems Galileo errichtet wurden. Wenn der Abstieg vom Rauhen Kopf nicht auf der bereits bekannten Route erfolgen soll, ergibt sich eine genauso interessante wie anspruchsvolle Variante, die dem Gratverlauf in nördlicher Richtung folgt. Dieser gut erkennbare, aber beinahe unmarkierte Steig oberhalb der Almbachwand erfordert vor allem im ersten Teil gute Trittsicherheit und klettertechnische Basis-Kenntnisse (kurze Stellen I–II). Die kurzweilige Überschreitung richtet sich also an geübte Bergsteigerinnen und Bergsteiger, die ein Faible für außergewöhnliche Wege haben. Außerordentlich steil ist gleich der erste Abstieg durch die Latschengasse nördlich des Gipfelkreuzes. Wenig später folgt ein weiterer sehr steiler und feuchter Abschnitt, der aber mit Drahtseilen gesichert ist. Bergauf, bergab geht es nun in der nächsten Stunde über viele Felszacken Richtung Untersberg, mit dem ersten Almzaun wird dann das Gelände aber deutlich angenehmer. Der schmale Pfad folgt dabei immer dem Gratverlauf eher rechts haltend und trifft schließlich auf die baumfreie Fläche vor dem Wegeknotenpunkt „Leiterl" (auch „Gatterl"). Ein Weg führt in einer Stunde zum Stöhrhaus, ein anderer in die Gegenrichtung nach Hallthurm, wir aber folgen dem Weg 468 nach rechts. Über viele steile Kehren schlängelt sich der Steig auf der heißen Südostseite knappe 200 Höhenmeter tiefer in den Karboden zur Talstation der Stöhrhaus-Materialseilbahn. Der folgende Abschnitt unterhalb der Almbachwand ist kühler und angenehmer, verläuft er doch entlang der schmalen Zufahrt. Nach einer Stunde zweigt der Stöhrweg (Weg 468) zuerst nach rechts und kurz darauf nach links Richtung Bischofswiesen ab und folgt nun wieder der bereits bekannten Route.

# 37 Berchtesgadener Hochthron über Fadererschneid

T4 • 5–6 Stunden (↑), 3,5 Stunden (↓) • 15 Kilometer • 1 500 hm

| | |
|---|---|
| **Charakter** | die landschaftlich reizvolle Untersbergüberquerung in dieser Variante erfordert eine sehr gute Kondition, trockene Weg- und Wetterverhältnisse, knöchelhohes Schuhwerk und ein gutes Orientierungsvermögen. Wanderstöcke sind sinnvoll. Der erste Abschnitt bis zur Vierkaseralm ist kaum markiert, aber nach dem richtigen „Einfädeln" zu Beginn gut erkennbar. |
| **Beste Zeit** | Sommer, Herbst |
| **Weg** | Steige über Fels-, Wald und Latschenböden |
| **Ausgangspunkt** | Wanderparkplatz Hallthurm, Wegweiser am nördlichen Parkplatzende |
| **Anfahrt** | auf der A1 über die Grenze Walserberg. Bei der ersten Ausfahrt nach Bad Reichenhall und dort von der Umfahrung auf die B20 Richtung Bischofswiesen, Berchtesgaden abzweigen. Nach 4 km großer Parkplatz in Hallthurm auf der linken Straßenseite.<br>**Öffis:** ab Salzburg Hbf. mit S-Bahn nach Bhf. Bad Reichenhall, mit Bus 841 bis Hallthurm ehem. Bhf. |
| **Gastronomie** | Stöhrhaus, bewirtschaftet Mitte Mai bis Mitte Oktober, Tel. +49 (0)8652 7233 oder +49 (0)8657 983933, www.stoehrhaus.de;<br>Lusabethkaser, Almwirtschaft in den Sommermonaten |
| **Info** | www.bischofswiesen.de |

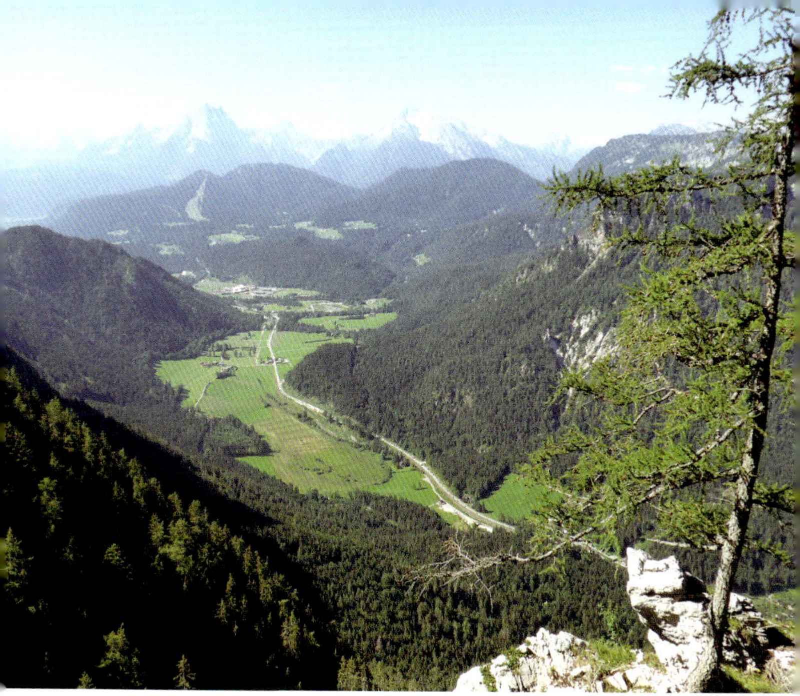

Der Blick von der Fadererschneid reicht über das Bischofswiesener Becken bis zum Watzmann.

## Auf den Routen der Zöllner und Schmuggler

Die landschaftlich ungemein reizvolle Durchquerung des Untersberplateaus von West nach Ost ist eine tagesfüllende Tour, die aber auch mit einer Übernachtung im rundum erneuerten Stöhrhaus entschärft werden kann. Das Herz- und Glanzstück der langen Runde ist gleich zu Beginn die großteils unmarkierte Etappe über die Fadererschneid. Der krönende Abschluss des Faderersteiges ist die luftige Kammwanderung mit wirklich einzigartigen Ausblicken und Plätzen. Der Anstieg über die steile Westseite ist überaus raffiniert angelegt und hat kaum ausgesetzte Stellen, der Weg erfordert aber trockene Verhältnisse. Vom Tal aus ist der Steig kaum erkennbar, was den Schmugglern nach dem Zweiten Weltkrieg sehr zugute kam. Vor allem grüner (geruchloser) Kaffee, Zigaretten und Hochprozentiges wurden auf solchen Steigen von Salzburg nach Bayern transportiert. Das Geschäft in der Nachkriegszeit war lukrativ, im nahen Hinterreit gibt es ein Gebäude, das unter den Einheimischen in Anspielung auf die beliebte und häufig geschmuggelte Zigarettenmarke als Chesterfield-Haus bekannt ist. Damals trugen die Schmuggler 30 bis 50 Kilo an heißer Ware auf dem Rücken, heute sollte vor allem genug Flüssigkeit für die lange Wanderung im Rucksack sein. Glücklicherweise kommen wir noch an einer letzten Quelle (1 705 m) am Fuße des Hirschangerkopfes vorbei, bevor die Querung durch das heiße, von Latschenfeldern überzogene Plateau beginnt.

## Die Route

Ausgangspunkt ist der Wanderparkplatz in Hallthurm auf der östlichen, der Untersberg-Seite der B20. Die möglichen Wanderziele sind am nördlichen Parkplatzrand auf einem Ständer mit insgesamt sieben gelben Wegschildern aufgelistet. Die alte Route über die Fadererschneid zum Hirschangerkopf ist leider nicht dabei, trotzdem aber leicht zu finden. Vom Wegweiser mit den gelben Schildern führt

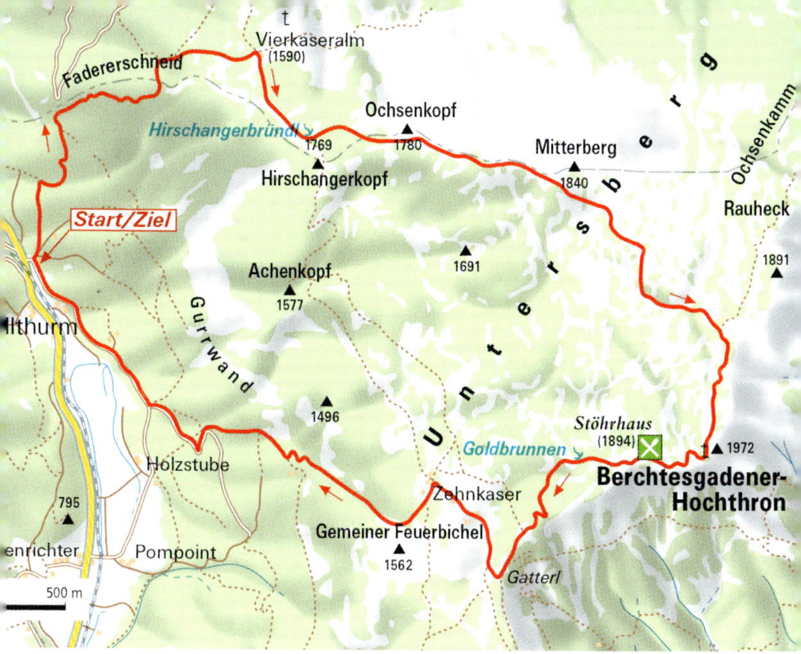


die Route nordostwärts an jener Lichtung entlang, auf der eine Hütte steht, zu einem Schranken mit Fahrverbotstafel und zweigt dann nach links ab. Hier befindet sich, auf einen Baum genagelt, das erste und einzige handgeschriebene Wegschild „Hirschangerkopf, Nagelstein“. Nach einigen Minuten endet der Forstweg. Hier beginnt rechts abzweigend ein gut erkennbarer Steig, der vorerst entlang der Trockenbachschneise bergwärts zieht. Etwas weiter oben verläuft der gleichbleibend steile Steig nach links und quert in eine lichtere Waldstufe. Über viele Kehren geht es in nördlicher Richtung durch das sehr steile, aber durch den Wald gut geschützte Gelände zu einer Jagdhütte auf der beginnenden Fadererschneid.

An diesem stimmungsvollen Ort dreht der Steig Richtung Osten und folgt mit atemberaubender Aussicht dem Kamm. Die Fadererschneid fällt zwar auf ihrer Süd-Westflanke beeindruckend steil ab, aber der nun rot markierte, deutlich erkennbare Pfad bewegt sich immer auf der sicheren Seite. Mit der beginnenden Latschenzone wird der Weg weniger steil und bald darauf, etwa auf 1600 Meter Höhe, zweigt eine Latschengasse nach links ab und trifft wenige Meter später oberhalb vom verfallenen Vierkaser auf die markierte Hauptroute 466, die vom Bruchhäusl heraufkommt. Entlang dieser geht es bergwärts über saftige Grasmatten zu einem weiteren Wegeknotenpunkt beim Hirschangerbrünnl. Die Quelle sprudelt etwas versteckt rechts oberhalb aus der Erde.
Der Weg auf den nahen Hirschangerkopf (1769 m) und dann weiter zum Zehnkaser führt geradeaus weiter, wir folgen aber der nach links abzweigenden, knapp dreistündigen Querung Richtung Stöhrhaus. Am halben Weg dorthin, der an vielen Dolinen vorbei durch ein gewaltiges Latschenfeld führt, liegt linker Hand der Mitterberg (1840 m). Ein halbstündiger Abstecher verläuft für die besonders Aktiven dort hinauf. Interessanter und vor allem aussichtsreicher ist dann nach der Einmündung in den Weg 410 (417) aber vielleicht ein Besuch auf dem Berchtesgadener Hochthron (1972 m), der nur einen kleinen Umweg erfordert. Das umgebaute Stöhrhaus (1894 m) ist schon in Sichtweite und eigentlich wäre die mit den neuesten Umweltstandards

ausgestattete Alpenvereinshütte auch gleich ein einladender Übernachtungsort.

## Abstieg vom Stöhrhaus nach Hallthurm

Entweder ausgeruht am nächsten Morgen oder zumindest aufgetankt am gleichen Tag führt der dreieinhalbstündige Abstieg zunächst in einer halben Stunde auf dem Weg 410 Richtung Hallthurm zum Wegeknotenpunkt beim „Gatterl“. Rechts (nordwestlich) unterhalb beginnt das weitläufige Zehnkaser-Almgebiet. Die erste dieser ursprünglich zehn Hütten ist der nur wenige Gehminuten entfernte Lusabethkaser. Sie ist die einzige im Sommer durchgehend bewirtschaftete Alm, das Einkehren ist immer ein ganz besonderes Erlebnis. Wer möchte, könnte von hier aus auch gleich dem kürzeren, sehr steilen Almsteig zurück zum Startpunkt folgen, bequemer ist aber der Hauptweg 465 (Hallthurm), der am Reisenkaser vorbeiführt (siehe Karte S. 223). Bald nach dieser Hütte wird zwar auch die Variante 465 alpiner, aber die Wegführung ist wesentlich angenehmer. Bei einer Weggabelung verläuft die Route nach rechts und geht dann in einen breiten Wirtschaftsweg über. Der letzte halbstündige Abschnitt folgt bei beiden Varianten dem Radweg zurück zum Parkplatz Hallthurn.

# 38 Zehnkaser über Hallthurm

T3 • 6,5–7 Stunden (inklusive Hochthron) • 13 Kilometer • 1 300 hm

| | |
|---|---|
| **Charakter** | landschaftlich beeindruckende, konditionell fordernde Rundtour mit immer wieder überraschend neuen Perspektiven. Der Almsteig erfordert Trittsicherheit und gutes Schuhwerk. Vorsicht bei Nässe. |
| **Beste Zeit** | Sommer, Frühherbst |
| **Weg** | Beginn und Ende sind Forstwege, sonst steile Wald- und Felssteige |
| **Ausgangspunkt** | Parkplatz Hallthurm |
| **Anfahrt** | auf der A1 über die Grenze Walserberg. Bei der ersten Ausfahrt nach Bad Reichenhall und dort von der Umfahrung auf die B20 Richtung Bischofswiesen, Berchtesgaden abzweigen. Nach 4 km befindet sich in Hallthurm auf der linken Straßenseite ein großer Parkplatz.<br>**Öffis:** mit S-Bahn ab Salzburg Hbf. nach Bhf. Bad Reichenhall, mit Bus 841 bis Hallthurm ehemaliger Bahnhof. |
| **Gastronomie** | Lusabethkaser, in den Sommermonaten bewirtschaftet. Stöhrhaus, bewirtschaftet Mitte Mai bis Mitte Oktober, Tel. +49 (0)8652 7233 oder +49 (0)8657 983933, www.stoehrhaus.de |
| **Info** | www.berchtesgaden.de |

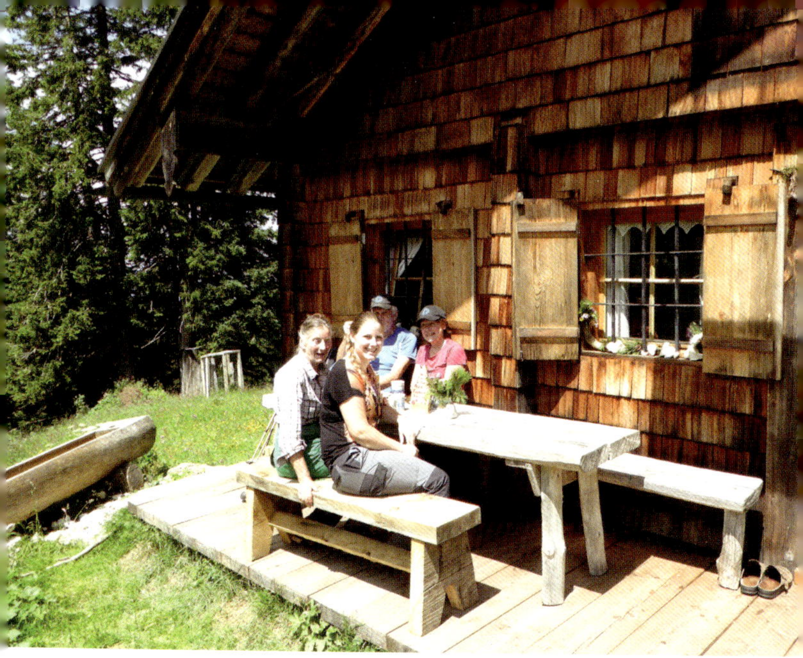

Herzlich willkommen zur Brotzeit beim Lusabethkaser.

## Der Lusabethkaser

In das Gebiet der Zehnkaser führt keine Straße und keine Materialseilbahn, die Hütten sind nur zu Fuß über die steilen Steige erreichbar. Der vorgestellte Almsteig von Hallthurm ist der kürzeste, wenn auch nicht der einfachste Weg in das Gebiet Zehnkaser. Der Almname bezieht sich auf jene zehn Kaser (=Hütten), die ursprünglich in dieser geschützten Muldenlage standen. In den 1920er-Jahren brannten zwei Hütten ab und wurden nicht wiederaufgebaut.

Der Lusabethkaser ist die südlichste der Hütten und der einzige im Sommer bewirtschaftete Stützpunkt. Seit über

drei Jahrzehnten wird er von einer Sennin aus Ettenberg betreut. Von Ettenberg erfolgt auch der Aufstieg, denn die Almtiere verbringen die ersten Wochen im Frühsommer auf dem Scheibenkaser auf der Südseite des Untersberges, dann geht es auf dem schmalen Steig herüber zur Hochalm in das Weidegebiet Zehnkaser. Das macht die Bewirtschaftung der Alm sehr aufwendig für den Lusabether, den Almbauern, der die beiden Kaser bewirtschaftet. Auch der Almabtrieb der Tiere im Herbst von der Hochalm am Zehnkaser zur Niederalm und weiter zum Heimhof ist dementsprechend schwierig. Nichtsdestotrotz ist das Einkehren beim Lusabethkaser vom ersten Augenblick an von größter Herzlichkeit geprägt. Nie ist der Ton klagend, wenn die Sennin von ihren Alltagserlebnissen erzählt, die mit Sicherheit nicht immer so sonnig sind, wie es für die Gäste auf der Almbank vor der Hütte den Anschein hat.
Eine kuriose Erzählung betrifft das Almjahr 1994, als die vier almerfahrenen Milchkühe die Eigeninitiative ergriffen und selbstständig über den drei Kilometer langen, teils ausgesetzten Steig vom Scheibenkaser zu den saftigen Wiesen rund um den Zehnkaser hinüberwechselten. Nur die vier Kälber wollten sich zunächst auf dieses Abenteuer nicht einlassen. Erst mit Hilfe der Almleute wurde die Familie am Zehnkaser dann in einer Nacht-und-Nebel-Aktion wieder zusammengeführt.

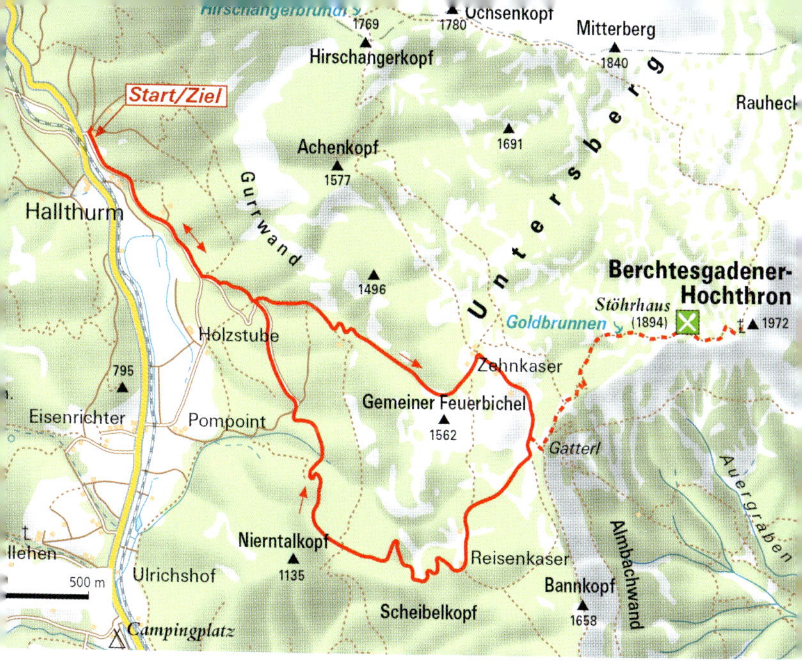


## Die Route

Ausgangspunkt ist der große Wanderparkplatz in Hallthurm. Zunächst folgt die Route dem flach verlaufenden Maximilians-Reitweg Richtung Bischofswiesen, aber schon bald zweigt der Wanderweg 404 A Richtung Stöhrhaus nach links ab. Auch dieser breite Forstweg ist noch eine kurze, angenehme Aufwärmstrecke, zumindest bis zu jenem Punkt, an dem das unscheinbare Schild „Zehnkaser über Almsteig“ den Abbiegepunkt nach links anzeigt. Nun beginnt ein ebenso steiler wie spektakulärer Steig durch die wild zerklüftete Felslandschaft auf der westlichen Untersbergseite.

Zu Beginn ergeben sich noch beeindruckende Blicke auf die Gurrwand und den dahinterliegenden Achenkopf, dann aber dominieren die schluchtartigen schattigen Grabenverläufe. Auch wenn es manchmal nicht so den Anschein hat, die raffiniert angelegte Route findet schließlich immer den optimalen Verlauf. Berührend sind die Marienstatue in einer Felsnische und die Erinnerungstafel an einen gefallenen Soldaten. Ein gutes Gefühl vermittelt dann das Drahtseil, das über die unangenehmste Stelle hinweghilft. Nach 700 Höhenmetern oder zwei Stunden Gehzeit liegt der steile Almsteig hinter uns und das freundliche Zehnkaser Weidegebiet vor uns. Der Almsteig führt in einem Rechtsbogen über den leicht hügeligen Almboden und gelangt an zumeist unbewirtschafteten Hütten vorbei

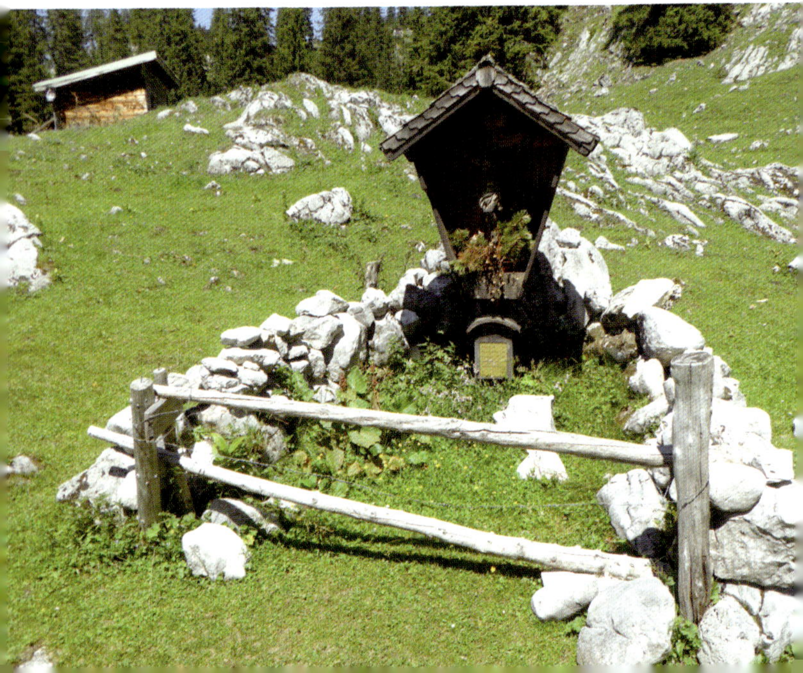

zum Lusabethkaser (1 550 m). Zwischen Juli und September freuen sich die Sennleute über Besuch und tischen feine Köstlichkeiten auf.

Wer die Gelegenheit zu einem Besuch auf dem Berchtesgadener Hochthron (1 972 m) nutzen will, muss nochmals eine gute Stunde für den Anstieg einplanen. Der Weg (404 A, 417) führt zuerst über Weideflächen zum Knotenpunkt „Gatterl" und dann durch die Latschen- und Felszone am bewirtschafteten Stöhrhaus vorbei auf den viel begangenen Gipfel. Der Abstieg von der höchsten Untersbergerhebung verläuft bis zum „Gatterl" auf dem bekannten Weg, zweigt dann aber nicht zum Zehnkaser ab, sondern folgt der Richtung Hallthurm (Weg 465) geradeaus. Bald nach dem Reisenkaser empfiehlt sich auf der linken Wegseite der kurze Abstecher auf das Reißenköpfl (1 481 m), einen romantischen Rastplatz mit Kreuz und Bankerl, von dem sich eine herrliche Fernsicht ergibt. Der schön angelegte Reisensteig führt über viele steile Serpentinen zu einer Weggabelung hinab: nach links geht es Richtung Winkl, der rechte Weg 465 verläuft zuerst als Karrenweg, dann als breiter Wirtschaftsweg in eineinviertel Stunden an den Startpunkt Hallthurm zurück.

Ein Andachtskreuz im Gebiet der Zehnkaser-Weiden.

## 39 Gmainer Rundtour im Lattengebirge

T2 • 3,5 Stunden • 7 Kilometer • 610 hm

| | |
|---|---|
| **Charakter** | abwechslungsreiche, eindrucksvolle Rundtour, die dem alpinen Charakter des nördlichen Lattengebirges entspricht. Der eiskalte Weißbach gegen Ende der Tour bietet Abkühlung für Hartgesottene. |
| **Beste Zeit** | Sommer |
| **Weg** | schmale, manchmal auch verwachsene Steige, die oft von Wurzelwerk durchzogen sind. Erhöhte Rutschgefahr bei Nässe. Gutes Schuhwerk ist nötig, Stöcke sind sinnvoll. |
| **Ausgangspunkt** | Wanderzentrum Bayerisch Gmain |
| **Anfahrt** | A1, Abfahrt Salzburg West, auf B1 und L114 nach Großgmain und Bayerisch Gmain. Gleich nach der Einmündung in die B20 Richtung Bischofswiesen (links) zweigt die Anfahrt Wanderzentrum nach rechts durch die Bahnunterführung in die Lattenbergstraße ab. **Öffis:** S-Bahn ab Salzburg Hbf. bis Bhf. Bayerisch Gmain. 15 Gehminuten zum Wanderparkplatz. |
| **Gastronomie** | im Ort |
| **Info** | www.bayerisch.gmain.de; www.salzalpensteig.com |

### Der SalzAlpenSteig

Die großartige Gmainer Rundtour ist einer der SalzAlpen-Steig-Premiumwege. Der SalzAlpenSteig hat sich in der

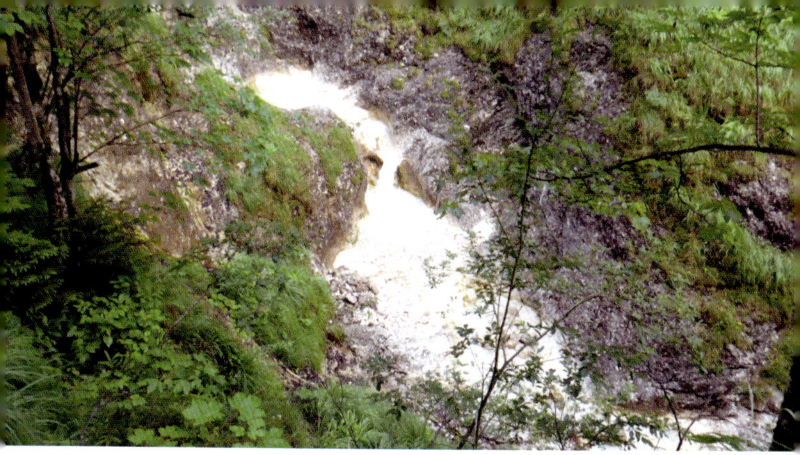

Der erste Wegabschnitt folgt dem Wappbach-Verlauf.

kurzen Zeit seit seiner Eröffnung im Mai 2015 zu einem der beliebtesten Weitwanderwege in Oberbayern und im Salzburger Land etabliert. Die 230 Kilometer lange Fernwanderstrecke verbindet den Chiemsee mit dem Hallstättersee und hat natürlich das Thema Salz zum Inhalt. Daher begegnen wir den vertrauten Wegmarkierungen rund um den Untersberg besonders oft, denn hier trägt ein Großteil der Orte das Salz im Namen. Zugleich war der lebensnotwendige Stoff auch die einstige Grundlage für den materiellen und kulturellen Reichtum der Region.

Der klassische SalzAlpenSteig (grün auf gelb) besteht aus 18 Etappen, dazu gibt es aber auch noch 23 kürzere SalzAlpenSteig-Rundtouren (blau auf gelb). Die Logos mit den markanten Bergspitzen sind aus den Wanderkarten nicht mehr wegzudenken und stehen für eine gut durchdachte, intelligente Wegführung.

## Die Route

Die Gmainer Rundtour beginnt am Parkplatz Wanderzentrum, etwa 15 Gehminuten vom Bahnhof Bayerisch Gmain entfernt. Einige Informationstafeln stellen die Eigenarten des Lattengebirges vor, eine andere Schautafel präsentiert die „Gmainer Rundtour" in allen Einzelheiten. Hier auf der kühlen Nordseite ist das Lattengebirge besonders gezeichnet von den tief eingeschnittenen, klammartigen Bachverläufen. Die Rundtour taucht ein in dieses faszinierende Labyrinth aus Gräben und Canyons und berührt dabei sonst kaum zugängliche Bereiche. Die Übersichtstafel zu Beginn ist hilfreich, denn die Fülle an verschiedenen Themen- und Schwerpunktwegen wirkt manchmal etwas verwirrend. Wer aber immer dem markanten, blauen SalzAlpenSteig-Logo auf gelbem Hintergrund folgt, liegt in diesem Fall richtig. Der nur zu Beginn breite, dann sehr schmale Pfad verläuft einen Kilometer ohne viel Höhengewinn am Wappbach entlang grabeneinwärts. Das ändert sich nach einer Weggabelung schlagartig: Der nach links abzweigende Weg 5 (Eichelbergrundweg) schraubt sich über eine manchmal schwindelerregend angelegte Trasse in die Höhe. Herabziehende Gräben werden für die Wegführung geschickt ausgenützt, zwischendurch sorgen zwei Leitern für einen bequemen Übergang und schließlich ist dann der höchste Punkt der Runde auf 1160 Meter Seehöhe erreicht. Der hier nach rechts abzweigende, eineinhalbstündige Weg auf den Dreisesselberg (1680 m) folgt ganz einfach dem Nordkamm.

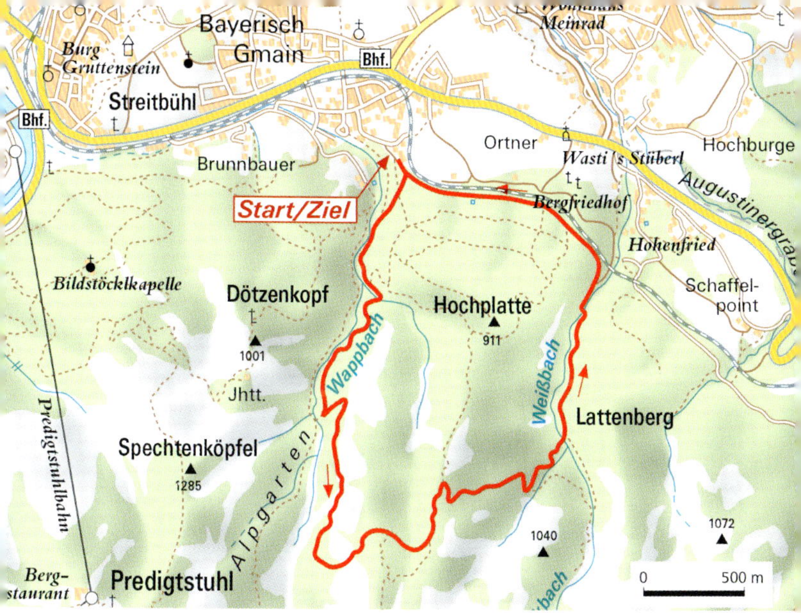


Der ebenfalls noch eineinhalb Stunden dauernde, zweite Teil unserer Gmainer Rundtour führt aber zunächst geradeaus weiter und dreht dann Richtung Norden. Eine um eine halbe Stunde kürzere Variante zweigt bei der nächsten Gabelung nach links ab und führt über die Hochplatte (911 m) zurück zum Startpunkt. Die Gmainer Rundtour aber verläuft noch zum Weißbach hinab und folgt diesem glasklaren Gewässer an einigen kleineren Wasserfällen vorbei zum Talausgang. Bevor wir den zauberhaften Weißbach verlassen, bieten sich noch gute Einstiegsmöglichkeiten für eine erfrischende Abkühlung an, für die Wanderkinder wurde sogar ein eigener Naturspielplatz eingerichtet. Links abzweigend führt der letzte Abschnitt auf dem breiten Talbodenweg in einer halben Stunde retour zum Wanderzentrum.

# 40 Hochplatte im nördlichen Lattengebirge

T2 • $1\frac{3}{4}$ Stunden (Rundweg 3) • 2,8 Kilometer • 350 hm

| | |
|---|---|
| **Charakter** | sehr lohnende, manchmal steile Rundwanderung, die trotz vorherrschendem Waldgelände zu herrlichen Aussichtspunkten führt. |
| **Beste Zeit** | Sommer |
| **Weg** | Waldpfade mit ausgeprägtem Wurzelanteil. |
| **Ausgangspunkt** | Parkplatz Wanderzentrum Bayerisch Gmain, Alpgarten. |
| **Anfahrt** | A1, Abfahrt Salzburg West, auf B1 und L114 nach Großgmain und Bayerisch Gmain. Gleich nach der Einmündung in die B20 Richtung Bischofswiesen zweigt die Anfahrt Wanderzentrum nach rechts durch die Bahnunterführung in die Lattenbergstraße ab. **Öffis:** S-Bahn ab Salzburg Hbf. bis Bayerisch Gmain. 15 Gehminuten zum Wanderparkplatz. |
| **Gastronomie** | im Ort |
| **Info** | www.bayerisch.gmain.de |

## Der historische Alpgarten in Bayerisch Gmain

Ein Alpgarten in Kurortnähe mag vielleicht etwas antiquiert wirken, aber mit dem aufkommenden Kurtourismus ab der Mitte des 19. Jahrhunderts waren solche Einrichtungen gang und gäbe. Kein Kurort ohne Kurgarten: Jener Kurgarten im Zentrum von Bad Reichenhall mit Wandelhalle

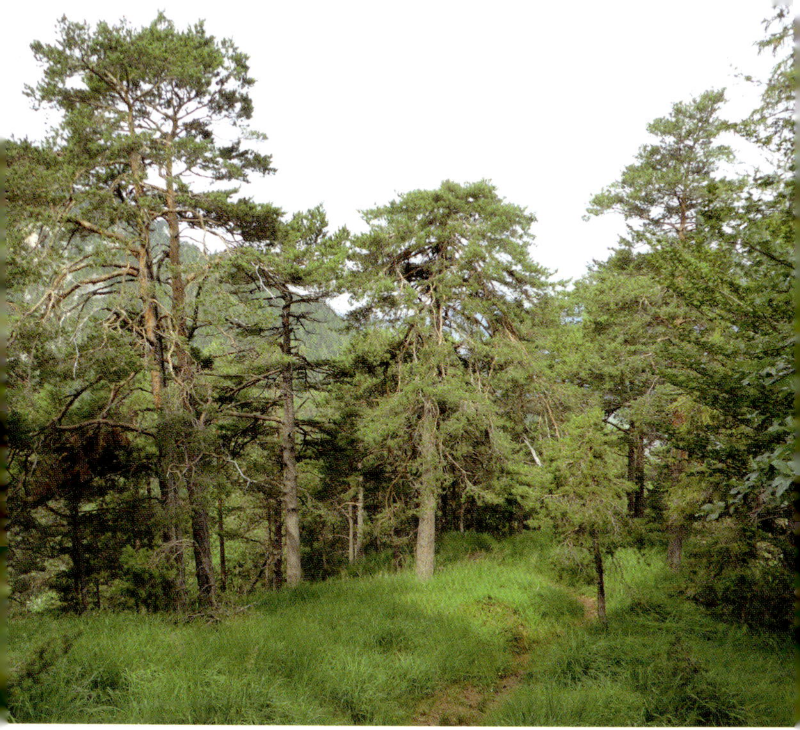

Der flache Gipfelbereich mit dem treffenden Namen „Hochplatte".

und Gradierhaus war und ist eine besonders prachtvolle, heute unter Denkmalschutz stehende Anlage. Das alpine Gegenstück dazu wurde hier am Fuße des nördlichen Lattengebirges errichtet. Dabei wurde dem werten Publikum ein botanisches Sammelsurium an alpinen Raritäten geboten, die sich sonst nur an schwer zugänglichen Stellen entdecken lassen. Enzian, Edelweiß oder Kohlröserl gehören genauso dazu wie die zur Familie der Primeln zählende, leuchtend gelbe Alpenaurikel, unter den Einheimischen vielleicht besser bekannt als „Gamsbleaml“ oder „Petergstamm“. Aber auch unscheinbare, dafür umso seltenere Farne werden präsentiert. Die historische Anlage am Ausgangspunkt der Wanderung in Bayerisch Gmain könnte interessantes Anschauungsmaterial zum Thema Klimawandel bieten. Denn einige der vor 120 Jahren üblichen Bergpflanzen werden sich wohl im angehenden dritten Jahrtausend aus der alpinen Artenpalette verabschieden. So könnte sich der gerade im Umbau befindliche Alpgarten zu einer Art Jurassic Park einer stark gefährdeten Alpenflora entwickeln. Andererseits schafft die unaufhörlich nach oben kletternde Temperaturkurve auch günstige Lebensbedingungen für neue Arten. So traurig der Verlust auch ist, der ewige Erneuerungszyklus ist das Erfolgsmodell unseres Superplaneten. Was natürlich kein Freibrief für umweltschädigendes, ressourcenvernichtendes Verhalten sein soll.

## Die Route

Am Wanderparkplatz nahe dem historischen Alpgarten in Bayerisch Gmain beginnt der Weg 3 „Hochplatte Rundweg über Aussichtskanzel“. Er verläuft einige Meter grabeneinwärts und zweigt dann nach links ab. Die Wegvariante über die Aussichtskanzel trifft nicht nur auf großartige Panoramapunkte, sondern führt auch durch ein lichtes, sehr schönes Mischwaldgelände, das hauptsächlich von wärmeliebenden Kiefern und Föhren dominiert wird. Der Anstieg ist durchgehend steil und von unzähligen Wurzeln

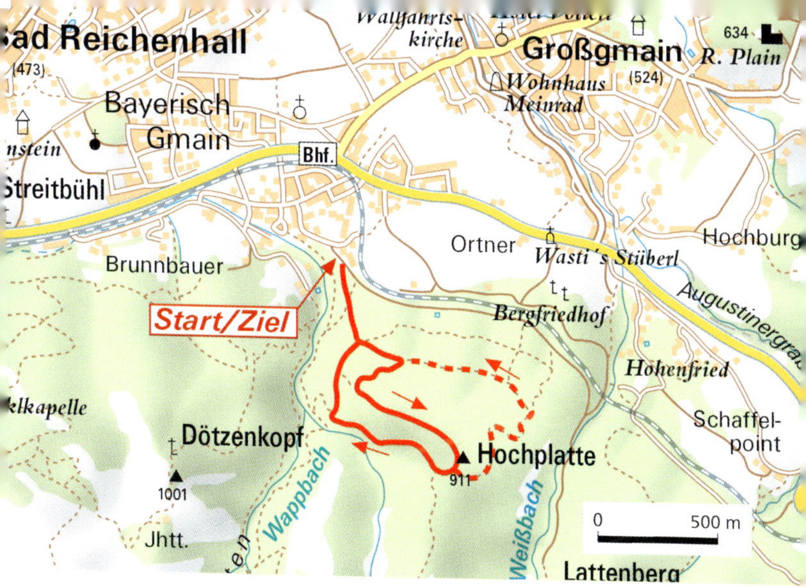


geprägt, die besonders bei Nässe ein umsichtiges Verhalten erfordern. Das Ziel Hochplatte (911 m) heißt nicht umsonst so, auch hier auf dem flachen Gipfelplateau hat sich eine gesunde, artenreiche Waldstruktur entwickeln können. Das geht zwar zu Lasten der Aussicht, aber die grandiosen Weitblicke hat ohnehin der Anstieg bereits in großer Vielzahl geboten. Auch der Abstieg ist nicht mehr so aussichtsreich, dafür aber weniger steil. Dazu folgen wir dem Weg 3 in südlicher Richtung, der nach 10 Minuten auf eine Gabelung trifft. Der Rundweg 3 zweigt nach rechts ab, eine etwas längere Variante verläuft nach links und setzt die Umrundung über die Nordseite fort. Kurz vor dem Startpunkt treffen die Varianten wieder aufeinander.

## 41 Von Großgmain nach Bad Reichenhall

T1 • 2,5 Stunden (Rundweg 3) • 8 Kilometer • 120 hm

| | |
|---|---|
| **Charakter** | allwettertauglicher, großteils sonniger Kulturspaziergang mit dem Schwerpunkt Bad Reichenhall. |
| **Beste Zeit** | ganzjährig |
| **Weg** | Asphalt und Kieswege |
| **Ausgangspunkt** | Parkplatz unterhalb der Kirche in Großgmain (Josef-Meinrad-Straße). |
| **Anfahrt** | A1, Abfahrt Salzburg West. Vom Autobahnknoten auf der B1 Richtung Walserberg zur Abzweigung Großgmain und über die Landesstraße (L 114) in das Ortszentrum. Parkplatz rechts neben der Kirche an der Josef-Meinrad-Straße.<br>**Öffis:** Bus 180 ab Salzburg Hbf. bis Großgmain Ortsmitte. |
| **Gastronomie** | zahlreiche Einkehrmöglichkeiten in Großgmain und Bad Reichenhall |
| **Info** | www.bad-reichenhall.de, www.grossgmain.info |

### Burg Gruttenstein und Hallburg

Zwischen Großgmain und Bad Reichenhall breitet sich eine beruhigende Landschaft aus, die sich bestens für sonnige Spaziergänge in der Übergangszeit eignet. Neben der erholsamen Landschaft zum Durchatmen bietet die länderübergreifende Wanderung andererseits aber auch

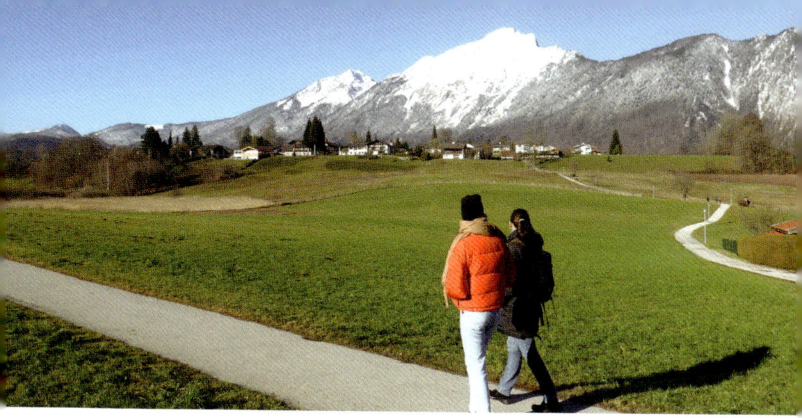

Unterwegs auf dem Großgmainer Gangsteig mit Blick auf den Hochstaufen.

atemberaubende Einblicke in architektonische Meisterleistungen von der Romanik bis in die Neuzeit. Zu den ältesten Bauwerken entlang des Weges gehört die Burg Gruttenstein. Sie wurde von den Bayernherzögen ab 1218 erbaut und gehörte bald zu einem wichtigen militärischen Stützpunkt im Kampf um die Vorherrschaft in Bad Reichenhall. Später zog der Pfleger in die Burg, aber auch Garnisonen hatten hier noch zwischen 1809 und 1866 einen vorübergehenden Standort. Die heute in Privatbesitz stehende Burg Gruttenstein bewahrte über all die Jahrhunderte ihr äußerst wehrhaftes Aussehen, wobei sich nun im Inneren der mittelalterlichen Anlage attraktive Wohnungen befinden. Für originelle Oster- oder Weihnachtsmärkte im Hof öffnet die Burg alljährlich ihre schweren Holztore für kurze Zeit. Noch älter als die Burg Gruttenstein ist die nur einen Steinwurf weit entfernte Hallburg. Von dieser alten Anlage der Hallgrafen, die von den Salzburger Erzbischöfen zum Zwecke der Machtdemonstration gegen Ende des 12. Jahrhunderts übernommen und ausgebaut wurde, ist allerdings so gut wie nichts mehr vorhanden. Mit etwas Fantasie lassen sich auf dem Hügel östlich von Gruttenstein noch terrassierte Bereiche erkennen.

### Die Route

Der Ausgangspunkt dieser interessanten Kulturwanderung ist die Marienwallfahrtskirche Großgmain. Die prunkvolle Ausstattung verweist auf den reichen Geldsegen aus der blühenden Wallfahrt, die ab etwa 1450 einsetzte. Welche Bitten damals in Erfüllung gingen, zeigen die notariell beglaubigten Wundertafeln im Vorraum der Kirche. Ein anderer besonders wertvoller Schatz sind die gotischen Wandtafeln im Chorraum, die von einem unbekannten Meister stammen. Der Weg nach Reichenhall führt entlang der Hauptstraße geradeaus über die Grenze und zweigt 300 Meter später nach rechts in den Großgmainer Gangsteig ab. Auf diesem uralten Verbindungsweg geht es quer über die freie Wiese in das Siedlungsgebiet und dort an einer mächtigen Eiche und am Streitbühel vorbei zur Burg Gruttenstein. Für den Abstieg nach Bad Reichenhall bieten sich zwei Wege an: etwas länger ist die links abzweigende Route über die Obere Stadt zum malerischen Floriániplatz. Rund um die Weihnachtszeit steht dieser ganz im Zeichen eines kleinen Adventmarktes, alle zwei Jahre zu Ostern schmücken 4000 ausgeblasene und bemalte Ostereier das Denkmal des hl. Florian. Die ebenfalls sehr sehenswerte

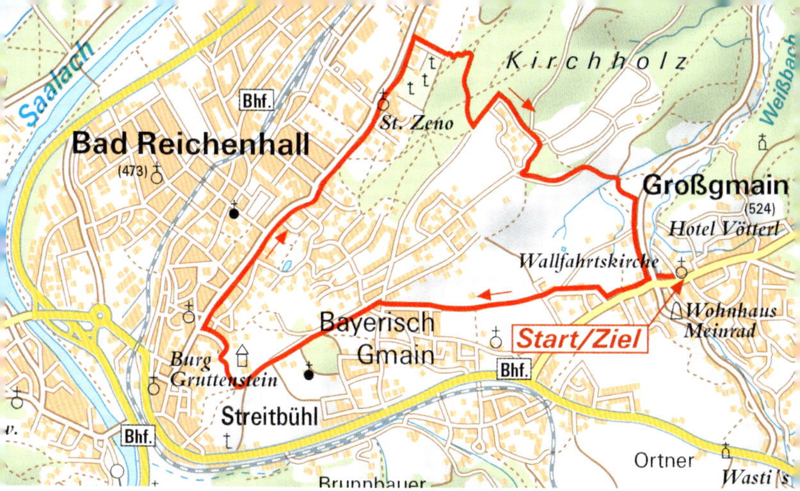


romanische Basilika der St.-Nikolaus-Kirche steht etwas weiter westwärts (links). Auf der rechten Seite der Salinenstraße folgt bald die Alte Saline, die ab 1836 im neoromanischen Stil errichtet wurde. In dieser nach dem großen Stadtbrand neu aufgebauten Saline wurde von 1844 bis 1929 das Reichenhaller Salz produziert. Ein romanisches Portal aus dem 12. Jahrhundert können wir dann wieder beim ehemaligen Augustiner Chorherrenstift St. Zeno bewundern. Es besteht aus rotem Adneter und weißem Untersberger Marmor. Der Weg zur Kirche führt über die Ludwigstraße und die Salzburger Straße quer durch die Reichenhaller Fußgängerzone. Nach dem Friedhof zweigt unser Weg nach rechts in die Kirchholzstraße ab. Auf der Route „Bayerisch Gmain über Kirchholz“ geht es bergauf zu einer Gabelung und dort in einer Schleife am Standortübungsplatz vorbei zur Abzweigung des Harbachersteiges nach links. Zwanzig sonnige Gehminuten später ist der Ausgangspunkt wieder erreicht.

# 42 Vom Bruchhäusl über Hirschangerkopf zum Zehnkaser

T3 • 7 Stunden • 15,5 Kilometer • 1 300 hm

| | |
|---|---|
| **Charakter** | sehr einsame Rundtour, die zwischen Hirschangerkopf und Zehnkaser ein gutes Orientierungsvermögen voraussetzt, da der Steig nur sporadisch markiert ist. |
| **Beste Zeit** | Sommer, Herbst |
| **Weg** | Fels-, Wiesen- und Waldsteige. Im Tal Forstwege. |
| **Ausgangspunkt** | Parkplatz Bruchhäusl, Großgmain |
| **Anfahrt** | A1, Abfahrt Salzburg West. Auf der B1 und der Großgmainer Landestraße (L114) nach Großgmain. Kurz vor dem Ortszentrum nach links über die Plainburgstraße Richtung Wolfschwang und vor dem Bruchhäusl nach links auf den Waldparkplatz.<br>**Öffis:** Bus 180 ab Salzburg Hbf. bis Haltestelle Großgmain Lindenplatz. Zusätzliche Gehzeit (Anstieg) 1 Stunde |
| **Gastronomie** | Wolfschwang Alm, Tel. +43 (0)6247 20050, www.wolfschwang-alm.at;<br>Lusabethkaser, bewirtschaftet Juli bis September. |
| **Info** | www.grossgmain.at |

## Grüße aus der Eiszeit

In der klimabegünstigten Phase vor der kleinen Eiszeit war das Almwesen am Untersberg stark ausgeprägt. Die kleine Eiszeit betrifft die Periode zwischen dem 15. und dem

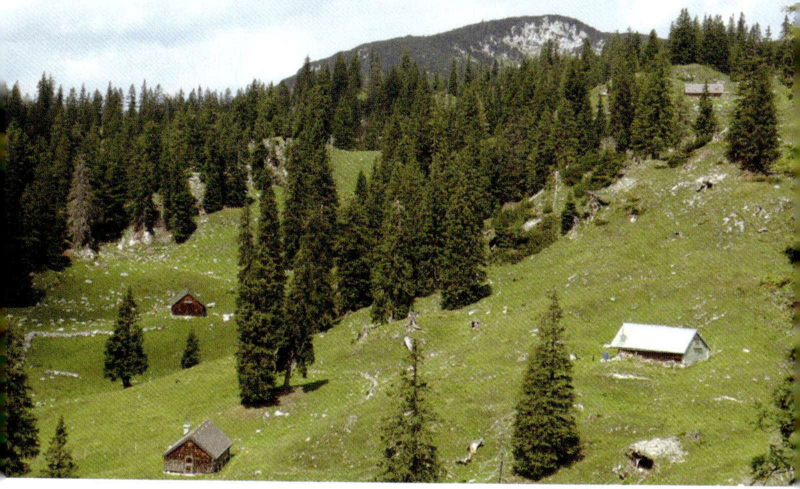

Das Zehnkaser-Gebiet mit dem Hirschangerkopf im Hintergrund.

19. Jahrhundert, hatte aber regional sehr unterschiedliche Auswirkungen und war starken Schwankungen unterworfen. Vermutlich wurde auf dem Untersberg schon ab der Bronzezeit Almwirtschaft betrieben, die in der mittelalterlichen Warmzeit ihre erfolgreiche Fortsetzung fand. Heute sind nur noch wenige Flächen bewirtschaftet, dazu zählt der Lusabethkaser (1560 m) im Zehnkaser-Gebiet, zu dem die Wanderung führt. Während der langen Plateauüberschreitung werden auch die Schwierigkeiten erkennbar, mit denen die Almbauern von heute zu kämpfen haben. Neben den langen und herausfordernden Zustiegen ist es vor allem der Wassermangel am Plateau. Nur eine magere Quelle erwartet die Wanderer am Fuße des Hirschangerkopfes, daher sollte auch entsprechend viel Flüssigkeit im Rucksack mit dabei sein. Die Wasserstelle nördlich des Hirschangerkopfes ist aber eine

ganz besondere Quelle, denn sie tritt aus eiszeitlichen Konglomeraten hervor, die hier als Stauhorizont wirken. Diesem stark verkitteten Grundmoränenmaterial aus der Eiszeit verdanken wir die quellfrische Abkühlung in dieser ungewöhnlichen Höhe von 1600 Metern über dem Meeresspiegel.

### Die Route

Ausgangspunkt ist der schattige Waldparkplatz nahe beim Bruchhäusl. Hier ist auch gleich das erste Wegschild angebracht, das unser erstes Ziel, die Vierkaseralm, mit 3 Stunden Gehzeit angibt. Der Vierkasersteig (Weg 466) durchquert zuerst einen dunklen Fichtenwald, dann verläuft der konstant steile Weg auf eine breite Schneise hinaus, die durch einen gewaltigen Lawinenabgang im Jahr 2009 entstanden ist. In der Folge sind breite Wirtschaftswege zur Schadensbeseitigung entstanden, die ebenfalls gequert werden. Jetzt wird der Wald aber wirklich freundlicher und lichter, dadurch kann sich auch eine interessante Bodenvegetation entwickeln. Auch die Geologen haben mit dieser Untersbergseite ihre Freude, hier treten vermehrt fossile Funde auf, von denen schöne Beispiele im Haus der Natur in Salzburg ausgestellt sind. In den dortigen Vitrinen kann man Megalodonten (Kuhtrittmuscheln) oder Ammoniten bewundern, hier an Ort und Stelle sind die Korallenstöcke entlang des Weges besonders auffallend. Obwohl rund um den Vierkaser saftige Weideflächen vorhanden sind, ist der Almbetrieb schon längst Geschichte,

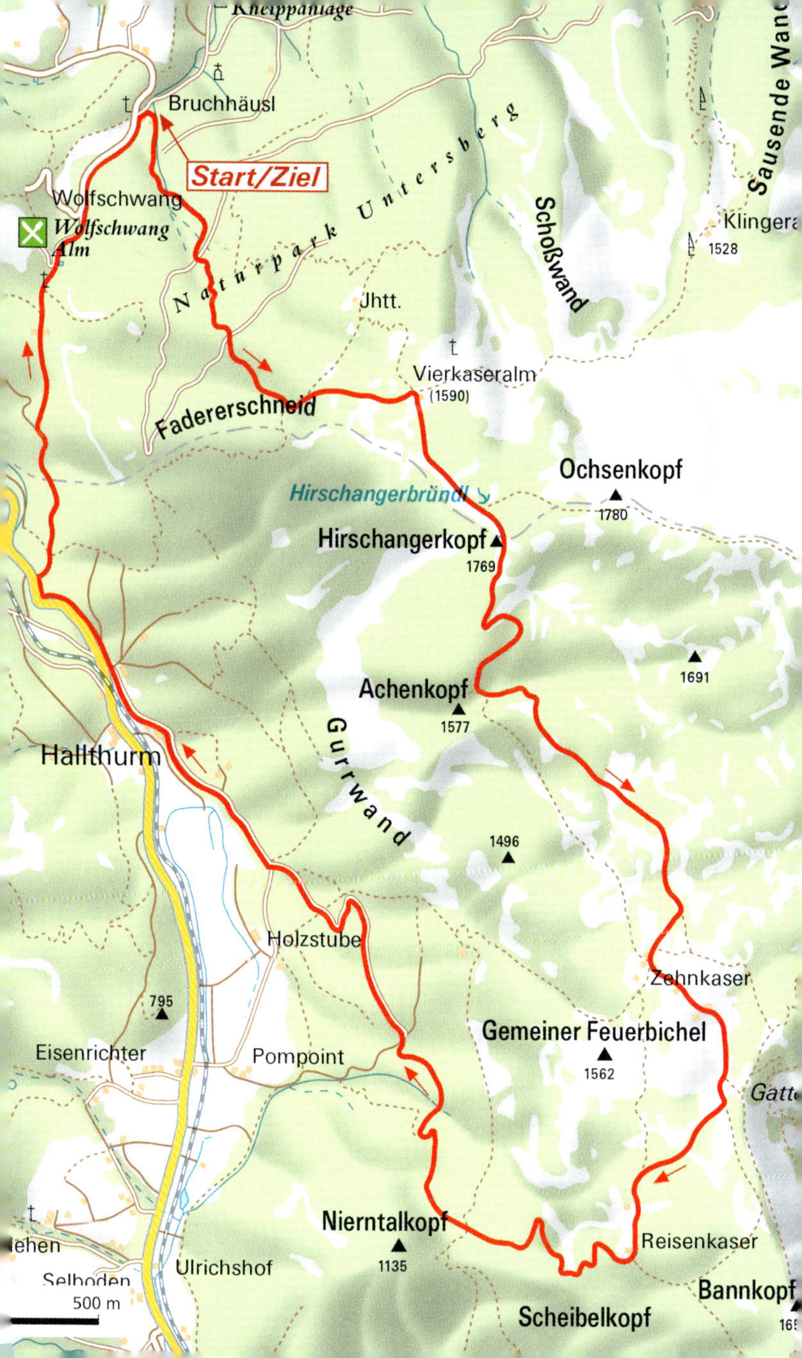

Kneippanlage
Bruchhäusl
Start/Ziel
Wolfschwang
Wolfschwang Alm
Naturpark Untersberg
Schoßwand
Sausende Wand
Klingera
1528
Jhtt.
Vierkaseralm
(1590)
Fadererschneid
Ochsenkopf
1780
Hirschangerbründl
Hirschangerkopf
1769
1691
Achenkopf
1577
Hallthurm
Gurrwand
1496
Holzstube
Zehnkaser
Gemeiner Feuerbichel
1562
795
Eisenrichter
Pompoint
Gatt
Nierntalkopf
1135
Reisenkaser
Ulrichshof
Selboden
Bannkopf
Scheibelkopf
500 m

und die Gebäude sind verfallen. Auf der Kuppe neben dem Kreuz und dem Hochstand steht dennoch die im Jahr 2015 errichtete Vierkaserhütte, die der Grödiger Bergrettung und der Organisation Pax-Natura als Materiallager dient. Bei der Weggabelung zweigt der Verbindungssteig zur Klingeralm nach links ab, unsere Route 466 aber folgt der Richtung Hirschangerkopf (1 769 m). Interessanter als diese Erhebung ist vielleicht sogar die Hirschangerquelle, die einige Minuten unterhalb der Gipfelsteig-Abzweigung ans Tageslicht tritt. Besonders an heißen Sommertagen eine wahre Wohltat. Der Gipfel selbst ist ab der Abzweigung in wenigen Minuten erreicht, allerdings über einen steilen Felssteig ohne Drahtseilunterstützung (-I), der festes Zugreifen verlangt.

Wieder am Fuß des latschenüberzogenen Berges angelangt, folgen wir dem rechts abzweigenden Wiesenpfad zum Zehnkaser (nicht Richtung Mitterberg!). Der nur noch mit blassen Markierungen versehene Steig ist durch zusätzliche Steindauben meistens gut erkennbar, aber aus den Augen verlieren sollte man das schmale Weglein nicht. Wie am Untersbergplateau üblich, verläuft die Querung auch nicht eben, sondern durchschreitet etliche Gegenanstiege. Etwa 100 Höhenmeter kommen da noch extra bis zum Zehnkaser dazu. Schließlich trifft der Richtung Süd-Osten verlaufende Steig auf die erste der Hütten im weitläufigen Zehnkaser-Gebiet. Der in den Hochsommermonaten bewirtschaftete Lusabethkaser (1 560 m) ist das südlichste Gebäude. Von dieser gastfreundlichen Alm führt der Weg noch 200 Meter südwärts und trifft dort auf den markierten Hauptweg Richtung Hallthurm (Weg 465).

### Der Abstieg über den Reisensteig

Nach der Einmündung in den Weg 465 Richtung Hallthurm durchquert der Pfad zunächst noch angenehmes, leicht kupiertes Wandergelände, aber bald nach dem Reisenkaser ändert sich der Wegcharakter. Bevor es aber richtig steil wird, empfiehlt sich noch der kleine Abstecher zu einem besonders schönen Aussichtspunkt (Reißenköpfl, 1 481 m), auf dem ein Rastbankerl und ein Kreuz zum kurzen Innehalten einladen. Nach den vielen Serpentinen im felsigen Gelände folgt ein etwas weniger steiler Ziehweg und dann rechts abzweigend ein beinahe schon flach anmutender, breiter Wirtschaftsweg. Wirklich flach, ja leider schon wieder leicht ansteigend präsentiert sich dann der Maximilians-Reitweg nach Hallthurm. Der namensgebende Turm, der die Fürstpropstei Berchtesgaden beschützen sollte, ist nicht zu übersehen, die seitlich begleitenden Sperrmauern sind schon nicht mehr so leicht zu erkennen. Dafür ist der Weg nach Wolfschwang ganz eindeutig angeschrieben. Die Route folgt noch einige Meter talwärts dem Radweg und zweigt dann nach rechts ab. Wieder geht es leicht bergauf, aber der Weg im schattigen Wald ist angenehm angelegt und erreicht eine halbe Stunde später die Abzweigung zur Einkehrstation Wolfschwang. Unser Weg aber führt geradeaus weiter und erreicht 10 Minuten später den Startpunkt Bruchhäusl.

# 43 Vom Latschenwirt über Klingeralm zum Vierkaser

T2 • 5,5 Stunden • 10 Kilometer • 1 100 hm

| | |
|---|---|
| **Charakter** | stille Alm-Rundtour auf der Untersberg-Nordseite mit steilem An- und Abstieg und einem flacheren Mittelteil. Die beiden Almen sind verfallen bzw. nicht bewirtschaftet. |
| **Beste Zeit** | Sommer |
| **Weg** | Steige |
| **Ausgangspunkt** | Parkplatz Latschenwirt, Großgmain. |
| **Anfahrt** | A1, Abfahrt Salzburg West. Auf der B1 etwa 1,5 km zur Abzweigung Richtung Großgmain (links). Nach 4 km zum Latschenwirt nach links abzweigen. **Öffis:** Bus 180 ab Salzburg Hbf. bis Großgmain, Abzweigung Latschenwirt. Zusätzlich 30 Minuten Gehzeit. |
| **Gastronomie** | Latschenwirt, Tel. +43 (0)6247 84476, www.latschenwirt.at |
| **Info** | www.grossgmain.info |

### Klingeralm und Vierkaser

Obwohl die Voraussetzungen für die Almwirtschaft am Untersberg durch den Wassermangel und die fehlenden ebenen Flächen schwierig sind, muss es bereits in der Frühzeit zahlreiche Almen gegeben haben. Erste schriftliche Nachweise aus dem 16. Jahrhundert sind erhalten.

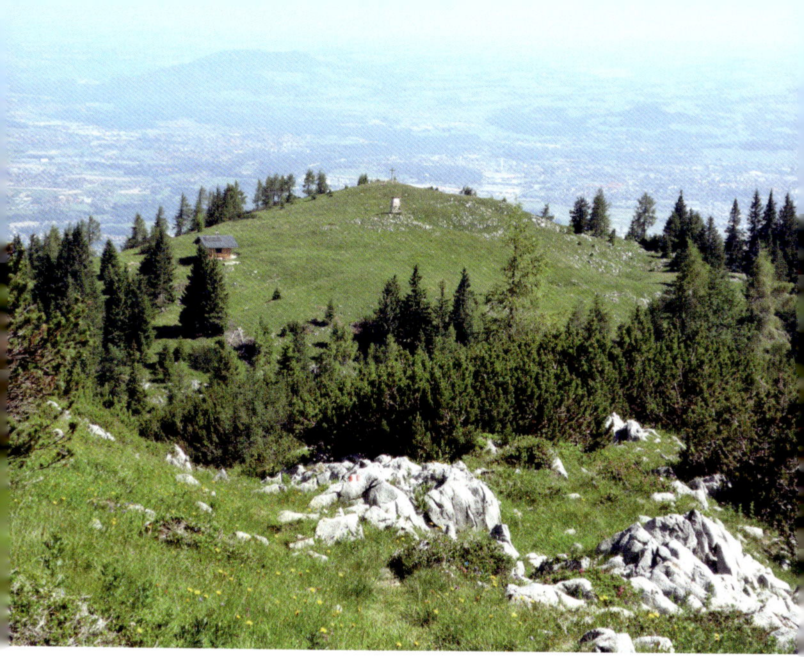

Die Vierkaserhütte und das Rover-Kreuz auf der Kuppe.

Aus dem Franciszäischen Kataster, dem ersten vollständigen österreichischen Liegenschaftsverzeichnis, geht neben der Anzahl und der genauen Bezeichnung der Almen auch hervor, wieviel Vieh die Bauern auftrieben: Die 18 Besitzer der vier Gmainer Almen (Zehnkaser, Vierkaser, Klinger- und Schweigmühlalm) trieben um das Jahr 1796 rund 137 Kühe und 132 Stück Jungvieh auf. Auch über die verschiedenen Bauweisen der Almen sind wir gut unterrichtet: Der Vierkaser bestand überraschenderweise nur aus zwei Hütten, die allerdings als Doppelkaser mit vier Besitzern errichtet wurden. Die stattliche Alm, die noch in den

1950er-Jahren bewirtschaftet wurde, präsentiert sich heute leider in einem völlig zerstörten Zustand.

Einen Lichtblick gibt es allerdings doch. Nachdem über ein halbes Jahrhundert keine Tiere mehr aufgetrieben wurden, startete ein Jungbauer aus Großgmain im Frühsommer 2021 einen neuen Versuch. Fünf mit GPS-Sendern ausgestattete Jungtiere wurden für den ersten erfolgreichen Almsommer ausgewählt.

Der Verfall der alten Klingeralm setzte noch früher ein. Der Grund dafür ist ein tragischer Blitzeinschlag am 5. August 1899, durch den die gerade mit dem Melken beschäftigte Sennin zu Tode kam. Der dabei ebenfalls anwesende Klingerbauer kam mit dem Schrecken davon, war aber nach diesem Unglück ein gebrochener Mann. Die Alm, die seit einem halben Jahrtausend im Besitz seiner Familie war, verkaufte er umgehend mit allen Rechten an den Baron Mayr-Melnhof. Das Begräbnis der unglückseligen Sennin Elise Schmuck hatte noch ein makabres Nachspiel, da einer der Trauergäste von Scheintoterfahrungen bei Blitzschlag zu berichten wusste. Um ganz sicher zu gehen, wurde der Leichnam exhumiert. Anschließend bestätigten der Gemeindearzt sowie ein Wiener und ein Reichenhaller Arzt den Tod von Elise Schmuck.

## Die Route

Ausgangspunkt der einsamen Almwanderung am nördlichen Untersberg-Hochflächenrand ist der große Parkplatz

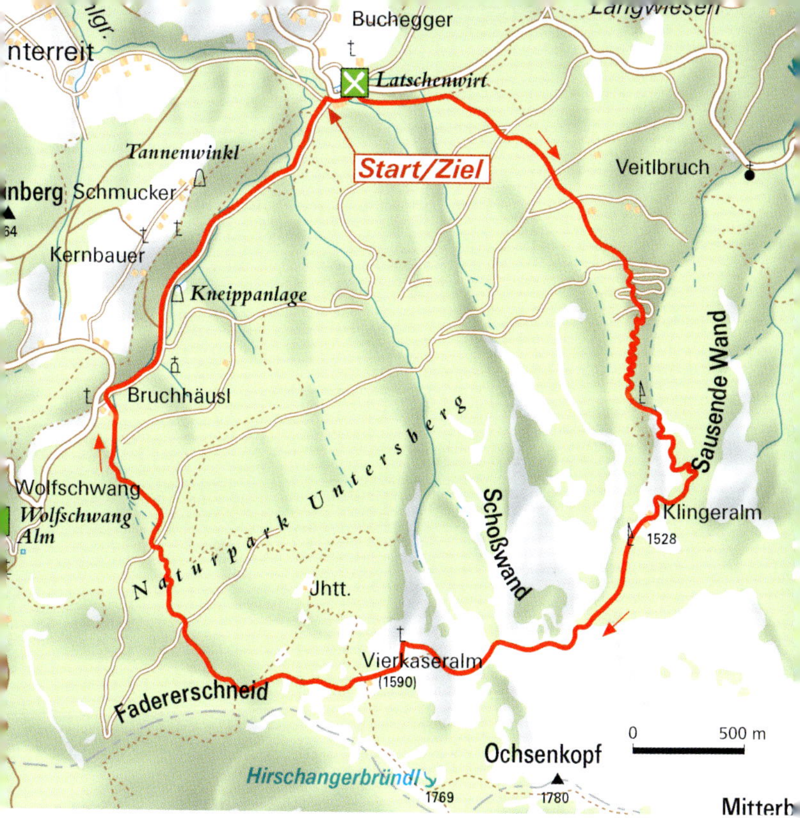


beim Latschenwirt. Der Weg führt am Gasthaus vorbei und verläuft dann entweder 500 Meter entlang der Landesstraße Richtung Fürstenbrunn, oder auf dem parallel verlaufenden Waldweg (Weg 404) bis zu einer Abzweigung nach rechts. Die mit 2¾ Stunden angeschriebene Route 466a zur Klingeralm führt vorerst noch mäßig ansteigend durch den Wald, aber schon bald setzt jene Steilheit ein, die dann bis zur Klingeralm beibehalten wird. Später ändert sich die Umgebung, der dichte Wald wird zunehmend lichter und freundlicher. Der Sturm Kyrill hat hier im Jänner 2007 besonders arg gewütet, das Ergebnis sind Schneisen, aber auch jene breite, nicht unumstrittene Forststraße, die wir mehrmals queren. Nur ein kurzes Stück folgt die Route im obersten Teil der Forststraße, bald danach kommt mit dem trogartigen, von der Sausenden Wand ostwärts begrenztem Tal der vielleicht beeindruckendste Abschnitt der Rundwanderung. Wenn sich dazu noch die singenden Windgeräusche aus den vielen kleinen Höhleneingängen in der Sausenden Wand gesellen, dann erhält der Weg eine zusätzliche mystische Note. Der friedlichste Teil ist dann wenig später die Ebene rund um die Klingeralm (1528 m). Mit den vielen schönen Verweilplätzen und dem Brunntrog ein Ort wie geschaffen zum Auftanken.

Westlich vis-à-vis ist mit dem auffallenden Rover-Kreuz im Vierkasergebiet auch schon das nächste Etappenziel zu

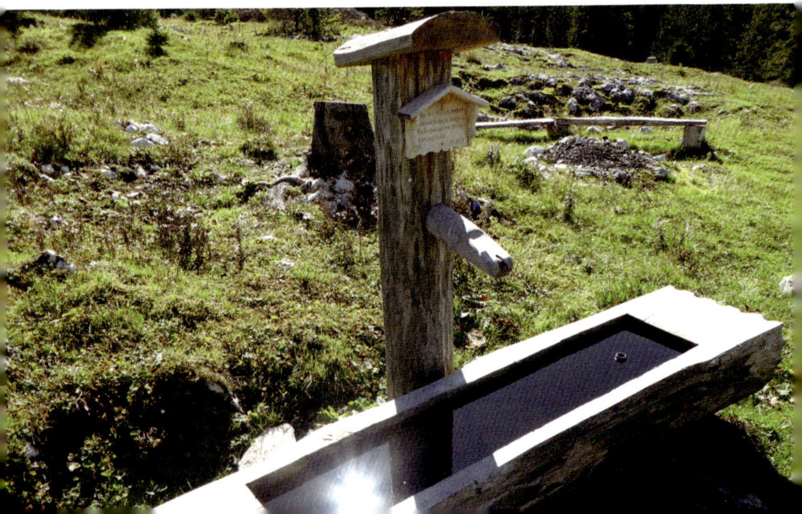

sehen. Die beiden Almen Vierkaser und Klingeralm befinden sich zwar auf einer ähnlichen Seehöhe, aber der Weg dazwischen muss einige kleinere Gegenanstiege bewältigen und benötigt eine Dreiviertelstunde. Immerhin aber bietet unterwegs das Schösswandbründl auf exakt 1500 Metern eine quellfrische Abkühlung. Der markierte Weg 466a führt nicht direkt zum Rover-Kreuz, aber der kleine Umweg zahlt sich aus. Das Kreuz wurde hier im Jahr 1962 von der Maxglaner Pfadfindergruppe Rover an diesem stimmungsvollen Platz errichtet, die nahe Vierkaserhütte kam im Jahr 2015 dazu. Sie dient der Bergrettung Grödig, der Mayr-Melnhof-schen Forstverwaltung und dem Naturbestattungsunternehmen Paxnatura als Notunterkunft und Materiallager. Wieder am markierten Weg, treffen wir auch bald auf die traurigen Überreste des Vierkasers (1590 m). Bei einer Weggabelung wenig später führt eine Route in einer halben Stunde auf den Hirschangerkopf (1769 m), unsere Richtung aber folgt dem Vierkasersteig (Weg 466) nach rechts talwärts. So wie der Klingersteig beim Aufstieg ist auch dieser Pfad durchgehend steil und taucht nach dem anfänglich sonnigen Abschnitt in einen immer dichter werdenden Fichtenwald ein. Auf dieser Seite hat aber weniger der Sturm Kyrill gewütet als vielmehr eine gewaltige Lawine im Jahr 2009, die nur knapp vor den Wohnhäusern im Talboden zum Stillstand kam. Unsere Runde klingt nach dem kleinen Parkplatz sanft aus und folgt rechts abzweigend dem mit vielen Info-Stationen bestückten Weg 404 zum Parkplatz Latschenwirt.

# 44 Vom Latschenwirt zur Plainburg

T1 • 2¼ Stunden • 7 Kilometer • 170 hm

| | |
|---|---|
| **Charakter** | abwechslungsreiche Schaustrecke mit einem Gegenanstieg zum Schluss |
| **Beste Zeit** | Frühling und Sommer |
| **Weg** | Asphalt, Kies und Steige |
| **Ausgangspunkt** | Parkplatz Latschenwirt, Großgmain. |
| **Anfahrt** | A1 Abfahrt Salzburg West, dann auf der B1 durch Wals zur Abzweigung Großgmain. Nach 4 km entlang der Großgmainer Landesstraße (L114) nach links Richtung Latschenwirt abzweigen. Parkplatz Latschenwirt. **Öffis:** bester Rundeneinstieg bei der Haltestelle Hinterreith (Bus 180 ab Salzburg Hbf.) |
| **Gastronomie** | Latschenwirt, Tel. +43 (0)6247 84476, www.latschenwirt.at |
| **Info** | www.grossgmain.info |

### Die Plainburg

Die Wanderung zwischen Latschenwirt und Großgmain führt durch eine alte, von bäuerlichen Anwesen geprägte Kulturlandschaft. Viele der alten Höfe standen einst im Besitz der Salzburger Klöster und sind heute stolze, bestens gepflegte Erbhöfe. Vom weltlichen Gegenstück, der mächtigen Plainburg, ist abgesehen von den 10 Meter hohen und bis zu

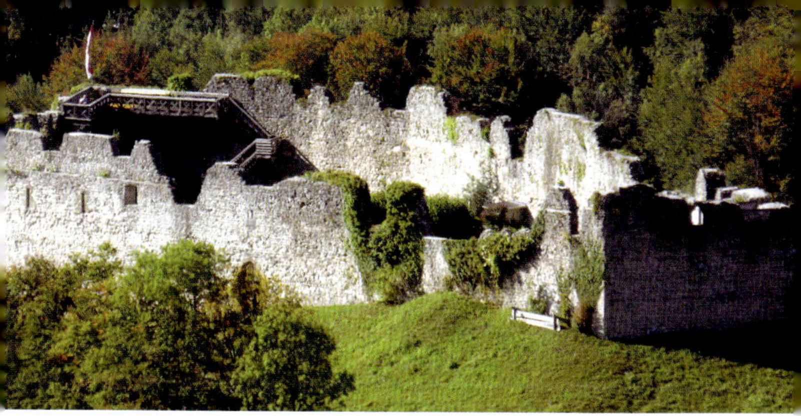

Die Südwestseite der Ruine Plainburg.

vier Meter starken Außenmauern nicht mehr viel übriggeblieben. Trotzdem zählt sie zu den bedeutendsten Ruinenanlagen im Bundesland Salzburg. Die Besiedelungsfunde auf dem Hügel gehen bis in die Steinzeit zurück, die Burg selbst wurde erstmals 1108 urkundlich erwähnt. Sie war die Stammburg der Grafen von Plain, die zwar nicht sehr lange, dafür aber sehr brachial herrschten. Im Auftrag Kaiser Friedrich Barbarossas brannten sie etwa im April 1167 den Dombezirk in der Stadt Salzburg nieder. Dem vorausgegangen waren Auseinandersetzungen zwischen Kaiser und Papst Alexander III. Das Einflussgebiet der Grafen von Plain erstreckte sich zeitweise vom Chiemsee bis nach Michaelbeuern. Sie verwalteten aber auch den einträglichen Salzbergbau am Dürrnberg. Von der mächtigen Burg aus konnten die Grafen von Plain einen Teil ihrer Ländereien überblicken. Auffallend dabei ist die Sichtachse zum weit entfernten, in einer Senke verborgenen Kloster Höglwörth. Der Kirchturm ist gerade noch sichtbar, was von den Bauherren und Stiftern exakt beabsichtigt war, denn diese waren die Grafen von Plain. So hatten sie ihr „Hauskloster" Höglwörth stets im Blick. Nach dem Aussterben des Geschlechts gingen Burg und Herrschaft Plain im Jahre 1292 durch Kauf an den Salzburger Erzbischof über. Durch ihre Überwachungsfunktion an der alten Salzstraße erhielt die Plainburg im Volksmund auch die Bezeichnung „Salzbüchsel".

## Die Route

Vom großen Wanderparkplatz beim Latschenwirt folgen wir dem Hauptweg 404 Richtung Bruchhäusl, Wolfschwang. Der Untersberger Waldquizweg zweigt nach 150 Metern nach rechts ab und weckt mit seinen Stationen das Interesse an naturkundlichen Details. Die großen und kleinen Wanderer erfahren Wissenswertes über Wildtiere, Pilze, Mineralien und Bäume. Am Ende des kurzen Anstiegs durch den schönen Mischwald öffnet sich ein weiter Ausblick Richtung Nordwesten. Im Zentrum steht das Staufenmassiv, aber auch die nahen, jahrhundertealten Bauernhöfe sind ein wahrer Augenschmaus. Nach einigen Gehminuten auf der sanften Erhebung laden bequeme Liegen zu einer gemütlichen Zwischenrast ein. Der Weg 54 bleibt am Waldesrand und trifft dann auf die Zufahrt, die von Großgmain nach Wolfschwang führt. Entlang dieser geht es nach rechts, nach einem Kilometer zweigt der kurze Zustieg auf die Ruine Plainburg ab. Die Anlage besteht hauptsächlich aus den

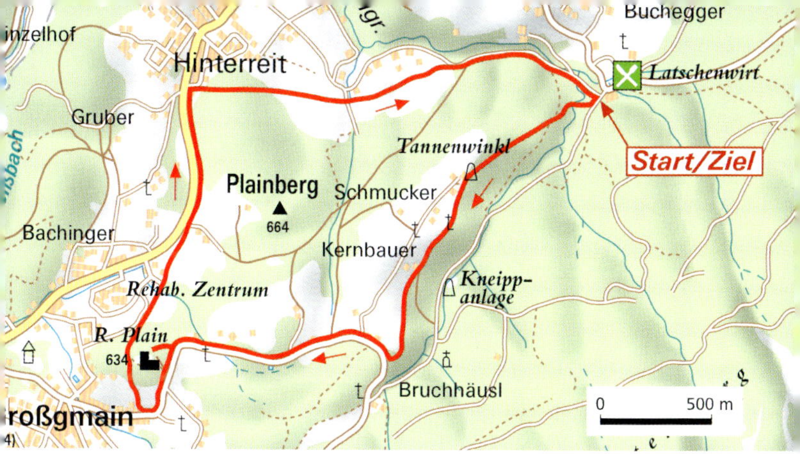


massiven Außenmauern, aber im Innenhof erlaubt die hölzerne Plattform dann doch einen weiten Blick ins Land. Nach diesem Abstecher in die Zeit des Mittelalters wieder am Abzweigepunkt zurück, geht es noch 100 Meter entlang der Straße Richtung Großgmain weiter. Vor dem ersten Haus auf der rechten Seite zweigt ein zunächst unmarkierter Steig nach rechts ab, der den Burghügel halb umrundet und dann zur Parkanlage des Reha-Zentrums hinabführt. Die Route trifft dort auf die Landesstraße und folgt dieser rechter Hand auf dem separat geführten Gehweg einen Kilometer bis in den Großgmainer Ortsteil Hinterreit. Kurz nach dem Ortsanfang (Bushaltestelle) zweigt der Weg 53a „Latschen“ nach rechts in die Siedlung ab und wenige Meter später, diesmal ohne Markierung, gleich nochmals nach rechts. Dieser Weg führt zum idyllisch gelegenen Bauernhof Gänshäusl und von dort querfeldein an einem Marterl vorbei auf die Verbindungsstraße zum Latschenwirt. Nach einem letzten Kilometer ist der Ausgangspunkt erreicht.

# 45 Von Marzoll zum Latschenwirt

T1 • 2 Stunden • 6 Kilometer • 100 hm

| | |
|---|---|
| **Charakter** | abwechslungsreiche Runde durch wertvolle, grenzüberschreitende Natur- und Kulturräume. |
| **Beste Zeit** | ganzjährig, wenn schneefrei |
| **Weg** | Kies, Asphalt, Waldwege |
| **Ausgangspunkt** | Parkplatz an der Landesstraße Richtung Großgmain, Abzweigung Marzoll. |
| **Anfahrt** | A1, Abfahrt Salzburg West. Über Wals (B1) und die Großgmainer Landesstraße L144 (Abzweigung links) Richtung Großgmain. Nach 3 km, gegenüber Abzweigung Latschenwirt, nach rechts Richtung Marzoll zu den Parkplätzen.<br>**Öffis:** Bus 180 ab Salzburg Hbf. bis Haltestelle Großgmain, Abzweigung Latschenwirt |
| **Gastronomie** | Latschenwirt, Tel. +43 (0)6247 84476, www.latschenwirt.at |
| **Info** | www.grossgmain.info |

### Der Bad Reichenhaller Ortsteil Marzoll

Obwohl diese Wanderung zwischen Bayern und Österreich hin und her wechselt, ist von der Staatsgrenze nichts zu bemerken. Grenzenlos war dieses Gebiet ja auch früher, die jahrhundertelang gebrauchte Bezeichnung „Auf der

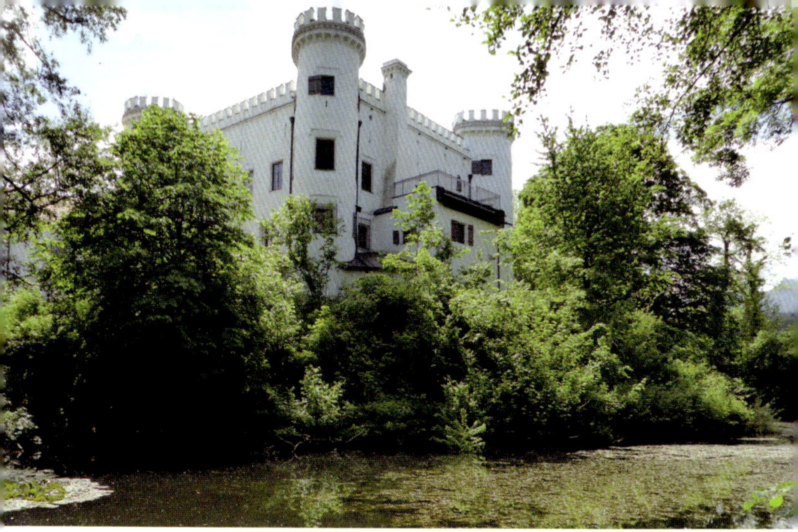

Das Schloss Marzoll wurde im Stil der Renaissance erbaut.

Gmain" bezeichnet den ursprünglich gemeinsamen Siedlungsraum zwischen Untersberg und Lattengebirge, Hallthurm und Kirchholz. Nach dem Niedergang der Grafen von Plain im 13. Jahrhundert wurde das Gebiet in eine bayerische und eine salzburgische Hälfte geteilt. Aber die Menschen blieben einander natürlich verbunden und ließen sich auch durch Grenzbalken nicht auseinanderdividieren. Allerdings kann es auch innerhalb eines Staatsgebietes zu Verschiebungen kommen: Bis 1978 war Marzoll eine selbstständige Gemeinde, nach der bayerischen Gebietsreform ist es nun der zweitgrößte Ortsteil von Bad Reichenhall.

Die dem hl. Valentin geweihte Kirche von Marzoll wurde bereits im Jahr 798 das erste Mal urkundlich erwähnt. Ihr heutiges Aussehen verdankt sie den Umbauten aus der

Barockzeit, geblieben sind aber die romanischen Langhausmauern und zum Glück auch das schöne gotische Portal. Auffallend ist die marmorne Grabplatte, auf der ein Herr von Fröschl in voller Ritterrüstung mit Schwert, Fahne und Wappen zu sehen ist. Er residierte um 1500 nebenan im Schloss. Das romantische Anwesen mit dem Seerosenteich und den zinnenbekrönten Ecktürmen erinnert heute an einen englischen Adelssitz. Tatsächlich wurde der kleine, quadratische Schlossbau im Jahr 1838 im damals angesagten englisch-gotischen Stil umgebaut. Das ursprüngliche Baudatum der Anlage liegt im Dunklen, um 1527 scheint ein Degenhart von Fröschl als Besitzer auf. Aus dieser Zeit stammt noch ein Marmorkamin, kunsthistorisch erwähnenswert sind auch die alten Renaissancetüren, sowie der Holzplafond aus dem 17. Jahrhundert. Bis 1837 trug das dreigeschossige Schloss barocke Hauben, danach wurden die für unseren Kulturraum ungewohnten englischen Zinnentürme aufgesetzt. Im Jahr 1976 kaufte die ehemalige Gemeinde Marzoll eine Hälfte des Schlosses, 1986 wurde von der Stadt Reichenhall die andere Hälfte ersteigert.

## Die Route

Die grenzüberschreitende Rundwanderung beginnt an der Landesstraße Richtung Großgmain an der Abzweigung der Buchenhöhe-Straße zum Latschenwirt. Gegenüber der Abzweigung befinden sich die Haltestelle und auch einige schattige Parkplätze. Über die Grenze nach Marzoll sind es

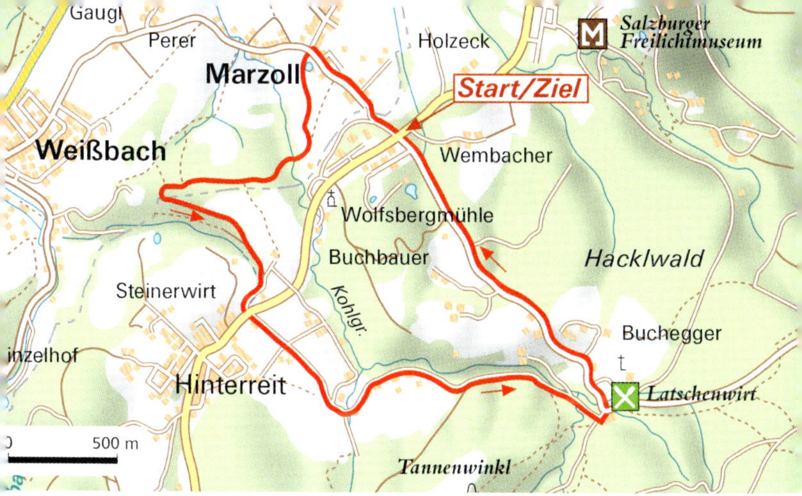


nur wenige Meter, nach dem Wald stehen wir auch gleich im Herzen der kleinen Ortschaft: Die Kirche, der Wirt und das Schloss bieten eine malerische dörfliche Idylle. Unterhalb der romantischen Schlossanlage zweigt unser Weg 52 Richtung Hinterreit auf die Wiese nach links ab. Der Weg führt am Wiesenrand entlang zu einem kleinen Bach, quert den Kohlgraben über die hübsch mäandrierende Schlinge und verläuft nach einigen Stufen bergauf im Wald weiter. Wieder auf dem freien Feld geht es im Ortsteil Hinterreit am Hof Wolfsberger vorbei zur Landesstraße. Diese wird gequert und nun folgt der markierte Weg 52 der Zufahrtsstraße zu den letzten Höfen und weiter durch den Wald zum Latschenwirt hinauf. An diesem höchsten Punkt der Runde verläuft die Route 52 nach links, überquert die Buchenhöhen-Straße und führt auf einem separaten Gehweg an dieser entlang die fehlenden zwei Kilometer zum Ausgangspunkt retour.

# 46 Mit dem Rad um den Untersberg

mittelschwere Radtour • 4–5 Stunden • 42–48 Kilometer • 500 hm

| | |
|---|---|
| **Charakter** | schöne Landschaftseindrücke mit einladenden Rastplätzen. Schwierigkeit und Länge der Strecke können leicht variiert werden. |
| **Beste Zeit** | Frühling bis Herbst |
| **Weg** | Asphalt und fester Schotter |
| **Ausgangspunkt** | St. Leonhard bei Grödig |
| **Anfahrt** | mit dem Rad entlang der Salzach und der Königseeache nach St. Leonhard.<br>Mit dem Auto auf der A10, Abfahrt Salzburg Süd, dann 1,5 km nach St. Leonhard. Parken gegenüber Gasthof Schorn. |
| **Gastronomie** | zahlreiche Einkehrmöglichkeiten mit hervorragender heimischer Kost entlang der Strecke. |
| **Info** | www.berchtesgaden.de/rad-bike/radwege/rund-um-den-untersberg |

Die oft kritisierte, schlechte Beschilderung der Untersberg-Radtour hat sich deutlich verbessert, das grün-weiße Schild mit dem Untersberg-Logo ist eigentlich an allen wichtigen Abzweigungen vorhanden. Sollte man die Routenbeschilderung einmal wirklich aus dem Auge verlieren, dann eröffnen neue Varianten ja vielleicht auch frische Perspektiven. Der mächtige Berg ist als Orientierung ohnehin unübersehbar.

Auch die vorgeschlagene Runde weicht in Nuancen von der beschilderten Route ab. Auf jeden Fall gibt es viel zu entdecken rund um den Untersberg. An heißen Tagen locken feine Stellen zum Abkühlen in der Berchtesgadener Ache, im Aschauerweiherbad oder gar im Salzbergwerk Berchtesgaden. Großteils auf Asphalt und autofrei, verläuft der Radweg je zur Hälfte auf bayerischem und österreichischem Staatsgebiet. Günstig ist ein Mountainbike, ein gutes Tourenrad tut 's aber auch.

## Die Route

Ein praktischer Ausgangspunkt ist St. Leonhard bei Grödig. Bis Marktschellenberg (4 km) geht es ganz leicht bergauf entlang der B305, aber bereits nach dem Ortszentrum zweigt die vorübergehend als „Mozartradweg" angeschriebene Route nach rechts auf die alte Berchtesgadener Straße ab. Diese Variante beschert zwar im Gegensatz zur parallel verlaufenden Bundesstraße einige kürzere Gegenanstiege, dafür bleiben hier die Radler beinahe unter sich. An der Almbachklamm vorbei orientiert sich der Radweg in der Folge am Abfluss des Königsees, der auf der bayerischen Seite Berchtesgadener Ache heißt, und wechselt beim Salzbergwerk wieder auf die andere Flussseite (12 km). Schräg vis-à-vis geht es Richtung Aschauerweiher, der historische Stadtkern bleibt links liegen. Beim Aschauerweiher, dem beinahe höchsten Punkt der Runde (654 m), ist der nach rechts abzweigende Maximilians-Reitweg nach Hallthurm

verlockend, aber für Radfahrer leider nicht vorgesehen. Daher bleibt die Route auf einem Radweg entlang der Straße und zweigt nach der rasanten Abfahrt in Bischofswiesen (18 km) nach rechts ab. In Winkl sorgt die neue Rad-Unterführung für einen durchgehenden, bequemen Radweg bis Hallthurm (25 km). Dort geht es wieder kurz flott bergab bis zur Abzweigung „Wolfschwang". Auf diesem zwei Kilometer langen Abschnitt über grobem Schotter empfiehlt sich Vorsicht und ein robustes Rad, der weitere Weg hinüber zum Latschenwirt (30 km) gestaltet sich wieder als wunderbares Radeln am Bach entlang.
Eine weniger fordernde Alternative hierher ist der Umweg über Bayerisch Gmain und Großgmain entlang der Landesstraße bis Hinterreit (33 km), wo die Route nach rechts in die Latschenstraße abzweigt. Der letzte Abschnitt folgt mit teils starkem Gefälle der schmalen Bergstraße nach Fürstenbrunn (35 km) und zweigt am Ortsende nach links zum Schloss Glanegg ab. Entlang der Landessstraße geht es nach Grödig. Direkt beim Ortsschild (39 km) dann nach rechts am alten Steinbruch vorbei durch die Siedlung und am Almkanal entlang nach St. Leonhard (42 km).
Eine um drei Kilometer längere, dafür weniger steile Variante zweigt in Hinterreit nicht zum Latschenwirt ab, sondern bleibt auf dem Radweg entlang der Landesstraße. Am Freilichtmuseum vorbei biegt vor der Autobahnunterführung, die Route nach rechts ab und verläuft über schöne Feldwege nach Fürstenbrunn. Dort empfiehlt sich noch ein

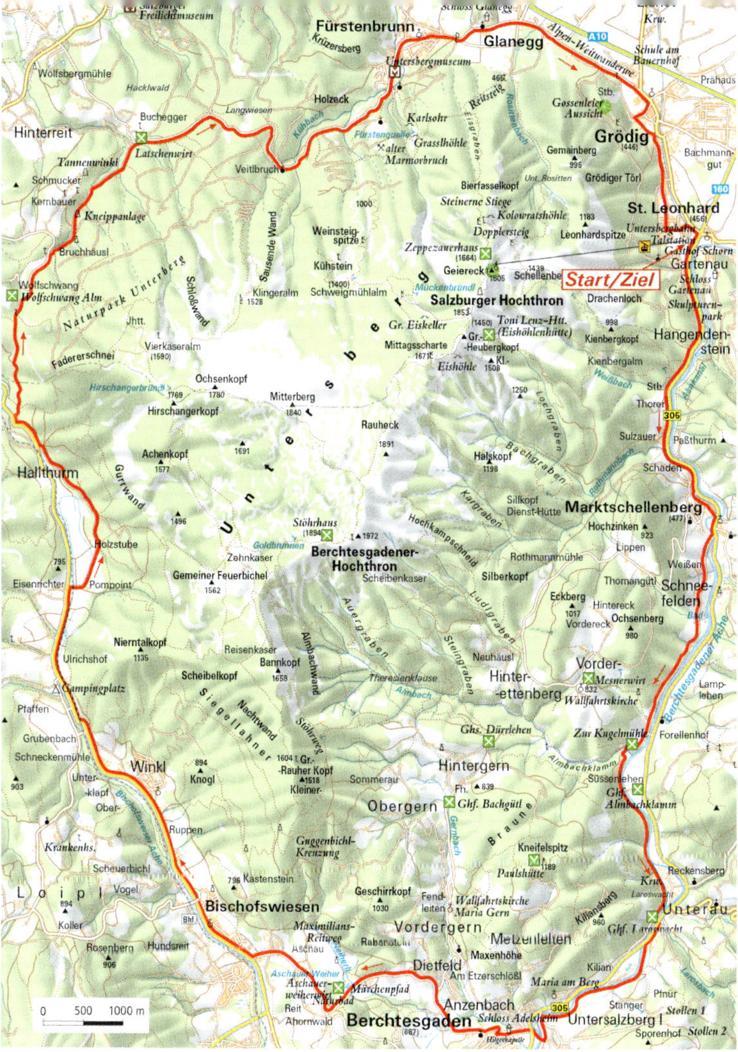


kurzer Zwischenstopp beim Gasthof Esterer, wo im Gastgarten doch tatsächlich der greise Kaiser Karl aus feinstem Untersberger Marmor sitzt.

# Index

VERLAG ANTON PUSTET

Christian Heugls liebste Genuss-Wanderungen, allesamt erreichbar mit öffentlichen Verkehrsmitteln.

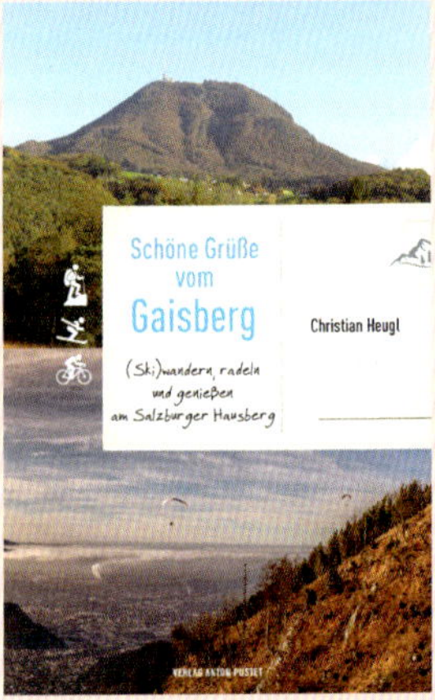


ISBN 978-3-7025-0947-7, € 22,–

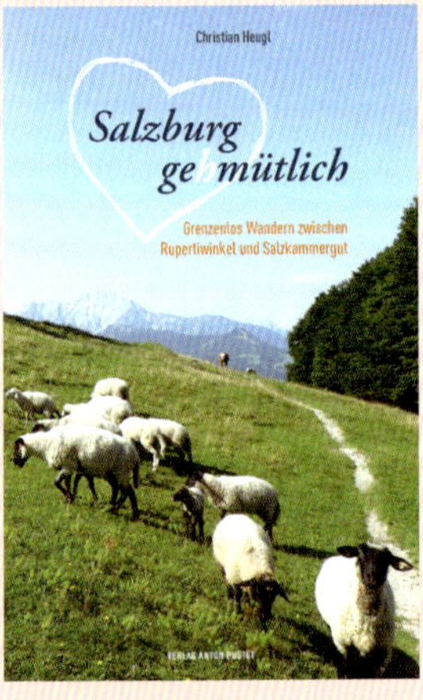


ISBN 978-3-7025-0891-3, € 22,–

*Lesen* Sie uns kennen.
www.pustet.at

Insel Verlag Anton Kippenberg GmbH & Co. KG
Torstraße 44, 10119 Berlin
info@insel-verlag.de
www.insel-verlag.de